쉽게 배워서 **바로** 써먹는

이야기
회계

쉽게 배워서 바로 써먹는 이야기 회계

1판 1쇄 발행 2015. 5. 15.
1판 4쇄 발행 2020. 3. 10.

지은이 정헌석 · 정병수

발행인 고세규
편집 강미선 | 디자인 안희정
발행처 김영사
등록 1979년 5월 17일 (제406-2003-036호)
주소 경기도 파주시 문발로 197(문발동) 우편번호 10881
전화 마케팅부 031)955-3100, 편집부 031)955-3200 | 팩스 031)955-3111

값은 뒤표지에 있습니다.
ISBN 978-89-349-7100-9 03320

홈페이지 www.gimmyoung.com   블로그 blog.naver.com/gybook
페이스북 facebook.com/gybooks   이메일 bestbook@gimmyoung.com

좋은 독자가 좋은 책을 만듭니다.
김영사는 독자 여러분의 의견에 항상 귀 기울이고 있습니다.

이 도서의 국립중앙도서관 출판시도서목록(CIP)은 서지정보유통지원시스템 홈페이지
(http://seoji.nl.go.kr)와 국가자료공동목록시스템(http://www.nl.go.kr/kolisnet)에서
이용하실 수 있습니다.(CIP제어번호 : CIP2015012233)

쉽게 배워서
바로 써먹는

이야기
회계

| 정헌석 · 정병수 |

이야기만 이해해도
복잡하고 어려운
회계개념과 기본원리가 쏙쏙

김영사

Chapter 5
까탈스러운 회계개념 따라잡기

Chapter 6
원가가 뭐길래

스마트폰을 손목에 차거나 목에 걸고 또는 안경처럼 쓰고 다니는 세상이 되었어도 회계는 여전히 해결이 안 된다. 이른바 대단한 앱, 카톡이나 페북 또는 밴드가 모든 정보와 쏠쏠한 재미를 주고 손가락만 움직이면 정보를 금세 알 수 있지만 회계만큼은 숨막힌다. 그 원리, 말하자면 이치를 깨달아야 한다. 그러나 회계의 이치를 깨닫고자 서점을 돌아다니다 회계 책을 보면 눈이 어질어질하다. 단 한 쪽을 독파해나가려 해도 두통으로 못 견딜 만큼 어렵다.

언젠가 서울대 회계학 박사과정 동문들 모임에서 "내가 회계학 교수로 도중에 쫓겨나지 않고 무사히 정년을 마친 비결이 무엇인지 아십니까?"라고 물으니 모두 의아해하며 주목했다. 나는 "학생들에게 수강하러 올 때 반드시 두통약을 먹고 오라고 합니다. 혹시 안 먹고 온 학생을 위해서는 준비해온 두통약을 먹이고 나서 강의를 듣게 합니다"라고 답했더니 퍼뜩 알아듣고 한참이나 방 안이 폭소로 가득했던 기억이 난다. '회계는 어렵다'라는 게 상식이다 보니 교수가 용을 쓰고 땀깨나 흘리며 쉽게 설명해도 못 가르친다고 무능교수 1호로 찍히기 십상이다.

　25년 전 〈원가정보〉라는 회계저널에서 원고 청탁이 왔을 때였다. 서울 시내 유수의 대학 교수들이 매월 돌아가며 회계에 관한 정보와 지식을 기고하는 모양이었다. 대충 살펴보니 '원가정보'라는 잡지 이름도 어려운데 내용 역시 진통제를 먹고 읽어도 이해될까 말까한 어려운 내용들이 많았다. 속으로 '이건 아닌데…'라고 궁리하다가 '나는 나대로 쉽게 쓰자'라고 해서 당시 회한의 삶을 곱씹는 이야기가 많이 떠돌 때라 기회원가를 회한이 가득 서린 '후회의 이익'으로 보고 제목부터 '~더라면 원가'라고 하여 구어체로 글을 썼다. 잡지사의 기자는 책이 나오기가 무섭게 다시 찾아와 "교수님, 써주셨던 대로 몇 번만 더 써주실 수 없을까요?" 하여 6개월을 기고했다. 그때 회계가 아무리 어렵다 해도 문체를 쉽고 재미있게 쓰면 회계를 두려워하는 이들도 쉽게 이해한다는 사실을 깨닫고 펴낸 것이 김영사의 《즐거운 회계산책》이었다. 당시 구어체의 회계 책은 처음이어서인지 아니면 운이 좋아서인지 경제경영 분야의 베스트셀러를 6개월이나 차지했으며 소설류를 제치고 종합 톱도 차지하는 영광을 누렸다.

　그로부터 20여 년의 세월이 흘렀다. PC를 주머니에 넣고 다니는 세상에 까칠한 신세대들의 문화에 맞추려면 리모델링이 절대적으로 필요했다. 주위는 물론 출판사도 흔쾌히 해보자 하여 이번에는 공인회계사 정병수 박사와 공저로 책을 출간하게 되었다. 무엇보다 사람들이 출퇴근 시간을 이용해 읽을 수 있도록 해야겠다는 욕심으로 이 책의 제목처럼 이야기 식으로 풀어보고자 했다. 현대 자본주의사회는 자본, 곧 돈이 주축을 이루는 사회라 돈에 관한 정보를 제공하는 회계를 모르고는 살 수 없다. 그런데도 정보화시대에 이르러 각종 정보가 무수히 쏟아져 나와 정신이 없는 데다가 회계 지식은 간단히 소화가 되지 않으니 답답하기만 하다. 꼭 경영학과 출신이나 기업인이 아닌 예술가일지라도 회계를 외면하고 살 수는 없다. 모든 현대인들이 이야기로 풀어 쓴 이 책을 읽고 회계를 잘 이해함으로써 경제적으로 성공적인 삶을 이루기를 바란다.

Chapter 1

돈이 있는 곳에
회계가 있다

'애매함'과 '적당히'는 이제 그만

'적당히' 또는 '애매모호함'은 회계와 상극이다.
회계는 이런 것을 없애려는 것이다.

낯선 길을 걷다가 길을 물었을 때, "조금만 가면 돼요"라는 말을 듣고도 막상 걸어보면 30분을 넘어 한 시간이나 걸린 경험은 누구에게나 한 번쯤은 있을 것이다. 요새는 목적지의 번지수나 명칭만 알면 네비게이션 덕분에 쉽게 찾을 수 있다. 거리는 얼마이며 소요되는 시간은 얼마인지를 분 단위로 알려준다. 스마트폰 하나만 있으면 '길 찾기' 애플리케이션을 이용하여 처음 가는 길도 정확하게 안내받을 수 있는 편리한 세상이 되었다. 도보, 자전거, 버스나 지하철 같은 대중교통, 자동차 등 각각의 이동 수단에 따른 맞춤 서비스까지 제공해준다.

그럼에도 불구하고 때로는 어쩔 수 없이 사람들에게 물어볼 상황이 생긴다. 그럴 때 상대방이 "계속 쭈욱 가세요"라든가 "조금만 가면 보입니다" 식의 애매한 표현을 쓰면 혼란스럽고, 은근히 짜증나게 마련이다. 도대체 조금이란 몇 미터가 남았다는 이야기인지 가늠하기 애매하고 몇 분쯤 직진해야 되는지 답답하기 짝이 없다. 대략 300미터라든지, 약 5분 정도 걸리는 우측 푸른색 건물의 10층이라고 하면 얼마나 쉬울까. 회계는 어떨까?

명확한 회계 사고가 필요하다

일상생활에서 무심코 쓰는 말 중에 '적당히'가 있다. 이 '적당히'라는 말이 돈과 관련되어 쓰이면 벌에 쐰 것처럼 따갑게 다가온다. 대개 모임에서 실컷 먹고 상당한 금액의 계산이 나왔을 때, 신발 끈을 매면서 하는 말은 한결같이 "우리 적당히 하지 그래"다. 카운터를 향해 선뜻 나서는 사람은 눈에 보이지 않는데 무엇을 얼마나 적당히 하라는 건지 아리송하다. 한 사람이 다 내더라도 '적당히'고 몇 명이 어울려 내도 '적당히'일 것이며 전원이 공평하게 나누더라도 '적당히'다. 이럴 때는 가장 먼저 문 쪽으로 나가거나 지갑에 돈이라도 있는 사람이 영락없이 계산하기 마련이다. 이런 낭패를 생각하면 '적당히'는 참으로 비합리적이다. 이에 비하면 서양식 '더치페이'는 얼마나 좋은가. 독일의 맥주집 웨이터는 맥주 값과 팁을 거의 한 시간에 걸려 일행 30명에게 일일이 계산해 받기도 하니 말이다. 이렇듯 식대 총액을 인원수로 나누어 지불한다면 서로 부담이 적으니 좋고 뒷맛도 개운할 텐데, 왜 우리는 이런 계산을 불편해할까.

회계학을 공부한 나도 '적당히'로 인해 피해깨나 보았다. 정년 후 소

일 겸 드나들 사무실이라
도 확보할 양으로 40년
지기에게 적지 않은 돈을
털어 넣었다. 그 결과 이러
구러 공간 확보는커녕 사무
실에서는 쫓겨나듯 나오고 돈은 돈대
로 영영 회수할 길이 없게 되어버렸다. '적
당히'에 길든 문화 때문에 그만 돈 잃고 사람 잃고 병 생겼으니, 그 피
해가 막심했다.

실제로 재산을 상속할 때, 여러 형제들에게 적당히 나누어 가지라고
해보자. 설사 성인군자 같은 자식들이라 한들 곱게 넘기기 쉽지 않다.
그러지 말고 '적당히'를 "재산이라고 해봐야 10억 원 남짓한데, 장남
은 4억, 차남은 3억 그리고 출가한 딸도 3억 갖거라" 하는 명확한 계
산으로 밝힌다면 상속 시비는 전혀 없을 것이다.

무엇이 문제인가. 엉성한 돈 계산이 문제다. 요컨대 명확한 회계 사
고가 결여된 탓이다.

회계는 '애매모호함'과 '적당히'를 밝히는 학문

'적당히' 또는 '애매모호함'은 회계와 상극이다. 회계는 이런 것을
없애려는 것이다. 곰팡이가 햇볕에 맥을 못 추듯 '적당히'에 멍든 고질
병 치료에는 회계가 최고 명약이다. 회계는 곰팡이와 상극인 햇볕처럼

경제 내역을 대낮처럼 환하게 밝히는 투명성을 보장한다. 투명성이야 말로 엉성하고 애매하기 짝이 없는 돈 계산을 백일하에 드러낸다. 또한 회계는 '**명료성의 원칙**'을 강조한다. 우선 명칭(계정) 및 금액 등이 명확해야 한다. 복잡한 조항을 자꾸 만들어 더욱 어렵게 하는 것 같지만, 결과적으로는 이해를 쉽게 하는 장점이 있다. 돈 계산이 조금이라도 흐리멍덩하거나 아리송하다고

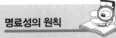

해보자. 툭하면 고소, 때로는 살인으로 치닫는 상황에서 과연 어떠한 일이 벌어질 것인가는 불을 보듯 뻔하다.

흔히 '자본'은 '타인자본'과 '자기자본'으로 구분되지만, 그냥 자본이라 할 때는 자칫 "뭐라꼬? 무슨 자본? 그래, 자본!" 하며 엉뚱하게 알아듣는 오류를 범할 수 있다. 마치 아버님은 종자 항렬로 종섭인데 아들은 끝에 식자 항렬에 맞춰 작명가가 종식이라고 이름을 잘 지었으나 나중에 아들인지 애비인지 혼동되는 바와 비슷하다. 해결 방법은 아버지 항렬을 건드리지 않고 종식을 문식이라 하듯 전혀 색다른 용어로 표시해 오해의 소지를 없애는 것뿐이다. 타인자본은 항렬을 떠나 부채라 칭하고, 자기자본에 한해 자본으로 부르면 설마 부채와 자본을 혼동할 사람이 있을까.

재무관리용어		회계용어
타인자본	● ➞	부채
자기자본	● ➞	자본

쉽게 배워서
바로 써먹는
이야기 회계
02

회계는 일상생활에 꼭 필요한 지식

모름지기 깔끔하고 투명한 회계야말로
우리를 편하고 행복하게 만든다.

모두가 행복을 좇지만 정작 우리나라의 웰빙지수는 세계에서 75위
다. "행복하다"고 말하는 사람이 '가뭄에 콩 나듯' 드물다. 삶의 목적
이 무엇인지에 대한 답은 사람마다 다를 것이다. 어떤 이는 꿈을 찾아
서, 어떤 이는 성취감을 위해 산다고 말한다. 사람들이 각자의 목적을
추구하는 이유는 궁극적으로 행복을 얻기 위함이다. 그러나 행복한 삶
은 건강한 몸, 단란한 가족, 좋은 인간관계, 긍정적 태도와 신앙 등이
함께 어우러질 때 가능한 것이기에, 결코 쉽지 않다.

어떤 유형의 행복을 추구하더라도 최소한 의식주는 해결되어야 하
고 그러려면 어느 정도의 돈이 필요하다. 많든 적든 돈 벌기가 어디 쉬
운가. 명확하고 투명한 회계야말로 사회의 모든 문제를 해결해주는 동
시에 인간의 행복도 보장해줄 수 있다.

재미있는 숫자 이야기

돈은 숫자로 표시된다. 오늘날 우리가 쓰는 1, 2, 3, 4 등의 숫자는 인도에서 발명되어 아라비아 상인을 거쳐 유럽에 전파된 것으로, 인도-아라비아 숫자라고 한다. 인도-아라비아 숫자는 Ⅰ, Ⅱ, Ⅲ 등의 로마 숫자나 一, 二, 三, 四 등의 중국 숫자에 비하여 쓰기가 쉽다. 더 중요한 사실은 0(zero)을 발견하여 이를 십진법으로 정립했다는 점이다. 만약 우리가 십진법을 사용하지 않았다면 오늘날처럼 산업이 발전할 수 있었을까?

영미 계통은 thousand, million, billion, trillion이라는 단어에 따라 숫자를 표시할 때 세 자리마다 콤마(,)로 구분한다. 가령 10억은 1,000,000,000으로 표시하고, 1,000 백만(million) 또는 1,000,000 천(thousand) 등으로 줄여 표기하기도 한다. 우리에게는 언제나 어색한 표현이다. 우리나라와 중국과 같은 동양권에서는 수를 나타낼 때 만(萬), 억(億), 조(兆), 경(京)이라고 하기 때문에 네 자리마다 콤마(,)로 구분해야 쉽다. 예를 들어 10억을 10,0000,0000와 같이 4자리마다 구분하면,

숫자의 구분과 끊어 읽기			
구분	숫자 구분	금액 : 9876543210	읽기
영미권	3자리씩	9,876,543,210	9billion 876million 543thousand 210
동양권	4자리씩	98,7654,3210	98억 7654만 3210

10억(億) 또는 10,0000만(萬) 등으로 읽기가 훨씬 쉽다. 그런데도 세계적 표준이 되지 못함은 국력 때문이 아닐까?

우리 고유의 숫자 이름도 재미있다. 1은 하나, 10은 열, 100은 온, 1000은 즈믄이다. 옛날 사람들에게 '억'은 상상할 수도 없는 큰 숫자였다. 10^{64}이 불가사의(不可思議)라는 사실도 흥미롭다. 우리가 흔히 쓰는 불가사의라는 낱말도 숫자인 것이다.

깔끔하고 투명한 회계

숫자로 표시되는 회계란 바로 돈 계산이다. 계산이라 하니 거창해 보이지만 속내를 들여다보면 미적분과 같이 대단한 수학이 아니다. 더하기와 빼기가 주이고 어쩌다 곱하기와 나누기를 다룰 뿐이다. 겁먹을 필요가 없다. 대체로 수학에 겁먹은 학생이 회계도 두려워한다. 어렸을 때 벌에 쏘인 공포가 주사 바늘에도 공포감을 느끼게 하듯 말이다.

전자계산기 이전에는 주판을 이용하여 계산을 했다. 회계는 일찍이 성경에도 등장한다. 마태복음 25장에 "또 어떤 사람이 타국에 갈 때 그 종들을 불러 자기 소유를 맡김과 같으니, 각각 그 재능대로 하나에게는 금 다섯 달란트를, 하나에게는 두 달란트를, 하나에게는 한 달란트를 주고 떠났더니"(14~15절) "오랜 후에 그 종들의 주인이 돌아와 저희와 회계할 새"(19절)라는 언급이 그 예다.

장례식을 치르는 죽은 사람에게도 회계가 따르듯, 일상생활 곳곳에 회계가 따른다. 개인의 출납부, 가족의 가계부, 동창회비의 결산서가 모두 회계다. 가계부나 출납부에는 현금이 들어오면 입금, 나가면 출금으로 기록하는데, 이를 단식부기라고 부른다. 단식부기는 배우지 않아도 누구나 알 수 있는 셈법이다.

단식부기가 쉽고 격이 낮다 하여 회계쯤이나 안답시고 몇 명 되지 않은 동아리의 결산마저 재무상태표(대차대조표)나 손익계산서와 같은 복식부기의 재무보고서로 보고하는 건 되레 회계를 욕먹이는 일이다. 회계란 반드시 어렵고 복잡해야 훌륭한 것이 아니다. 모름지기 깔끔하고 투명한 회계야말로 우리를 편하고 행복하게 만든다.

쉽게 배워서
바로 써먹는
이야기 회계
03

알고 보면 쉬운 회계

단식부기는 간편하고 이해하기 쉬운 장점이 있지만
몇 가지 결함이 있는 절름발이 회계다.

회사의 전표나 재무제표(재무상태표, 손익계산서 등)만이 회계가 아니며, 전문가만의 독점물도 아니다. 어렵고 복잡해야만 하는 것은 더욱 아니다. 규모가 작은 조직의 경우 현금출납부만으로도 충분히 돈의 흐름을 파악할 수 있다. 중요한 것은 돈을 잘 계산하여 정확한 판단을 할 수 있도록 도와주는 것이다. 회계는 결코 우리 생활과 멀리 떨어져 있지 않다. 공기 속 산소에 대한 가치를 모르듯 알게 모르게 접하는 회계 그 자체를 인지하지 못할 뿐이다.

단식부기란 무엇인가

예전에는 회계를 부기라 불렀다. 부기(簿記)란 '장부에 기록하다'의

| 현금출납부 |

(2014. 1. 1 ~ 2014. 12. 31)

(주)보람 (단위 : 원)

일자	구분	현금출납부		
		입금	출금	잔액
2014. 1. 1	전기이월			30,000
1. 9	상품매출	11,000		41,000
2. 8	상품매입		12,000	29,000
3. 5	상품매출	15,000		44,000
4. 15	은행차입	6,000		50,000
5. 10	인건비지급		8,000	42,000
⟨				⟨
8. 19	통신비지급		2,000	32,000
9. 14	비품매각	2,000		34,000
10. 25	상품매출	9,000		43,000
11. 9	은행차입	4,000		47,000
12. 11	배당지급		5,000	42,000
합계		62,000	50,000	

준말이며, 대표적인 것이 현금출납부다. 가계부나 출납부는 현금이 들어오면 입금으로, 나가면 출금으로 기록한다. 이처럼 현금의 수지를 중심으로 현금(예금 포함)이라는 하나의 잣대에 따라 장부를 기록하는 회계를 **단식부기**라고 부른다.

단식부기

복식부기에 대립하는 개념으로 현금의 증감만을 기록하는 간단한 방법이나, 일정 시점의 재무상태와 일정 기간의 손익을 파악할 수 없다는 결점이 있다.

　사례에서 과연 수지 내용을 어떻게 보고해야 잘하는 것일까? 현금출입을 일

| 〈표1〉 **현금수지 보고서** |

❶ **기초 현금잔액**(2014. 1. 1)		₩30,000
❷ **당기 입금액**		62,000
1) 상품매출	50,000	
2) 기타입금	12,000	
❸ **당기 출금액**		(50,000)
1) 상품매입	35,000	
2) 기타지출	15,000	
❹ **기말 현금잔액**(2014. 12. 31)		₩42,000

| 〈표2〉 **현금수지 보고서** |

❶ **기초 현금잔액**(2014. 1. 1)		₩30,000
❷ **당기 입금액**		62,000
1) 상품매출	50,000	
2) 은행차입	10,000	
3) 비품매각	2,000	
❸ **당기 출금액**		(50,000)
1) 상품매입	35,000	
2) 인건비 지급	8,000	
3) 통신비 지급	2,000	
4) 배당금 지급	5,000	
❹ **기말 현금잔액**(2014. 12. 31)		₩42,000

일이 보여주면 좋을 것 같지만, 자칫 머리가 터진다. 바쁜 세상, 알기 쉽게 요약해서 〈표1〉과 같이 간결하게 보고하는 것이 좋다. 그런데 〈표1〉은 반찬 몇 가지가 빠진 듯 약간 허하다. 비고란의 정보를 추가하여 〈표2〉와 같이 보고하면 훨씬 낫지 않을까?

단식부기는 현금 이외에 재산이 거의 없거나, 외상거래가 없거나, 또는 이해관계자가 복잡하지 않은 조직의 부기로 유용하다. 예컨대 친

목단체 등의 수지 기록에 적합하다. 특별히 배우지 않아도 누구나 할 수 있는 쉬운 방법이다. 최근에는 신용카드를 많이 사용하면서 통장 기록이나 카드사용 기록만 잘 모아도 가계부 기록으로 대체할 수 있다. 따라서 금전출납부만 기록할 수 있고, 이를 이해관계자가 알 수 있도록 수지보고서로 작성할 수 있다면 '회계를 아는 자', 더 나아가 '회계사'라고 감히 말할 수 있다. 다만 공인된 회계사, 곧 공인회계사가 아닐 뿐이다.

단식부기의 치명적인 결함

단식부기는 간편하고 이해하기 쉬운 장점이 있지만 몇 가지 결함이 있는 절름발이 회계다. 첫째, 오늘날 신용사회에서는 대부분의 거래가 외상거래인데 단식부기는 외상채권이나 외상채무를 다루지 못할 뿐만 아니라 재고자산이 얼마나 되는지를 제대로 파악하지 못한다. 둘째, 경영성과의 계산이 어렵다. 단식부기는 현금수지의 파악이 중심이므로 현금이 따르지 않는 수입이나 지출 경우에는 현금출납부에 표시되지 않기 때문에 경영성과를 기록하지 못한다. 이를 보완하고자 재산과 부채의 크기를 체계적으로 파악하고, 아울러 경영성과도 잘 계산되는 복식부기가 자연스레 탄생한 것이다.

쉽게 배워서
바로 써먹는
이야기 회계
04

회계는 기업의 언어

크든 작든 기업에 관련해서는 회계만이
간결, 명료하게 설명할 수 있다.

우리 삶은 좋든 싫든 회계와 연관되어 있다. 문제는 숫자만 보아도 눈이 아픈 처지에 차변(借邊)이니 대변(貸邊)이니 하는 해괴한 용어가 등장해 전두엽이 지끈거린다는 사실이다. 가령 삼성전자그룹에 한솔, 신세계 등의 방계 삼성그룹의 규모를 모두 합치면 대략 430조로 국부의 3분의 1을 차지한다고 한다. 이를 문자나 문맥만으로 명쾌한 설명이 가능할까. 크든 작든 기업에 관련해서는 회계만이 간결, 명료하게 설명할 수 있다. 회계는 곧 기업의 언어이므로, 기업에 관한 한 회계로 의사소통을 해야 빠르고 명확하다. 디지털 용어에 어두운 어르신네가 애플리케이션이니 다운이니 하는 생소한 기능을 하나하나 배워가듯 회계 초보자는 낯선 용어가 등장할 때마다 새 친구 사귀듯 하나씩 적응해가는 게 최선이다.

말은 뜻이 정확하고 구분도 뚜렷해야

"아가야, 도리도리! 옳거니, 잘한다!" 우리나라에서 갓 태어난 아기들을 봤을 때 어른들이 종종 던지는 말이다. 여기서 도리도리가 '사람이 마땅히 지켜야 할 바른 길(道理道理)'을 뜻한다고 일러주면 누구나 놀랄 것이다. 이렇듯 우리는 영아에게도 어려운 한자를 가르치는 문화 속에서 산다.

1963년 중국의 역사 왜곡과 관련하여 양심적 발언을 했던 저우언라이 수상의 전기를 보면 '세 어머니' 이야기가 나온다. 세상에 마누라가 셋이라는 중동지방 이야기는 들었지만 어머니가 셋이라는 말은 금시초문이다. 죽을 때는 전 중국 땅을 눈물바다로 만들었다는 만년 총리, 만년 2인자 저우언라이는 분명히 어머니가 셋이었다.

우리가 세상에 태어나 가장 처음 배우는 말이 '엄마'다. 어른이 되면 엄마는 어머니로 바뀌고 유식한 축에서는 모친이라 말하기도 한다. 처의 어머니는 친어머니와 달리 장모, 혹은 좀 높여 빙모다. 이외 시모, 고모, 이모, 양모, 유모, 침모, 보모 등 어머니를 뜻하는 단어는 수없이 많다. 저우언라이의 세 어머니란 그를 낳아준 생모와 그를 길러준 유모, 그

리고 그가 입양돼 모신 양모를 말했다.

'어머니'로만 쓰면 혼란이 생기지만 '생모', '유모', '양모'로 구분해서 쓰면 그 의미가 명확해진다. 남편인지 손위 남매간인지 혼동되게 마구 쓰이는 오빠도 친오빠, 친척오빠, 남친오빠라고 구분하듯 말이다. 회계에서는 그 구분이 절대적이다.

통일된 회계용어 익히기

돈이 1,000원이나 1만 원과 같은 소액일 때도 문제지만 10만, 100만, 1억, 100억, 1,000억 원 등으로 단위가 커지고 나중에는 몇 조 원에 이르기까지 커진다면 결코 간단한 일이 아니다. 조금이라도 오해나 분쟁의 소지가 있을 수 있는 경제활동은 아예 처음부터 분명한 용어를 정해야 한다. 이런 탓으로 하나둘씩 말이 늘어나게 되고 의미 있고 간결한 말만 찾다 보니 한자를 많이 쓰게 되었다. 옛사람들이 어머니라는 말을 여럿 만들어 사리에 맞게 잘 썼듯이 회계용어도 써버릇하면 꽤나 편리하고 이해하기 쉬우련만, 마치 '산은 오르려 하지 않고 뫼만 높다 하더라'는 말과 같이 지레 겁먹고 꽁무니만 빼려고 한다.

물건의 경우, 외부에서 사온 것과 자기가 직접 제조한 것은 같은 품목이라도 그 출신이 엄연히 다르다. 그리고 판매를 위한 영업용 물건과 회사에 비치해 두고 쓸 물건, 공장의 설비나 장치에 들어갈 물건의 위(位)가 각각 다르다. 전혀 분간이 안 될 정도로 똑같은 것이라 해도 판매를 위해 외부에서 구입한 물품은 '상품', 공장에서 생산한 물품은 '제품', 그리고 비치해 사용할 물품은 '비품'으로 구분하면 깔끔하다.

예컨대 상품이나 제품의 판매는 다 같이 '매출'이라 하지만, 건물과 같은 부동산, 각종 유가증권 그리고 기계기구 및 시설 등의 판매는 '처분'이라 한다. 왜 이와 같이 구분하는 것일까. 한 피를 이어받은 왕자라 해도 적자는 대군으로 부르고, 서자는 군으로 낮춰 대우하는 것처럼 고유의 영업활동은 대군(大君)으로 높이고, 부수적인 활동은 군(君)으로 낮춰 구분하자는 것이다.

한편 판매 후 현금을 받는다면 아무런 문제가 없겠지만 외상거래의 경우에는 더욱 깔끔한 용어가 필요하다. 단순히 외상이라고만 말하면 받을 것인지 갚아야 할 것인지가 애매하다. 마치 어머니 하면 어느 어머니를 가리키는지 애매한 것과 비슷하다. 이에 대해 상품을 판매해 받을 것은 '외상매출금', 갚아야 할 것은 '외상매입금'으로 뚜렷하게 구분한다. 또한 물건의 성격에 따라 제품이나 상품의 경우에는 그냥 '외상매출금'이지만 비품 같은 것의 판매는 '미수금'이라 부른다. 뿐만 아니라 수수료와 같은 서비스 대금의 외상은 물품의 판매와 달리 품값의 일종이므로 특별히 구분해 '미수수익'이라 한다. 이렇듯 외상값 하나만 해도 외상매출금, 미수금, 미수수익의 셋으로 구분한다.

회계용어를 이해하는 정도는 회계에 대한 지식 수준에 따라 다를 것이다. 그래서 가능한 한 혼란을 방지하고 정확한 정보를 전달하기 위해 보고 양식이나 회계용어를 통일하여 사용한다. 예를 들면 통상 사용되는 재산(財産, property)이란 용어가 있음에도 불구하고, 회계에서는 굳이 자산(資産, assets)이라는 용어를 쓴다. 이는 자산의 대부분이 재산

| 비슷한 회계용어의 구분 |

매출	영업용 상품이나 제품의 판매
처분	영업용을 제외한 부동산, 기계기구 및 시설 등의 판매
외상매출금	영업용 상품이나 제품의 판매로 인한 외상대금
미수금	영업용 상품이나 제품을 제외한 비품 등의 판매로 인한 외상대금
상품	판매를 위해 외부에서 구입한 영업용 물품
제품	판매를 위해 직접 제조한 물품
소모품	단기간 사용하여 소멸되는 물품
비품	비치해 두고 1년 이상 사용할 책상 등의 물품

이지만, 자산 속에는 재산 아닌 항목도 일부 포함되기 때문이다. 예를 들어 선급보험료, 미수이자 등은 민법상 재산이라고 할 수 없으나 회계에서는 자산항목에 표시한다. 부채(負債)란 용어도 민법상 채무(債務)와 비슷한 용어이지만, 채무라고 하지 않고 굳이 부채라고 한다. 미지급이자나 미지급법인세 등은 당기순이익을 측정하기 위하여 결산에 부채로 반영하였지만 아직 기한이 도래하지 않는 상태에서는 민법상의 확정채무가 아니기 때문이다.

쉽게 배워서
바로 써먹는
이야기 회계
05

돈 계산만 잘해도 당신은 회계 박사

회계에는 어려운 방정식이 필요 없다.
더하기, 빼기 그리고 간혹 곱하기와 나누기만 있을 뿐.

요새는 초등학교에 입학하기도 전에 유치원이나 집에서 한글을 모두 터득한다고 한다. 강남에서는 조기학습이라는 이름으로 영어는 물론 일어도 웬만큼 가르쳐서 들여보낸다고 하는데 내가 초등학교에 다닐 때는 워낙 옛날이기도 하고, 산골학교여서 그런지 초·중등학교를 졸업할 때까지 공부하라는 이야기를 일체 들어본 적이 없다. 한글을 깨우친 것도 2학년 1학기가 지나서였다. 1학년과 2학년 시절은 한글도 모른 채 그저 책보만 메고 시계추처럼 집과 학교를 왔다 갔다 하기만 했다. 초등학교 3학년 2학기의 일로 기억된다. 하루는 선생님이 방과 후에 몇 명을 집에 못 가게 했다. 구구단을 못 외운다는 이유 때문이었다. 어린 나이에도 창피하다는 생각이 머릿속을 떠나지 않았다. 그랬던 나도 지금은 숫자 감각이 절대적으로 필요한 회계학 박사로 지낸다.

회계는 두통을 유발하는 학문?

요즘 대학에서는 복수전공 및 부전공제도가 있어 비록 맘에 들지 않는 학과에 입학하더라도 자기가 좋아하는 과목을 공부할 수 있어 좋다. 이 틈을 이용해 취업에 유리하다는 이유로 경영학원론 한 과목에만 수백 명이 몰려드는 부작용도 생겨난다. 물론 회계학 강좌에도 많이 몰리지만 중도에 포기하는 학생이 넘친다. 그 이유를 알아보면, 용어도 어렵지만 계산이 힘들다는 것이다. 취업에 유리하니 회계학이 과목으로는 인기지만 아이러니하게도 교수는 십중팔구 무능 1호가 된다. 징그러운 숫자에다 한자용어가 겹겹으로 두통을 유발하니 아무리 열강을 해도 허사다. 외부 특강에서는 입담도 좋고 재미있다는 평가를 받는데도 교내에서는 외면 당하니 무엇이 문제일까.

참고로 입담의 자격 세 가지를 짚고 가자. 첫째, 말을 잘하되 진실을 50퍼센트 이상 담아야 한다. 둘째, 말을 많이 하더라도 결코 남에게 피해를 주어서는 안 된다. 셋째, 듣는 사람들을 웃겨야 한다. 이만한 조건에 들 정도면 명강의 축에는 못 들어도 '그냥 참고 들어줄 만한 강의'가 아닐까 하고 자위해보지만, '회계'라는 말만 들어가면 효능 좋은 수면제 역할을 톡톡히 한다. 웃기는 말로 후배들에게 내가 정년까지 버틴 비법은 학생들에게 두통약을 먹고 오게한 것이라 했더니 다들 폭소를 터뜨렸다.

회계는 수학이 아닌, 가감승제만 다룬다

회계가 무슨 대단한 계산이라고 수학을 어려워하듯 절레절레 고개만 흔드는가. 특히 수학이 싫어 문과를 택했다는 인문계 학생들 대다수가 고개를 도리질치니 한 번쯤 짚어볼 일이다. 수학 하면 대수학, 기하학, 미적분학 및 해석학, 위상수학 등을 떠올리는데 여기에 통계학까지 더한다면 다루는 분야도 엄청나다. 쓰이는 기호나 문자도 다양하고 계산도 복잡하다. 단지 계산의 측면만 보더라도 연산, 행렬, 집합, 대수 등으로 많다. 이들을 이용한 계산에는 일정한 대상이 없다. 수학은 '과학의 언어'라는 말도 있듯이 과학의 세계인 우주만물 모두가 대상이다. 한술 더해 4차원의 세계니 n차원이니 하여 우리들은 도저히 상상할 수 없는 세계마저 수식으로 표시하고자 하니, 그 범위는 이루 헤아리지 못할 지경이다.

우주만물 가운데 유독 화폐로 표시된 돈 계산만 모았을 때, 이 집합이 회계다. 돈 가는 데마다 따라가는 계산, 다시 말해 경제활동에 관련된 계산만을 회계라 한다. 여기에는 어려운 방정식이 필요 없다. 가감승제 즉 더하기, 빼기, 곱하기, 나누기만 있을 뿐, 수학에 비춰 극히 일부다. 더구나 곱셈이나 나눗셈이 쓰이는 경우는 극히 제한적이다. 그런데도 화들짝 놀라는 까닭은 아마도 이용되는 숫자 때문일 것이다.

1,000 또는 100,000이나 1,000,000까지는 그래도 눈에 들어오지만 100,000,000 이상의 큰 숫자는 만만치가 않다. 예를 들어 1,058,379,564,692라는 숫자가 있다고 하면 어느 누구인들 금방 알

아볼 수가 있을까. 회계사조차도 눈이 아픈 숫자다. 이런 이유에서 어렵다 하는 것은 이해가 되지만, 설명할 때 '차변 : 교통비 10,000원, 대변 : 현금 10,000원'이라고 간단한 단위만 나와도 골치 아프다고 몸서리치는 딱한 친구도 있어 문제다.

돈 계산이 곧 회계지만 아무리 간단하더라도 체계적으로 계산하려면 약간의 원리나 요령이 필요하다. 이 세상에 돈과 관련되지 않은 일이 어디 있는가. 있다면 비경제적인 활동뿐이다. 종북이니 친일이니와 같은 정치, 문화, 사상 등을 논한다든가, 종교에서 영혼의 구원만 외치거나 예술 분야에서 진선미만 말할 때에는 회계가 전혀 필요 없다. 그러나 진선미를 다루면서 물자나 경비가 얼마나 들었는가를 따진다면 회계가 필요하다. 종교에서도 교회를 신축한다든가 운영 예산을 짜려면 반드시 회계가 있어야 한다. 지역이나 분야 또는 대상에 관계없이 돈이 가는 곳이라면 회계는 으레 따른다.

극단적으로 망자에게도 돈 계산은 따라간다. 장례를 치르는 데 관을 비롯한 물자가 들 뿐만 아니라 사람을 동원하고 이들을 먹이자니 자연 경비가 들기 때문이다. 한 예로 중국의 베이징 교외에는 명 13릉이라는, 우리의 동구릉과 흡사한 지역이 있다. 명나라 200여 년에 걸친 열세 명의 황제가 묻힌 능역이다. 말이 능이지 아홉 개의 능이 모여 이루어진 동구릉에 비해 명의 능은 하나만으로도 동구릉 크기와 비슷해 보였다. 그 가운데 13대 황제 신종 만력제와 두 명의 황후가 잠든 정릉이라는 무덤이 있다. 이 능은 지상 5,400평, 지하 20미터에 세 구의 시신과 궁전이 있어 능이라기보다는 차라리 '핵무기 공격을 대비한 지하 궁전'이라고 해야 알맞다. 여행 가이드 설명에 의하면 매일 3만 명이나 되는 인원이 6년 반 동안 공사한 결과, 연 인원은 20~30만 명에 달했고 공사비용은 농지세 2년분 쌀값으로 100만 명이 1년 동안 먹을 양식이 들었단다.

이 양식을 화폐로 표시하면 얼마인가. 1인당 매월 쌀 두 말 정도를 먹는다 치면 12×2=24말이며, 100만 명 양식을 계산하면 2,400만 말 즉 240만 석이다. 이를 현재 시세로 어림잡아 가마당 10만 원씩만 따져도 무려 2,400억 원이라는 어마어마한 계산이 나온다. 간단히 말해 한 명의 황제를 장사지내는 데 무려 2,400억 원이나 소요되었다는 이야기다. 2,400억 원이라고 밝히는 이 과정이 바로 회계다. 여기에 무슨 수식이 필요하며 특수한 기법이 따르겠는가. 다만 수의 크기가 엄청나 놀랄 뿐이지 회계 자체가 놀랄 만한 일은 아니다.

누구나 회계박사가 될 수 있다

요즘 음악은 종류도 많거니와 복잡하기도 하다. 그 가운데 대중음악, 흔히 육성으로 부르는 가요만 보아도 칸초네, 상송, 재즈, 탱고, 발라드 및 트로트 등 많기도 많다. 어느 것이나 이름만 다를 뿐 별로 깊은 지식이 없는 보통 사람이라도 조금만 노력하면 쉽게 따라부를 수 있고 그런대로 분위기에 잘 어울릴 수가 있다.

회계도 이와 비슷하다. 돈 계산이기 때문에 돈을 만지는 사람은 누구나 관심을 가지면 잘할 수 있다. 지레 겁먹을 일이 아니다. 은행이나 회사 사무실을 가보면 잘 알 수 있다. 의자에 앉아 있는 사람 모두가 어찌나 돈 계산을 잘하는지, 일류 피아니스트가 건반 두드리듯 키보드를 재빨리 때리는 데 그저 놀랍다. 이 정도의 요령을 터득하는 데는 별다른 전공이나 학력도 필요 없다. 내가 자주 거래하는 은행의 여직원 한 명이 있다. 회계를 너무나 잘해 경영학을 전공했느냐고 물었더니, 틈틈이 혼자 공부했다고 했다. 바로 이것이 회계다. 자라 보고 놀란 가슴 솥뚜껑 보고 놀란다고, 고등학교 때 수학에 질겁한 탓으로 숫자 끝에 원이나 달러가 붙는 돈 단위만 보고도 수학 운운하며 외면하려 든다면 안타까운 일이다.

사이좋은 부자지간, 회계와 부기

부기가 섬유공장에서 원단을 짜는 공정이라면,
회계는 공장 전체의 운영에 비유할 수 있다.

예나 지금이나 우리나라 사람들은 만났다 하면 으레 술타령이다. 기분 좋아서 한잔, 괴로워도 한잔이다. 어느 경우는 월급이 몽땅 술값으로 달아나기도 한다. 친한 친구가 만나자거나, 옛 동창을 만나기라도 하면 "야! 한잔하러 가자" 하고 권하는 것이 예사였다. 만일 상대방이 "나, 돈이 없는데…"라며 난처해하면 "야! 걱정 마, 그으면 되잖아" 한다. 긋다니 도대체 무엇을 긋는다는 말인가. 요즘처럼 카드를 긁는 것도 아닌데 말이다.

채무면제이익은 영업외수익

옛날에는 주막에서 술을 먹고 외상 하는 손님이 있을 때, 주모는 외상값을 기둥이나 각목에 금을 새겨 표시했다. 굳이 옛날이 아니더라도 나도 어릴 적 이런 외상 표시를 본 기억이 있다. 송나라 사신으로 고려를 방문한 서긍이 쓴《고려도경(高麗圖經)》(1123)에는 다음과 같은 글이 실려 있다. "고려의 풍습에는 계산 막대, 산목에 의한 계산은 볼 수 없고, 관청에서 출납 회계를 할 때 회계관이 나무토막에 칼로 한 개씩 금을 긋는다. 일이 끝나면 그것을 버리고 보관하는 일이 없으니 기록하는 법이 너무나 허술하다." 이 글을 보면 긋는 관행이 민간만이 아니라 관청에서도 꽤 오래전부터 이루어졌음을 알 수 있다. 영국에서도 1812년까지 재무부에서 계산에 탤리(Tally)라는 각목을 사용했다고 한다. 이 관습에 따라, 외상 하면 으레 긋는다는 말로 통하게 된 듯하다.

지금은 신용카드라는 제도가 생겨났지만, 카드는 엄밀한 의미에서 외상이 아니고 은행으로부터 차입해 대금을 치르는 금융제도다. 컴퓨터에 입력하거나 체크하기 위해 카드 단말기에 카드를 넣고 죽 긁으니까 옛날의 '긋기'가 현대의 '긁기'로 변모했다 해야 할까.

놀랍게도 채무를 면제받는 고사도 있다. 전국시대 맹상군은 제나라 사람으로 조나라 신원군, 위나라 평원군, 초나라 춘신군과 함께 전국 4공자로 무려 3,000명의 식객을 거느렸다. 한번은 그가 식객인 풍훤에게 자신의 영지인 설나라에 가서 빚을 받아오라고 명령했다. 풍훤은 채권서류를 불태우고 빈손으로 왔으면서 맹상군에게 "은덕을 받아왔노라"고 넉살을 떨었는데, 이 '은덕'이라고 하는 것이 훗날 곤경에 처한 맹상군을 재기하게 만든 계기가 되었다고 전해진다.

회계로 말하면 당사자가 코앞에서 외상 장부를 몽땅 갈기갈기 찢어

버리는 것이니 채무자인 설나라 사람에게는 빚, 곧 채무가 소멸되는
순간이다. "어마! 좋아 죽겠네"라고 소리
지르는 탕감된 이익, 곧 **채무면제이익**인
데 통상의 영업활동이 아닌 '영업외수익'
으로 분류한다.

채무면제이익
(債務免除利益)

회사가 채무를 면제받아 발생하
는 이익으로, 주로 결손을 메꿀
때 많이 생겨난다.

부기는 회계의 부분집합

판매원이 내용을 뭐라고 적든 장부에 기록하거나 직원이 영수증을
정리하는 일이 부기다. 글자 그대로 장부에 기록하는 과정이다. 술집
에서 현금을 받더라도 빠뜨리지 않고 장부에 착실하게 적는다면 이
역시 부기다. 부기란 단순히 장부에 기록하는 과정일 뿐이다. 그래서
장부의 끝 글자인 '부(簿)'와 '기입하다'의 머리글자인 '기(記)'를 합쳐
'부기'라는 말을 만들었다. 곧 부기는 장부에 기록하는 요령이나 기술
이다.

기업의 경우에는 경제활동마다 반드시 부기를 하기 때문에 아예 부
기란 말조차 사용하지 않는다. '회계＝부기'로 보아 '회계한다'를 '부
기한다'로 해석해도 무방하다. 그러나 간혹 눈에 띄는 '부기회계'라는
말은 잘못된 표현이다. 부기란 회계의 자식 격이지만 한 영역인데 마
치 '아들아빠'라고 하는 거나 같기 때문이다.

회계가 있으면 부기는 으레 따르게 마련이다. 만일 거래를 머릿속
에 기억만 하고 아무 데에도 기록해놓지 않는다면 부기는 생략된 것이

다. 만일 컴퓨터에 입력한다면 어떨까. 이것도 부기다. 부기의 기법이 발달되어 일일이 손으로 적는 대신 컴퓨터를 이용해 기록한다는 점만 다를 뿐이다. 기록과 보관만 잘된다면 장부의 형태를 따질 일이 아니다. 각목이나 작은 수첩 또는 아이들이 쓰는 노트라도 무방하다. 부기란 장부를 이용해 원초적인 회계 자료를 정리, 요약하는 기술이다. 운전의 기본 요령을 익히는 데 다소 시간이 걸려도 기계적으로 반복하다 보면 누구나 일류 기사가 되듯이, 부기도 기본기만 습득하면 곧 베테랑이 될 수 있다.

회계란 경제활동에 관련된 모든 계산을 말하기 때문에 단순한 부기의 차원을 넘어, 전반적으로 해석하고 설명하거나 의사결정을 위한 여러 가지 정보를 제공하는 일도 포함한다. 부기에 비해 한층 범위가 넓고 전문적이다. 섬유공장을 살펴보면 원단을 짜는 직포공정, 원단을 염색하고 가공하는 완성공정이 있고, 이외 생산을 보조하는 창고, 변전소, 수리부 등과 아울러 사무를 보는 총무부 및 관리부 등이 있

다. 부기가 섬유공장에서 원단을 짜는 공정이라면, 회계는 공장 전체의 운영에 비유할 수 있다.

누이 좋고 매부 좋은 회계

이윤 추구가 기본인 자본주의 사회에서는 생산의 한 요소인 자본, 곧 돈이 있어야 돈을 벌 수 있다. 돈이 없다면 아무리 좋은 아이디어를 가졌어도, 제갈공명과 같이 머리가 좋아도 돈 벌기는 힘들다. 물론 각종 아이디어로 벤처의 신화를 이룬 사람도 많지만, 맨주먹으로 돈 벌었다는 이야기는 그저 신화에 불과할 뿐이다.

이익을 창출하기 위해 돈을 굴리는 일을 투자라고 하면, 투자는 돈 있는 사람의 전유물이다. 투자에는 **실물투자**와 금융투자가 있는데, 일반적으로 실물투자는 부가가치를 생산하지 않는다. 땅값이 오른다고 '너 좋고 나 좋은'

실물투자

실체가 없는 금융자산에 투자하는 것과 비교하여 귀금속, 부동산, 곡물 등 실체가 있는 자산에 투자하는 것을 말한다.

게 아니다. '너 하나 좋기 위해 우리 모두의 고통'인 것이다. 국가 전체로 볼 때 국민소득의 실질적 증가는 '0'이다. 오히려 집 없는 사람이나 공장을 지어 생산활동을 하려는 토지의 실수요자로부터 재산을 강탈하는 무서운 현상이다. 반면 금융투자는 사회 전체에 이익이다. 주식이나 사채 등의 증권에 투자하면 이 돈은 기업자금이 되어 생산활동에 긴요하게 쓰이고 새로운 부를 창조할 수 있다. 저축도 마찬가지다. 이해관계자 모두에게 부를 안겨주고 사회 전체에 이로운 투자다. 참으로 이상적인 형태다. 모두에게 이익인 이러한 투자를 새로운 경제용어로 '승승투자'요, '승승게임'이라 한다.

생산활동에서 기업이 생산하는 부는 모두에게 경제적 혜택을 주기 때문에 그야말로 누이 좋고 매부 좋고, 더불어 국민경제가 좋아지는 승승게임이다. 정부의 모든 정책도 바로 이것, '부의 합리적 배분'에 초점을 맞춰야 한다.

물론 이익을 나누는 방법에도 문제는 있다. 그래서 임금 10퍼센트 인상으로는 못 살겠다는 노조의 불만이라든가 은행이자도 안 나오니 문을 닫아야겠다는 주주의 푸념이 쏟아지기도 한다. 이 푸념을 잠재우는 일, 바로 배분을 합리적으로 이끌기 위해 회계가 필요한 것이다. 증권투자를 하려 할 때 투자자가 궁금해하는 기업에 관한 정보를 제공하는 것이 회계다. 이 회계정보를 바탕으로 회사 내에서 파이를 정확히 계산하거나 투자자들의 합리적 의사결정을 돕는다. 그러므로 회계는 수많은 이해관계자들의 승승게임을 달성하기 위해 공헌하는 것이라 할 수 있다.

재무제표는 재무4표

**재무제표에는 가정의 부모격인 재무상태표와 포괄손익계산서,
자녀격인 현금흐름표와 자본변동표의 네 가지 표와 주석이 있다.**

오늘날 회사는 적어도 1년마다 회사의 재무상태와 경영성과를 계산하여 주주총회에 보고해야 한다. 이때 제출하는 서류는 복식부기를 이용하여 작성한 재무제표(財務諸表)다. 흔히 결산서라고도 부른다. 결산결과 이익이 많다면 CEO에게는 스톡옵션을, 종업원에게는 상여금을 두둑하게 주어 모두가 웃는 낯으로 더 힘껏 일할 수 있을 것이다. 그러나 이익이 없다면 밑천만 조금씩 까먹다가 결국 문을 닫을 수밖에 없는 딱한 결과가 된다.

재무제표는 기껏해야 네 가지 표

재무제표란 무엇인가? 이에 답하기 전에 타임머신을 타고 1960~

70년대 어느 중학교의 월요일 아침 조회 현장으로 가보자. 근엄한 교장 선생님이 전교 학생들을 운동장에 집합시켜놓고 일장 훈화를 하신다. "에, 학생 제군! 이번 주 금요일은 도교육감님께서 우리 학교를 시찰할 예정이므로 제군들은 두발과 복장을 단정하게 하길 바란다. 알았나?" 여기서 교장 선생님이 말씀하신 '학생 제군(諸君)'이란 운동장에 모인 '여러 학생들'을 한자로 표현한 것이다. 바로 많은 학생들이란 뜻이다.

재무제표 역시 학생들을 '제군'하고 부르듯 '제표' 하면 '재무에 관한, 곧 숫자로 쓰인 여러 표'란 뜻이다. 다만 몇 개 이상을 제표라 말해야 하는지에 대해서는 논란이 있을 수 있다. 회계에서는 수십 가지 표를 작성하지만 애석하게도 재무제표라 일컬을 때는 기껏 기본 재무제표 네 개다. 그중 중추라 할 표는 재무상태표와 포괄손익계산서(손익계산서)로, 단 두 가지다.

재무상태표, 손익계산서, 현금흐름표, 자본변동표

기업활동의 성적은 다양하고 아무리 복잡해도 재무제표(Financial Statements : F/S)에 모두 반영된다. 재무제표에는 가정의 부모격인 재무상태표와 포괄손익계산서, 그리고 자녀격인 현금흐름표와 자본변동표가 있다. 첫째, 재무상태표(statement of financial positions)는 기존의 대차대조표(B/S)의 새로운 이름으로, '일정 시점(예: 2015년 5월 30일 현재)에서 기업의 재무상태를 나타내는 재무보고서'다. 이는 기업의 연속적인 경영활동 중 어느 시점을 지정해 자산·부채·자본의 상태(잔액)를 순간적으로 촬영한 스냅사진과 같다. 스냅사진을 찍을 때 순간적으로 홀쭉한 모습이었다가도 밥을 잔뜩 먹고 찍으면 배불뚝이로 색달리 나타나는 것처럼 재무상태 역시 아침에는 금고에 가득했던 현금이 낮 동안 많은 변화를 겪으면서 저녁나절에는 한 푼도 없을 수 있다.

재무상태표의 좌변에는 자금의 운용 결과로 얻은 자산을 표시하고 우변에는 그 자산을 얻기 위하여 조달한 자금의 원천인 부채와 자본이 표시된다. 그래서 좌변의 합계와 우변의 합계는 언제나 일치한다. '좌변=우변'이며 구성은 '자산=타인자본인 부채+자기자본인 자본'이다. 이런 까닭에 2010년까지는 재무상태표를 대차대조표라 부르기도 했다.

둘째, 손익계산서는 일정 기간 동안(예: 2014.1.1~2014.12.31) 기업의 경영성과를 표시하는 재무보고서다. 손익계산서는 정해진 기간에 기업이 움직인 동적 측면을 강조하는 것으로, 바로 경영성과를 촬영한 동영상이라고 할 수 있다. 서구에서는 긍정을 강조하느라 부정적인 손실은 배제하고 이익만 내세워 이익계산서(income statement)라고 부른다. 그러나 우리는 음양을 동등하게 대우해 손실과 이익의 계산서, 즉 손익계산서라 부른다. 양자는 이름만 다를 뿐 동일한 재무보고서다. 손익계산서에는 수익과 비용, 당기순손익(당기순이익 또는 당기순손실)이 보고된다. 여기에서 수익은 이익과 판이하게 구분된다. 수익이란 총액 개념이고 이익이란 수익에서 비용을 차감한 순액 개념이다.

셋째는 현금흐름표다. 기업을 운영하는 데 현금은 인체의 혈액과 같

당기순이익

당기순이익은 현재 다루는 회계 기간의 순이익을 의미한다. 순이익이란 매출액에서 매출원가, 판매비, 관리비 등을 빼고, 여기에 영업외 수익과 비용, 특별이익과 손실을 가감한 후 마지막으로 법인세를 뺀 후 남는 금액을 말한다.

은 구실을 한다. 문제는 **당기순이익**의 잔액이 현금의 잔액과 동일하지 않다는 데 있다. 왜냐하면 오늘날의 손익은 현금이 오가는 사실을 바탕으로 기록하는 현금주의(現金主義)가 아니라, 실질적으로 수익이 얻어지거나 지출 또는 비용이 발생한 사실을 기준으로 기록하는 발생주의(發生主義)에 바탕을 두고 있기 때문이다. 쉽게 말해, 돈 벌었다고 해서 오로지 현금만 남아 있는 게 아닌 것이다. 그에 따라 손익계산서와 별도로 현금의 흐름을 파악하기 위하여 현금흐름표를 작성한다. 현금흐름표(statement of cash flows)는 기초의 현금 잔액이 기말의 현금 잔액으로 남기까지 일어난 수많은 경제활동을 영업활동, 투자활동, 재무활동의 세 가지로 압축해 설명한다.

넷째, 자본변동표(statement of changes in equity)는 알토란 같은 주주의

몫인 자본만 드러내 그 크기와 변동에 관한 정보를 제공한다.

주석과 주기의 역할

흔히 국토를 말할 때 본토는 물론 멀리 있는 섬도 포함시키듯, 표도 아니면서 재무제표에 끼워주는 게 바로 '주석(註釋)'이다. 재무제표의 본 바탕에는 재무적 정보(숫자)만을 보고하고 기업의 질적 정보(비재무적 정보)는 제공하지 않는다. 설사 재무적 정보라 하더라도 숫자만 보고 선뜻 이해되지 않는 부분에 대한 설명이 필요하다. 요컨대 주석은 재무제표의 본문에 나와있는 숫자를 보완하는 설명문이다. 예를 들면 회사의 상황이라든지, 특수 관계인과의 거래, 감가상각의 회계처리 방법, 백지어음과 수표의 발행 등 숫자로 표시하기 곤란한 내용이나 이해관계자들이 특별히 알아야 할 내용은 주석으로 밝힐 수밖에 없다.

| 주석 예시 |

(단위 : 원)

건물	100억	
건물감가상각누계액 주석 5)	(40억)	60억

주석 5) 건물의 감가상각
　　　　당사의 건물은 취득원가로 계상하고 있으며, 감가상각은 건물의 취득원가에서 잔존가치(0)를 차감한 금액에 대하여 40년간 정액법을 적용하여 배부하고 있습니다.

위에서 '5)'를 주석이라 하며, 구체적인 내용은 재무제표 뒤의 주석란에 설명하고 있다. 위 사례의 경우, 여러 감가상각방법 중 정액법을 적용한 것을 알 수 있다.

한편 주석과 엇비슷한 주기도 있는데, 주기는 간단히 문구 또는 숫자를 괄호 안에 덧붙여 표시하는 방법이다. 위에서 미처분이익잉여금 30억 원은 당기순이익 10억을 포함한 금액이라는 뜻이다. 이때 괄호 안에 표시한 내용을 주기라고 한다.

재무제표를 작성할 때는 필요한 곳에 주기를 하기도 하고, 계정과목에 번호를 붙인 다음 주석란에 설명을 적는다. 그러므로 재무제표를 읽을 때에는 주기와 주석 사항도 함께 살펴보아야 한다.

결합재무제표와 연결재무제표의 차이

재무제표만으로도 혼란스러운데, 결합재무제표와 연결재무제표라는 용어도 있어 더욱 어렵다. 둘의 기본적인 차이는 작성하는 기준이 '사람이냐', '지분이냐'일 뿐이다. 결합재무제표는 두 개 이상의 기업이 특정인(예컨대 왕회장님)에 의해 지배되고 있는 경우에, 소속된 회사들의 개별재무제표를 단순히 수평적으로 합한 후 자기네끼리 거래한 '내부거래'를 제거하여 작성한다. 이는 재벌이라는 독특한 기업집단이 존속하는 우리나라에만 유일한 재무제표로서, 모회사와 자회사를 한 덩어리로 보아 재무제표도 한데 묶어 보고하는 것이다. 외국에서는 거의 사용하고 있지 않다. 매년 공정거래위원회에서 지정하는 30대 기업집단에 한해 작성한다.

한편 연결재무제표는 두 개 이상의 회사가 법률적으로는 독립됐지만 지분으로 볼 때에는 실질적으로 지배, 종속 관계에 있으므로 한 덩치나 마찬가지일 때 작성한다. 우선 지배회사가 종속회사와의 내부거래를 제거한 후 지배회사의 재무제표에다 종속회사의 재무제표 중 지배회사의 지분 비율만큼 재무사항을 더해 작성한다.

Chapter 2

재미있는
회계의 탄생

회계의 시작은 언제일까

종이와 아라비아 숫자가 등장한 이후
서양부기, 즉 '복식부기'가 생겼다.

아주 오랜, 까마득한 옛날에도 회계가 있었을까? 바늘 가는 곳에 실 가듯 돈이 있는 곳에 회계는 반드시 따른다. 따라서 화폐가 통용되었다면 회계는 분명히 있었을 것이다. 실제로 기원전 3600년에도 회계가 있었으리라는 주장이 그렇다.

화폐의 발달, 물품화폐와 주조화폐

바빌론의 유적에는 설형문자(쐐기문자)로 된 상업계약의 기록이 남아 있다고 한다. 이는 옛 바빌로니아시대에 이미 회계가 이루어졌음을 나타내는 증거다. 그러면 이때에도 화폐가 있었을까? 옛날에는 오늘날과 같은 지폐라든가 동전은 없었다. 이른바 물품화폐만이 쓰였다. 중국의 조가비, 에티오피아의 소금, 시베리아의 모피, 남아프리카의 가축 등이 그 예다. 세금도 군포 몇 필이라든가 소금 얼마 하는 식이었다. 중국의 경우에는 조개나 베와 비단 같은 직물이 많이 쓰였던 까닭에 '조개 패(貝)'자가 들어가는 글자는 한결같이 돈 또는 돈에 관련된 의미를 지니게 되었다. 한 예로 재화(財貨)라는 말은 둘 다 '조개 패(貝)'변이어서 오로지 돈임을 알 수 있다. 그 외에 재무(財務), 재정(財政), 재물(財物) 등을 비롯해 기업에서 많이 쓰이는 매입(買入), 매출(賣出) 및 저장(貯藏) 역시 '조개 패'로 이루어진 글자이며 모두 돈과 관련되어 있다.

300여 년 전 조선 명종 때를 배경으로 한 벽초 홍명희가 지은 《임꺽정전》을 보면 주막에서 밥값으로 상목 몇 필을 끊어주었다는 이야기가 나오는데 물품화폐가 잘 사용된 예다.

몇 년 전까지만 해도 시골에서 곗돈이나 빚을 거래할 때 쌀로 계산한 것을 떠올리면 물품화폐는 그다지 낯선 일이 아니다. 대소사에 축하금 등을 낼 때도 으레 쌀 몇 말 하는 식으로 계산했다. 나도 시골 친구들과의 모임에 쌀값을 환산해 기금을 낸 적이 있다. 심지어는 땅값을 말할 때에도 평당 두 되니 말가웃(한 말 반쯤의 양)이니 해서 쌀로 표현했다.

금은과 같은 귀금속이 물품화폐로 직접 이용되기도 하다가 주조화폐로 바뀐 것은, 기원전 7세기 그리스의 금은 합금으로 된 일렉트럼화폐가 처음이다. 고대 로마는 기원전 340년 전후에, 중국은 일찍이 은·주 시대에 청동기문화의 발달로 주화가 사용되었다.

우리나라의 경우 선사시대에는 조개껍질을 화폐로 사용하기도 했으나, 중세를 거치면서 동전 등을 주조하여 사용했다. 고려 초인 996년(성종 15년)에 처음 발행된 건원중보(乾元重寶)는 한반도 최초의 철전이고, 상평통보는 조선 숙종 때 이르러 200여 년 동안 사용되었으며, 당백전은 흥선대원군이 경복궁을 중건하면서 그에 필요한 비용을 조달하기 위해 발행한 돈이다. 화폐도 시대를 거치면서 발달한다. 지금은 은행권과 함께 신용카드 등이 널리 사용되는 전자화폐시대라고 할 수 있다.

부기 발달의 토양이 된 십진법과 종이의 발명

우리나라에서는 일찍이 개성부기가 서양부기보다 200년 앞선 11세기에 탄생되었다. 정확한 고증이 어려워 아쉽지만, 상인들의 기록방법은 화폐가 통용됨에 따라 더욱 발달했을 것이고 이 시기를 하나의 분기점으로 우리나라에서도 보다 과학적이고 체계적인 부기가 생겼으리라는 것은 충분히 예상할 수 있다.

서양에서는 일찍이 그리스·로마시대부터 주화가 통용되었는데도 왜 부기가 발달하지 못했는가를 잠시 생각해볼 필요가 있다. 장부에 기록하는 것을 부기라 할 때, 장부에 기입하려면 우선 셈을 나타낼 문자와 숫자 그리고 종이가 있어야 한다. 문자는 그렇다 치고 숫자의 경우를 보자. I, II, III와 같은 로마 숫자로 과연 얼마나 많은 수의 표기가 가능할까.

《재미있는 수학여행》(김용운, 김용국 공저)을 보면, 현재에도 오스트레

일리아와 뉴기니 사이 지방의 원주민은 1을 우라펀, 2를 오코사라 하고 다른 숫자를 세는 말이 없다. 그래서 3은 오코사·우라펀, 5는 오코사·오코사·우라펀(2+2+1), 그리고 6은 오코사·오코사·오코사(2+2+2)라고 셈을 한다고 한다. 과연 이들이 천만 단위와 같은 높은 숫자의 돈 계산을 한다면 오코사·우라펀을 몇 만 번이나 사용할 것이며, 그나마도 제대로 나타낼 수 있을지 궁금하다.

로마 숫자도 불편하기는 마찬가지다. 로마에서는 1 2 3 4 5…10은 I II III IV V…X로, 20은 XX로, 그리고 50, 100, 500은 각각 L, C, D로 나타낸다. 만일 234라면 CCXXXIV이고, 반대로 DCCLXXXIV를 읽으려면 500+200+50+34=784라고 셈을 한 후에야 겨우 784임을 알 수 있으니 얼마나 불편한가. 중국의 한자도 마찬가지다. 한 예로 우리의 1억 8,537만 9,530원은 一億八千伍百參拾七萬九千伍百參拾원이라고 길게 써야 한다. 이런 실정에서 부기가 발달되기 어려웠음은 불 보듯 뻔하다.

오늘날 널리 쓰이는 1, 2, 3, 4 등의 숫자는 인도에서 발명되어 아라비아 상인을 거쳐 유럽으로 전파된 것으로, 인도-아라비아 숫자라고 한다. 앞서 말했듯이 0(zero)을 발견하여 이를 십진법으로 정립했으며 0을 사용한 표기는 숫자를 쓰고 읽기가 간편하여 회계의 발전에 도움이 되었다. 인도-아라비아 숫자는 1202년 레오나르도 피사노에 의해 처음으로 유럽에 소개되었다.

부기가 발달하기 위해서는 화폐의 발달과 숫자나 문자와 같은 표시 방법은 물론이고 기록할 종이가 있어야 한다. 설사 아라비아 숫자와 같이 표시 방법이 아무리 간편하고 화폐가 발달한들 나무판자나 천에 기록해야 한다면 부기가 제대로 이루어질 리 없다. 고대 중국에서는 기록을 위해 비단을 썼다고 한다. 하지만 값비싼 비단으로 셈을 얼마나 할 수 있겠는가.

종이의 최초 발견에 대해서는 여러 설이 있지만 서기 105년 후한의 채륜이라는 사람이 발명했다는 설이 가장 유력하다. 이 종이가 당나라 현종 때 사라센 제국과의 교전 중 이웃 나라에 전파되어 900년 이집트에 보급되고, 11세기에 지중해를 거쳐 유럽에 건너갔으리라고 추측된다. 종이와 아라비아 숫자가 등장했다는 사실은 이때를 전후해 서양부기, 즉 '**복식부기**'가 생겨났으리라는 주장을 강력하게 뒷받침한다. 복식부기의 생성 시기는 대체로 13세기부터라는 설이 강력하기 때문이다. 그 이전에는 부기가 있었다 하더라도 적당히 적기만 할 뿐 오늘날의 복식부기와 같이 체계적인 것은 아니었다. 일정한 원리가 없어서 누구라도 쓸 수 있고 그 방식도 다양했다. 앞에서 살펴본 바와 같이 이들을 통틀어 단식부기라고 해야 할 것이다.

복식부기
(複式簿記)

복식부기는 거래가 발생되면 거래의 원인과 결과를 좌변과 우변에 나누어 기입하는 기록법을 말한다. 가령, 판매 시 현금 100만 원이 들어오면 좌변에 현금 100, 우변에 매출 100과 같이 나누어 장부에 적는다.

한편 관청에서는 조세의 징수와 관리를 효율적으로 하기 위해 그 나름의 부기가 발달했다. 관청부기는 초창기 간단한 단식부기로부터 시작하여 체계적인 복식부기로 발전하였다. 기록을 통해 복식부기가 제대로 쓰인 사례로, 11세기 이탈리아의 제노바 시청 장부를 꼽는다.

옛날 상인들의 계산법

우리나라에는 예부터 조그만 장사꾼 말고도
정부의 보호를 받는 장사꾼이 꽤 있었다.

중국 춘추전국시대 이전에 하(夏)나라를 무너뜨리고 세워진 나라가 기원전 17세기~11세기의 상(商)나라다. 그 후 은허로 수도를 옮긴 이후에 은(殷)이라고도 불렀다. 은허의 유적 발굴로 그 실존이 인정되었다. 그런데 주(周)나라에 의하여 상나라가 망하자, 상나라의 유민들은 천하를 떠돌며 장사를 하면서 살았다. 이후 상인은 상나라 사람이란 뜻에서 비롯되었다.

셈은 주판으로, 기록은 치부책에

가령 1만 3,000원짜리 수박과 8,000원짜리 주스를 구입하고 5만 원권을 건네면, 주인은 "두 개의 값은 2만 1,000원이니, 2만 9,000원 드리면 되네요" 하면서 거스름돈을 내준다. 요새야 산술을 배웠으니까 금방 암산으로 셈하지만 옛날에도 이렇게 간단했을지는 의문이다. 돈 셈을 돕기 위해 주판이라는 도구가 고안되었다. 주판은 동양에만 있는 셈의 도구로 중국 송나라 때 발명되었다. 주판의 셈은 십진법이어서 아라비아 숫자를 사용하기에 매우 편리하다. 요즘은 새롭게 어린 학생들의 두뇌 발달에 도움이 된다고 하여 이를 일부러 가르치기도 한다.

한약방을 하시는 셋째 큰아버지께서는 고물 주판을 사용하셨다. 어지간히 내던져서는 부서지지 않고 알도 굵은 데다 위에 2알, 아래에 5알로 된 15줄 정도의 꽤나 튼튼한 주판이었다. 손님이 와서 돈을 치를 때면 으레 이 주판을 움직여 셈을 하시는 백부님의 모습을 종종 보았다.

주판은 계산에도 유용했으나 아이들에게는 요즘의 인라인 스케이트나 다름없이 매우 쓸모 있는 놀이 기구였다. 그 당시 알이 바닥에 닿도록 주판을 엎은 후, 발을 딛고 올라가 롤러스케이트 타듯 미끄럼을 타곤 했다. 지금의 주판과 달리 단단한 판자로 상자처럼 봉해져 있는데다 알이 움직이는 철사도 굵고 튼튼해 아이가 올라가도 끄떡없었다.

큰아버지께서는 커다란 주판 외에도 몇 권의 장부를 문갑 비슷한 궤짝에 보관하시고 손님이 올 때 꺼내 정리하셨다. 아마도 그 장부는 일기책이나 장책이 아니었나 싶다. 일기책에는 매일매일의 판매 상황과 돈 거래를 적으셨을 것이다. 장책은 본래 일기책에 기입한 사항을 항목별 또는 계정별로 기록하는 장부였지만, 어쩌다 환자를 맞이하는 실정에서 이를 일일이 기록하시진 않았을 것 같다. 다만 깔아놓은 외상의 내역을 적는 타급장책(他給長冊, 갚아야 할 외상값을 적어놓은 외상장책)과 현금출납부를 지니셨을 것이다.

선친께서도 궤짝에 문서와 치부책(置簿冊)이라 불리는 일종의 장부를 보관하고 계셨는데, 몰래 들여다보면 아는 동네 분의 이름도 보이고, 전혀 모르는 사람의 이름 밑에 이두나 삼석과 같은 문자가 적혀 있는 걸 보면 이른바 채권, 채무에 관련된 장부일 듯싶었다. 그런데 그 기록이 체계적이지 못하고 허술하여 작고하신 후 선친께 채무가 있었던 것으로 짐작이 가는데도 갚으려 나타나는 사람은 단 한 명도 없었다.

겨울이면 연례행사처럼 발생하는 건물 화재 때 입주한 회사들의 집기나 서류, 특히 PC마저 까만 잿더미로 변해버리는 일은 다반사다. 사무집기야 새로 사면 그만이지만 타버린 장부 때문에 채권관리, 즉 외상값의 회수가 가장 큰일이다. 그런데 궁하면 통한다고 영리한 직원이 꾀를 내어 "이번에 저희 회사가 입은 화재에 대해 염려해주시고 물심양면으로 도와주신 고객 여러분께 깊은 감사를 드립니다. 사무비품 등이 다소 타버렸으나 다행히도 각종 회계자료만은 따로 잘 보관되어 종전과 같은 업무를 수행할 수 있사오니 더 많은 협조를 부탁 드립니다" 하고 일간지에 광고를 냈다. 광고가 나가자마자 외상값을 모두 확인할 수 있었으며 전액을 순조롭게 회수하였다고 한다. 컴퓨터가 출현하기 훨씬 전이었는데 전액 회수가 가능했다니 흥미로운 이야기다.

조선의 육의전, 객주, 여각, 보부상

우리나라에는 예부터 조그만 장사꾼 말고도 나라의 보호를 받는 큰 장사꾼이 꽤 있었다. 한양의 경우 '시전(市廛)'이라는 규모가 상당히 큰 가게들이 시가나 저잣거리에 줄지어 있었다. 이들은 독점적 상권을 부여받은 한편 국가의 수요품을 조달할 의무도 지녔다. 중앙 간선도로의 좌우에 줄지어 선 공랑(公廊)을 차지해 관설 상점가를 형성했으며, 나라는 점포를 대여한 대가로 점포세 및 상세를 거두어갔다. 이중 '육주비전' 또는 '육의전'이라 하여 ① 선전 : 비단 ② 면포전 : 무명 ③ 면주전 : 명주 ④ 지전 : 종이 ⑤ 저포전 : 모시 및 베 ⑥ 내어물전 : 생선과 어물류 등의 상점이 특히 유명했다. 화물의 집산지에는 오늘의 노량진 수산시장이나 가락 농수산물시장과 같이 '물상객주'라 해 위탁판매를 하거나 거간을 두어 매매를 중개하는 이들이 있었다. 《임꺽정전》에 나오는 한온 객주는 이러한 부류의 하나인 듯하다. 객주에 비해 규모가 큰 '여각'은 연안 각 포에 위치해 곡물, 어염 및 해태류를 위탁판매했다.

육의전, 객주 및 여각 등은 모두 큰 상인들인데, 어떠한 치부법(治簿法, 돈이나 물건이 나가고 들어온 내역을 기록하는 것)을 사용했을까? 어음 거래나 금전의 대부

도 아울러 할 만큼 규모가 상당했던 것을 보면 단식부기만으로는 부족했을 것이다. 장부가 전해 내려오지 않아 아쉽지만, 개성부기와 같은 정교한 회계가 이루어졌음에 틀림없다.

그 외에도 조선시대에는 봇짐장수와 등짐장수를 통틀어 일컫는 '보부상'이라는 상인이 유명했다. 이들은 5일마다 각 장터를 순회하면서 장사를 했다. 대체로 보상은 고가품을, 부상은 이보다 못한 종류의 물품을 취급했다. 여기저기 떠돌아다니는 장사꾼이라는 뜻에서 행상이라 불리기도 했다. 보부상이나 행상의 경우에도 자기 나름의 치부법이 있었을 듯한데, 현재로서는 이 분야의 연구가 부족하여 확실한 설명을 할 수 없는 점이 안타깝다. 영세상 또는 소매상들에게 대단한 치부법이 있었을 턱이 없고, 나름대로 혼자만 알아볼 수 있는 치부법이 있었지 않나 생각된다. 이와 같이 장사도 규모나 모습에 따라 여러 종류가 있는지라, 상인들의 치부법도 각각 다를 법하다. 다만 양반들은 상업에 종사하지 않고, 중인계급을 중심으로 상업이 성행하다 보니 체계적인 기록이 소멸된 것은 아닐까 하고 추측할 뿐이다.

양반에게는 치부법이니 돈 계산이니 하는 이야기가 금기였다. 언제나 벼슬아치는 아전을, 일반 양반은 하인을 데리고 다니면서 그들에게 음식값이나 물품대금을 치르게 했다. 흥정이나 값을 깎는 일은 늘 하인이 했다. 치부법은 상인들이나 양민들이 다룰 사항이지 양반의 소관은 아니었다. 오죽하면 젓가락돈이라는 말이 다 생겨났을까. 고관이 아랫것들에게 또는 양반이 하인에게 내리는 보너스나 팁을 젓가락돈이라 불렀다고 한다. 이는 양반은 돈에 손을 대지 않는다는 양반철학을 지키려다 보니 돈을 젓가락으로 집었다는 난센스에서 비롯되었다.

복식부기의 탄생지, 베네치아

복식부기는 이탈리아의 각 도시에서 상업이 발달하면서
13~14세기 경에 생겨난 것으로 추측된다.

병천순대로 유명해진 충남 아우내(병천) 장터에 이르는 길목에는 정거장 주막이라는 가게가 둘 있었다. 아우내 장터는 인근 8개 면의 사람들이 이용할 정도로 시골 5일장 치고는 꽤 큰 장터다. 아우내까지는 집에서 약 8킬로미터 정도의 먼 거리인데, 그 중간 지점에 위치한 주막은 부근에 있는 많은 부락민들의 중심이었다. 큰 느티나무와 버드나무가 제대로 어울려 있어 경관도 그럴 듯하고, 그늘도 널찍해서 누구나 쉬어 가면서 가게에 들르게 되니, 자연히 장사가 잘 될 수밖에 없었다.

장사란 풍수, 곧 위치가 좌우

음식점, 약국이나 하다못해 동네의 슈퍼마켓도 자리가 매우 중요하다. 위치가 중요하기는 국가 간 무역의 경우에도 마찬가지다. 오일 달러를 퍼부은 탓도 있지만 좋은 길목에 위치하여 번성한 두바이항도 그러하다. 두바이항은 지리적으로 지중해와 다음 기항지인 싱가포르의 중간 지점이다. 싱가포르 역시 머나면 뱃길에 인도양을 지나 태평양에 진입하려면 꼭 쉬고 싶은 곳이며, 설령 북극과 남극을 잇는 뱃길이 있더라도 중간 지점이다. 굳이 관광이 아니라도 잠깐 들러 시원한 맥주라도 한잔 들고 가거나 하룻밤 머물며 피로를 풀고 싶은 도시다.

중세 지중해 연안에도 꼭 두바이나 싱가포르와 같은 도시 국가가 있었다. 장화 모양으로 불쑥 튀어나와 꼭 발에 걸릴 듯 길목에 위치한 까닭에 오가는 도중 맥주라도 한잔 마시고 싶은 곳, 유럽과 동방이 서로 부딪치며 교류하기에 안성맞춤인 나라가 바로 이탈리아다. 이탈리아의 각 도시는 상업과 무역이 성행했다. 이곳은 지중해 한가운데에서 항해 중인 배가 아무리 바쁘더라도 들르고 싶고 긴 여정에 꼭 머무르고 싶은 곳이 되었다.

11세기에서 13세기 초반(1096~1219)에 이르는 100여 년 동안, 지루하게 계속된 십자군 전쟁으로 유럽과 동방제국 간에 많은 인원과 물자가 이동하게 되었다. 십자군은 선박과 식량이 필요했으며 동방제국으로부터 그곳의 산물을 가져왔다. 새로운 상품에 대한 수요는 교환 제품의 생산을 자극했다. 동방과의 새로운 무역은 이탈리아 각 도시의 상업활동 내지 상거래를 활성화시키는 계기가 되었다. 특히 제노바, 피사, 베네치아 등 해안에 위치한 도시들은 해상권을 장악하고 십자군 물건에 대한 처분권마저 독점했다. 이중 제노바와 베네치아는 유럽과

근동 간의 무역 중개지로 활약하면서 급속히 성장했다. 유리한 지리적 여건을 잘 이용해 상업활동의 선두 주자가 되었으며 국제무역도 독점했다.

전쟁이 끝난 후에는 해안도시보다 내륙도시인 피아첸차, 루카, 시에나 그리고 후에는 피렌체가 기업 활동을 주도했다. 초창기 이곳저곳 나다니는 행상으로 시작한 기업들은 점차 발전을 거듭하여 마르세이유, 브루게, 파리 그리고 멀리 영국 등지에 대리점을 두어 교역활동을 크게 확대했다. 그중에는 300년이나 기업활동을 계속한 피렌체의 메디치가가 유명하다. 상업과 무역의 규모가 확장됨에 따라 이탈리아의 각 도시에는 부가 넘쳐났으며, 개인은 그동안 혼자서 해오던 상거래를 대리점이나 조합을 통해 행하기 시작했다. 조합을 통한 상거래는 장기적인 모험무역에서 생기는 여러 가지 위험을 분산시켜주는 이점이 있어서 젊은 세대들의 모험심을 자극해 더욱 큰 자본의 축적을 가능하게 했다.

복식부기를 탄생시킨 베네치아의 왕성한 상업 활동

상업 활동이 왕성해짐에 따라 체계적인 계산과 기록법이 발전하였다. 항상 회계에 관심을 기울이고, 보다 나은 실무를 연구하고, 사무의 표준화나 법전의 제정 등을 추진했던 이탈리아 사람들의 특성도 큰 몫을 했다. 특히 1202년 아라비아 숫자가 도입됨으로써 로마 숫자로는 불가능했던 여러 숫자의 표기가 간단하게 이루어진 데다 종이가 사용되면서 복식부기의 탄생을 더욱 가속화했다.

복식부기가 상인의 장부에 그 형태를 서서히 드러내기 시작했다. 그 골격이 오늘날 복식부기의 특징인 이중기입이라는 사실은 매우 주목할 만하다. 이중기입은 이때 새롭게 개발되었다기보다 로마의 노예가 재산관리의 잘못으로 인한 체벌을 피하기 위해 거래가 있을 때마다 반드시 주인계정과 자기(노예)계정으로 두 번씩 기록하던 관행에서 비롯되었다고도 한다.

후에 사람들이 이중기입을 바탕으로 하는 부기를 '베네치아식 부기'라 일컫는 것은 베네치아가 복식부기의 생성을 선도했기 때문이다. 현재까지 잘 보존된 장부로는 13세기 피렌체 은행가의 기록이 있다. 제노바 시청 장부는 오늘날 복식부기의 모습을 많이 담고 있다. 이로 보아 오늘과 같은 형태의 복식부기는 이탈리아의 각 도시에서 상업의 발달에 따라 13~14세기경에 생겨난 것으로 추측된다.

베네치아공화국은 베네치아란 도시를 중심으로 하되, 아드리아해의 해변 등 넓은 지역을 거의 1000년 동안 통치한 국가였다. 1453년 동로마제국이 멸망하자 베네치아는 르네상스의 주역으로 떠오른 한편 오스만제국과 경쟁하며 끊임없이 전쟁을 벌였다. 긴 전쟁으로 쇠퇴한 베네치아공화국은 결국 1797년 나폴레옹에 의하여 멸망하고 말았다.

쉽게 배워서
바로 써먹는
이야기 회계
04

르네상스시대의 회계 거장,
루카 파치올리

1494년 파치올리는 《총람》이라는 수학책을 출간했다.
3부의 〈복식부기〉는 인류의 경제생활에 찬란한 금자탑을 세웠다.

현재 중국은 飞, 业, 电, 厅과 같은 이상한 한자를 많이 사용하고 있다. 한자가 처음부터 이런 모양은 아닐 텐데, 한자를 배운 우리도 알수 없는 글자가 꽤 많다. 우리에게는 본래의 한자보다 더 어렵게만 보인다. 아마도 한자가 너무 어려운 나머지 조금이라도 쉽게 하려고 飛(비)는 飞로, 業(업)은 业으로, 電(전)은 电으로, 그리고 廳(청)은 厅으로 하는 등의 편리한 간체자를 만들어낸 모양이다.

옛날 서당에서 천자문을 떼는 데도 어린 학동이 쩔쩔맸는데 의사소통을 하고 지식인 행세를 하려면 천자의 30배인 무려 3만 자나 알아야한다니, 그 많은 글자를 언제 다 욀 것인지 공부의 길은 아득하다. 게다가 경영, 경제, 문학, 철학, 자연과학 등의 학문은 언제 배울 것이며, 이를 제대로 응용할 수 있는지도 의문이다.

복식부기, 인간의 가장 위대한 창조물

우리는 글 고생하지 말고 편히 지내라고 배우기 쉬운 한글을 창제하신 세종대왕의 은덕을 톡톡히 보고 있다. 기업의 언어인 회계에서도 세종대왕처럼 위대한 분이 있다. 마치 세종대왕과 같이 회계 분야에서 찬연한 빛을 발한 사람이 있으니 바로 '루카 파치올리(Luca Pacioli, 1445~1517)'다.

영국의 한 과학자는 "복식부기의 원리는 유클리드 기하학에서 비(比)의 원리와 같이 처음부터 절대적인 원리"라고 말한 바 있다. 괴테역시 "인간의 창조물 가운데 가장 위대한 작품"이라고 극찬해 마지않았다. 이 정교한 틀을 신이 아닌 이상 한 개인이 고안하기란 불가능하다. 하지만 옥도 갈아야 보배라는 말이 있듯이 파치올리는 복식부기라는 진흙 속의 옥을 가공해 귀금속 공예품으로 이 세상에 선보였던 것이다. 그의 업적은 20세기 컴퓨터를 발명한 것에 비견할 만하다.

1494년 파치올리는 '대수, 기하, 비 및 비례 총람', 줄여서 《총람(Summa)》이라는 수학책을 출간했다. 그중 3부의 〈복식부기〉가 세상에 처음으로 알려지면서 인류의 경제생활에 찬란한 금자탑을 세웠다. 그는 여기저기 마구 흩어져 있는 사금 가루를 주워 모아 하나의 금괴로 만든 것이다. 그의 책은 16세기에 이르러 이탈리아 전역은 물론 독일어, 프랑스어, 네덜란드어 및 영어 등으로 번역 소개되어 유럽 전역에 복식부기를 전파시켰다. 이로부터 상거래에는 단연 복식부기가 널리 쓰이게 되었다.

파치올리는 어떤 사람일까? 우리 말로 쓰면 파치올리라 하나 라틴어로는 'Paciolus', 이탈리아어로는 'Paciolo' 또는 'Pacioli'라는 성을 가진 사람으로, 일생을 수도원에서 보낸 수도승이다. 우리나라의 절에서 수도하는 선승과 다를 바 없지만, 수학에 뛰어난 재능을 보였다는 점에서 남달랐다. 그는 1445~1450년경, 중부 이탈리아의 보르고 산 세포르크로에서 출생하여 이 도시의 프란체스코 수도승으로부터 일반 교육과 종교적 수련을 받았다. 또한 당시 유명한 화가이자 저술가인 프란체스카로부터 저술 및 산술에 관한 많은 가르침을 받기도 했다.

때마침 그의 생애는 학문과 예술의 재생 및 부활이라는 의미를 지닌 르네상스시대에 걸쳐 있었다. 르네상스운동은 14세기 후반부터 15세기 초반에 걸쳐 이탈리아에서 시작되었는데, 복식부기의 소개 및 보급도 이때 이루어졌다. 르네상스를 대표하는 사람으로 미술 분야에 한해 레오나르도 다 빈치, 미켈란젤로, 라파엘로의 3대 거장만 내세울 게 아니라, 정녕 파치올리를 포함 4대 거장으로 불려야 마땅하다.

파치올리가 펴낸 산술, 기하, 비례 및 비율 총람

파치올리는 스무 살이 되는 해, 베네치아에서 6년간 머무르면서 부유한 상인인 안토니오 드 롬피아티라는 사람의 집에서 가정교사로 일했다. 이때 수학을 가르치고 연구하는 것 외에 상업이나 부기에 대한 지식도 아울러 얻었다. 이것이 계기가 되어 파치올리는 쉰 살이 되는

해 필생의 저서《총람》을 출판하여 수학자로서 뿐만 아니라 세계 최초의 복식부기 공헌자로서의 영예도 얻는다. 이후 그는 교황 레오 10세의 초빙에 따라 로마대학에서 수학을 강의하기도 하였고, 피사 대학의 교수가 되었을 뿐만 아니라 산 세포르크로의 수도원장이 되어 수도사로 일생을 마쳤다.

《총람》이라는 책은 총 5부로 ① 산술과 대수 ② 계산할 때 산술과 대수 이용하기 ③ 부기 ④ 화폐금융론 ⑤ 순수 및 응용기하학으로 되어 있으므로 행렬, 집합이라든가 미적분학을 다루는 현대수학과는 거리가 있다. ③의 부기는 회계학, ④의 화폐금융론은 경제학인데, 이 책의 하이라이트로 둘을 포함시킨 것이 이채롭다.

부기는 총 36장인데, '계산과 기술'이라는 제목 아래 "자산 및 부채에 대해 정보를 거래인에게 지체 없이 제공하기 위해"라는 문구가 덧붙여 있다. 이어 성공적인 상인이 되기 위해 상인에게 필요한 사항 세가지를 제시했다. '첫째, 충분한 현금 및 신용. 둘째, 훌륭한 기장자. 셋째, 한눈에 회계를 알아볼 수 있게 하는 회계장부'다. 그리고 장부조직으로는 ① 비망록 ② 분개장 ③ 원장의 세 가지를 기본으로 들어 현대기업이 반드시 보유하는 주요 장부와 조금도 다르지 않다. 아울러 복식부기의 기본원리도 상세히 설명하고 있다. 이 부기서는 부기 지식을 얻고자 하는 사업가들에게 필독서로 요긴하게 쓰였고, 학생들이 부기를 배우는 데 있어 교과서로도 널리 이용되었다. 이 책을 바탕으로 각국은 너도나도 자국어로 된 부기 책을 발간했고, 복식부기의 불길은 빠르게 유럽 전역으로 퍼져갔다.

세계에서 가장 정교한 개성부기

송도사개치부법이라 불리던 개성부기는
서양 복식부기가 생겨난 13~14세기보다 200년이나 앞섰다.

개성 하면 송도, 개경 또는 송악 등 이름도 여럿이고 해방 직후에는 38선 이남이었으나 수복 후 휴전선에 의해 북한에 편입된, 애증이 엇갈리는 도시다. 현재는 개성직할시라 불리며 경주와 같은 역사적 고도이기도 하다. 금강산 구룡폭포, 설악산 대승폭포와 더불어 조선 3대 폭포 중 하나라는 박연폭포는 개성 관광의 백미가 아닐까 싶다. 개성 인삼과 조랭이 떡국은 너무나 유명하다.

경영학도에게는 개성하면 그 무엇보다 개성상인이 떠오른다. 의주 상인이 상도를 중시하는 데 반해 송도상인, 곧 송방으로 불리는 개성 상인은 상술을 중시했다. 상인을 천대시한 조선시대와 달리 고려의 태조 왕건은 조상 대대로 당과 무역을 통해 부를 축적한 배경으로 상인을 우대했기에 개성상인의 명성을 드높였다. 개성은 지리적으로 한반도의 중간 지점인 데다, 예성강 입구의 벽란도가 중국과 가까워서 국제 무역항으로 크게 번성했다. 주로 송 상인의 왕래가 빈번했으며 일본, 남해 제국은 물론 대식국이라 불렸던 멀리 사라센 제국(아라비아) 등과 해상을 통한 해외무역도 꽤나 성했다고 한다.

서양에 비해 200년 앞선 송도사개치부법

조선 왕조가 한양으로 천도한 후 개성사람들은 조선에 등을 돌렸다. 그 결과 일부는 두문동 사건처럼 절개를 지키다 죽기도 했고, 살아남은 사람들은 협력을 거부하고 생업으로 상업에 종사하였다. 이것이 개성에서 상업이 크게 발달한 요인 중 하나다. 개성사람들은 근면 절약, 앞선 상술 및 철저한 상혼을 기반으로 송방이라는 지점을 각지에 설치해 전국적으로 상권을 장악했다. 오늘날의 매점 또는 독점상업과 같은 도고상업은 개성상인들의 대명사라 할 정도다. 개성상인의 상술은 5·16 전까지 우리 상업계에 큰 두각을 나타냈다.

신흥 왕조에 소외당한 사대부 계층과 지식인들은 합리적 경영과 고도의 상술을 개발해 그에 따른 독특한 부기법을 창안했다. 개성상인들이 고안한 부기법이므로 이를 '개성부기'라 부르기도 한다. 대체로 이 시기는 서양부기가 생성된 13~14세기보다 200년 앞서는 것으로 본다. 우연의 일치인지 모르나 서양과 비교해 우리 금속활자의 발명도 구텐베르크에 비해 200년이나 앞섰는가 하면, 세종 때의 측우기 또한 이탈리아보다 200년이나 앞섰다.

도대체 개성부기란 무엇인가? 개성부기의 본래 이름은 사개치부법 (四介治簿法)인데, 송도에서 시작했다 하여 송도사개치부법 또는 사개 송도치부법으로도 불린다. 사개는 四介, 四卦, 四計 또는 四開라고도 쓰이고, 치부법의 치부는 致富, 置簿, 治簿 그리고 致簿 등으로도 쓰인다. 장부조직은 봉차(자산) 1개, 급차(부채) 1개, 이익 1개 그리고 손해 1개로 이루어져 있다. 이처럼 장부가 4개여서 사개치부법이라는 이름이 붙여졌으며, 사개가 기본이 된다 하여 사개문서 또는 사개다리문서 라고도 불렸다.

개성부기는 상인 간에 비밀이 지켜졌기 때문에 백성들에게 널리 보급되지 못했고, 안타깝게도 지금까지 전해 내려오지 않는다. 아마도 조선시대 사농공상에 의해 상인을 천대하고 양반들의 착취가 심한 상황에서 보호본능이 발동한 탓일 것이다.

가는 것과 오는 것, 주는 사람과 받는 사람을 생각하는 개성부기

20세기 초 서양의 복식부기가 일본을 통해 들어오면서 알기 쉬운 개성부기를 보급시킬 양으로 《사개송도치부법》이 출간되었다. 이를 계기로 개성부기는 잠깐이나마 세상에 드러나게 됐다. 그중 1916년에 출간된 현병주의 《사개송도치부법》은 대표적인 해설서다. 그는 개성부기의 베일을 최초로 완전히 벗긴 사람으로 한국의 루카 파치올리라 할 수 있다. 그 후 보급이 중단되는 바람에 잊힌 것이 유감이다. 개성부기를 이용해 기록한 자료로는 대한천일은행(현 우리은행의 전신)의 장부가 유일하게 지금도 전해진다. 현재 회현동 우리은행 본관 지하 1층 은행사박물관에는 당시 장부가 잘 보관되어 있다.

　서양부기는 모든 거래를 대인간의 대차관계로 표현하기 위해 좌변(차변)과 우변(대변)의 둘로 나누어 장부에 기록하는 것이 특징이다. 반면 개성부기는 모든 교환을 거래로 파악하고 거래마다 반드시 주고받는 사람을 생각하여, 가는 것과 오는 것, 주는 사람과 받는 사람 네 가지로 본다는 점이 다르다. 요컨대 서양부기가 현재의 거래 사실을 장래에 다시 주고받을 사실로 바꾸어 기록하므로 대차(貸借)라는 말을 쓰는 데 반해, 사개치부법에서는 이를 사개로 파악한다.

　이로써 개성부기는 복식부기의 이중성과 자본주 관계까지 명백하게 나타낸다. 예부터 사개문서는 "네 귀가 물려 있어 속일 수 없다"라는 말 그대로 꼭꼭 들어맞았다. 이 때문에 서양부기에 비해 조금도 손색이 없을 뿐더러 오히려 더 우수하다고 말할 수 있다. 다만, 죽은 부기이기에 애만 탄다. 오호 통제로다!

현대 회계의 발전과정과 회계분류

회계는 재무정보를 제공하는 대상에 따라
재무회계, 관리회계, 세무회계, 회계감사 네 가지로 분류한다.

아이들과 햄버거 가게에 가면 오순도순 이야기를 나누며 맛있게 먹을 수 있다. 반면 피자를 먹으러 가면 서로 더 큰 조각을 집으려고 묘한 신경전이 일어난다. 공동의 것을 나누어야 하기 때문이다. 한 끼 먹거리에도 이런데, 여러 사람이 큰 기업을 운영하면 그 이익을 나누는 싸움은 더욱 치열해질 것이다. 이때 누가 얼마만큼 가져야 하냐를 따지는 방법으로는 회계가 제격이다.

회계는 기록 또는 계산의 뜻이다. 영어로는 'accounting'이다. 이를 어원적으로 보면 '거래를 좌변(차변)과 우변(대변)으로 나누어진 계정(account)에 기록하여 계산을 한다'에서 나온 것임을 알 수 있다. 한자로는 경리(經理)라고 한다. 경리를 경영관리의 약자로 본다면 최고경영층을 총경리로 보는 중국식 표현이 맞을 것 같다.

한편 1966년 미국회계학회(AAA)는 "정보이용자가 판단이나 의사결정을 할 수 있도록 경제적 정보를 식별하고 측정하여 전달하는 과정"이라고 회계의 현대적 의미를 길게 정의하고 있다. 이러한 정의는 하루아침에 정리된 것이 아니다. 전통적 회계가 경영자의 **수탁책임**(stewardship)을 중요시하다가 이를 벗어나 회계정보의 생산과 이용 측면을 강조한 대변화이기 때문이다. 복식부기가 탄생한 뒤 현대 회계로 발전하기까지는 여러 차례 굴곡을 거쳤다.

수탁책임
(stewardship)

수탁자란 재산이나 업무를 떠맡는 사람 또는 업체를 말하고 위탁자란 맡기는 사람 또는 업체를 말한다. 따라서 수탁책임이란 위탁자로부터 위탁된 자금 또는 재산을 관리운용한 결과를 전달하는 관리책임을 말한다.

현대 회계의 발전과정

18세기 중엽까지는 각자 자신의 회사를 운영하였으므로 회계는 고용주를 위한 사적인 서비스 기능에 머물렀다. 그러다 산업혁명 이후 대량생산체제가 도입되어 2인 이상이 공동으로 출자하여 운영하는 기업 경영 방식이 나타났다. 기업에서는 피자조각을 공평하게 나누듯 출자자들에게 이익을 공평하게 나누어주어야 했다. 자연스레 이들 공동출자자들을 대상으로 한 회계보고가 필요했고, 자연스레 외부에서 회계처리를 도와주는 회계 전문가들이 출현하게 되었다.

한편 19세기 말부터 본격적으로 발전된 주식회사제도는 불특정 다수의 투자자 집단을 탄생시켰다. 그런데 회사의 존속기간은 긴 반면, 배당은 해마다 이루어지므로 배당을 위하여 특정기간 동안의 이익을 합리적으로 계산할 필요가 생겨났다. 회계기간의 손익, 곧 기간손익을 결정하는 방법으로 기존의 현금주의보다 합리적인 발생주의 방식이 인기리 채택되기에 이르렀다.

20세기 초에는 자산의 정확한 평가, 원가계산 및 기간손익의 정확성을 위해 취득원가를 기준한 감가상각이 등장했다. 신라시대 때 지어진 화엄사도 영원할 것 같지만, 도중 개축하였던 것이다. 회계도 마찬가지다. 처음에는 싱싱했던 유형자산도 언젠가 고물이 되거나 진부해진다. 이외 형태가 없는 자산 중 특허권과 같이 기간이 지나면 소멸되는 것이 있다. 사용기간이 한정된 유·무형 자산은 그 기간이 지나면 자산으로서 의미를 상실한다. 그런 만큼 소멸된 자산을 비용으로 계산해야 하는데 수년간 사용한 것을 마지막에 이르러 한꺼번에 비용으로 빼버리면 회계가 왜곡된다. 그래서 자산을 조금씩 나누어 비용으로 기록하도록 했다. 이렇듯 사용하는 기간 동안 취득원가(자산가치)를 배분하여 비용화하는 과정을 감가상각이라 한다. 초기의 철도회사 경영자들은 감가상각이란 개념을 전혀 몰랐다. 거액의 감가상각비를 비용으로 계산하지 않았으니 당기순이익은 엄청나게 부풀려졌고, 배당금 역시 과대해져 마침내 자본잠식으로 파산을 맞게 되었다. 철도회사의 파산은 감가상각의 필요성을 깨우쳐 주는 큰 교훈이 되었다.

국내에서는 무려 2조 6,000억 원대 분식회계와 횡령 혐의로 징역 10년 구형을 받고 구속된 샐러리맨들의 신화였던 STX 강덕수 회장의 사건, 미국에서는 엔론 등이 분식회계로 도산하자 내부통제를 강화하는 사베인즈-옥슬리법(Sarbanes-Oxley, SOX법 : 사브옥스법)이 제정되어

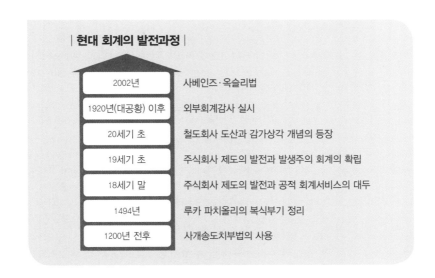

현대 회계의 발전과정	
2002년	사베인즈·옥슬리법
1920년(대공황) 이후	외부회계감사 실시
20세기 초	철도회사 도산과 감가상각 개념의 등장
19세기 초	주식회사 제도의 발전과 발생주의 회계의 확립
18세기 말	주식회사 제도의 발전과 공적 회계서비스의 대두
1494년	루카 파치올리의 복식부기 정리
1200년 전후	사개송도치부법의 사용

경영자의 책임을 무겁게 하고 투자자들을 보호하는 틀이 마련되었다. 2002년 제정된 이 법은 철저한 견제와 균형을 통한 경영의 투명성 증가와 경영진에 대한 책임을 강화한 법률이다. 그에 따라 투명한 감사 시스템이 강화되기에 이르렀다.

현대 회계의 분류

회계는 기업의 경영활동에 관한 재무정보를 제공하지만 제공하는 대상에 따라 재무회계, 관리회계, 세무회계, 회계감사 네 가지로 분류한다. 재무회계는 외부이용자(투자자, 채권자, 정부 당국, 고객, 지역 주민 등)의 경제적 의사결정에 필요한 정보를 제공하기 위한 회계를 말한다. 중요한 건 재무정보의 질과 신뢰성을 높이기 위해 회계를 "일반적으로 인정된 회계원칙(Genarally Accepted Accounting Principles : GAAP)"에 따라 이루어지도록 강제한다는 사실이다. 그에 따라 외부 공인회계사(CPA)가 회계감사를 통해 재무제표가 회계원칙에 따랐는지를 검증하도록 하고 있다. 역시 재무제표의 신뢰성을 높이기 위한 제도적 장치다.

재무회계는 그 수준에 따라 다시 초급회계(회계원리), 중급회계, 고급회계(연결재무제표, 결합재무제표, 합병회계 등)로 나누고, 또 영역에 따라 영리회계와 정부회계 및 학교·교회 등의 비영리회계로 나눌 수 있다.

한편 관리회계는 경영자에게 경영에 필요한 정보를 제공할 목적으로 이루어지는 회계다. 주로 경영계획과 통제에 유용한 회계정보를 제공하는 것을 목적으로 한다. 관리회계에서는 기업의 전체적인 목표설정·예산편성·성과평가·원가계산과 가격결정·손익분기점 분석·신규투자 여부 등에 유용한 정보를 제공한다. 그 목적이 다양하므로 관리회계의 정보 형식은 일정하지 않은 게 특징이다. 주로 미래 예측 정보가 많고 때로는 비화폐적 정보 등도 포함된다.

다음 세무회계는 기업의 소득에 대한 법인세를 결정하기 위한 회계다. '소득이 있는 곳에 세금이 있다'와 같이 기업은 조세를 부담할 의무가 있다. 조세는 납부방식에 따라 직접세와 간접세로 분류되고, 과세대상에 따라 소득세, 재산세 및 소비세로 분류된다. 법인세는 소득세이지만 유독 기업에만 부과되는 세금이다. 회계감사는 기업이 제공하는 재무제표가 일반적으로 인정된 회계기준에 따라 제대로 작성되었는지를 확인하며 정보의 이용자가 믿고 의사결정을 행할 수 있게 점검해준다.

컴퓨터도 대신할 수 없는 회계의 기본

기술이 아무리 발달해도 회계정보를 이해하고
이용할 수 있는 능력은 기술로 대체할 수 없다.

우리나라 기업에서는 프레젠테이션이 대유행이다. 이에 따라 실력
이 평가된다. 나는 PPT를 작성할 줄 몰라 때때로 딸이나 조교 또는 동
료의 신세를 지고 있으니 경쟁력은 바닥이다.

바야흐로 유비쿼터스시대, 언제 어디서나 접속이 가능한 노트북이
모든 문제를 다 해결해줄 것이고 안 되면 스마트폰이 있잖은가. 라이
터보다 작은 USB도 어지간한 서고 몫을 감당한다. 한동안 메모리 용
량을 말할 때 메가(mega)가 쓰이더니 이젠 기가(giga)란다. 1기가는 대
충 10억 개 문자를 담는 용량인데 40기가도 있다고 한다. 책 한 쪽은
200자 원고지 3∼4매이니 대략 800자가 들어간다. 보통 300쪽 분량
의 책이 많으니 총 24만 자다. 10억 자라면 5,000권의 책을 수록할 수
있다는 계산이니 팔만대장경인들 못 담겠는가. 결산서 수십 년 기록도

능히 저장 가능하니 게을러 이용을 못할 뿐 운반에 신경 쓸 일은 없다. 설사 수백 조 규모의 거대한 공룡기업의 회계정보라도 모두 담을 수 있다.

회사뿐 아니라 개인도 인터넷 또는 스마트폰으로 원하는 정보를 쉽사리 얻을 수 있는 시대가 되었다.

기업의 현황을 아는 데는 재무자료가 최고

문제는 자료가 책 한 권 분량이어도 도대체 회사가 잘 돌아가는 건지, 한참 허덕이는 건지를 파악하기 어렵다는 데 있다. 상무가 "팀장이 지금 이러이러한 일을 하고 있는데 잘되고 있습니다. 벌여놓은 일이 잘 마무리가 되어갑니다"라고 힘껏 보고해봐야 개운치 않다. 얼마나 벌었나, 앞으로 현금흐름에 얼마만큼 영향을 미칠 것인가, 주주들의 요구는 들어줄 수 있겠는가 등에 대한 감이 잡혀야 하는데 그렇지 못하다.

각종 대상(大賞)의 심사나 평가 때문에 가끔 기업의 현황을 파악하다 보면 전공 탓인지 아무리 두꺼워도 회계 외에 다른 자료만으로는 회사의 강점이 무엇인지, 선뜻 들어오지 않는다. 회사를 설명하고 있으나 도대체 요점을 파악하기가 어렵다. 기업의 현황을 알리는 데 한눈에 알아보게 보여주는 건 재무자료가 최고라는 생각을 떨칠 수가 없다. 뭐니 뭐니 해도 화폐로 표시된 재무정보라야 눈에 명료하게 들어온다. 바로 회계의 역할이자 회계부서의 임무다. 회사의 핵심 정보인 재무정보는 남이나 경쟁사에 들어가면 큰 탈이 난다. 절대 비밀이다. 실제로 어떤 코스닥 상장기업에 학생 교육용으로 제조원가명세서를 요청했던 적이 있었는데 끝내 거부당했다. 기술 이상으로 보안을 유지해야 할 만큼 특급비밀인 모양이었다.

컴퓨터 기술이 아무리 발달해도 회계 기본지식은 필수

예전의 회계는 감춰야 할 비밀도 많아 회계인은 꽤나 으스댈 수 있었다. 그래서인지 경리는 친인척이 맡았다. 이게 문제였다. 흔히 엔지니어 출신 또는 비상경계 출신들의 기업은 대체로 400억 원 규모까지는 무난하다. 그 무렵 대부분의 중소기업이 망하느냐, 더욱 성장하느냐의 분기점에 이른다. 아무런 이해관계도 없는데, "교수가 무슨 돈이 있냐, 내가 내지" 하면서 비싼 술값도 서슴지 않고 내주던, 잘나가던 회사의 김 사장이 어느 날 '망했다'는 소식을 들었다.

왜 망했을까? 회계가 문제였다. 회계를 잘 몰랐던 것이다. 규모가 작을 때는 그런대로 회계가 파악되었고 별게 아니었으나 몇 백억 원대에 이르니까 복잡하기만 하고 눈과 머리에 금방 안 들어온다. 곁에서 짚어가며 설명해도 난해하기만 하다. 노트북만으로는 감이 안 온다. 어렵기만 하다. '진작 회계 공부를 제대로 해둘걸' 하고 후회해봐야 버스 지난 후 손들기다. 회계에 밝다면 치열한 경쟁의 틈바구니에서도 기업을 탄탄한 반석 위에 올려놓을 수 있다.

어떤 기업의 사장은 합작 기업의 경영에서 가장 어려운 점으로 단연

'접대문화'를 꼽았다. 중소기업을 경영하는 후배 사장이 연간 100억 원 이상을 납품하고 있는 거래처에게 "점심 한 끼 대접 못하니…. 그래도 되는 건지, 몹시 불안하기조차 하다"고 토로함에 실로 놀랐다. 이제는 접대문화가 바뀌고 있다. 윤리경영이다 투명경영이다 해서 수많은 기업이 깨끗하게 처신한다. 여기에 발맞추어 회계도 떳떳한 투명회계, 클린회계를 지향한다. 기업의 세계화에는 회계의 투명성이 절대적이다. 대부분은 회계정보를 일반에게 널리 공개한다. 한때 노조의 고발로 위기에 처했던 기업처럼 자료 누락이니 뭐니 하고 닦달당할 필요가 없다. 여러모로 시련을 겪는 기업들의 비자금 조성과 같은 어수룩한 회계는 점차 사라져가고 있다. 회계가 투명해지니 아리송한 회계는 발 붙일 틈이 없다.

회계가 투명해진 요새는 예전과 상황이 조금 달라졌다. 너도나도 회계를 배우는 상황이라 회계가 회계학만의 고유 영역이라고 생각했던 것도 옛일이 되었다. 관리회계를 시행하는 대기업에서는 전 직원의 회계 무장이 전혀 새로운 게 아니다. 믿는답시고 서툰 처남이나 매제한테 맡길 이유가 없다. 실제 과감히 회계전문가에게 회계를 일임한 기업이 400억 원대를 넘어 몇 천억 원대 대기업으로 버젓하게 성장하는

모습을 많이 보았다. 회계를 다 알아서
해주는 시스템도 있다. **전사적 자원관리
(ERP)** 같은 시스템은 원시 자료를 입력하
기만 하면 전 회계과정이 순조롭게 잘 돌
아가고 버튼 하나로 재무제표나 부속명
세서가 순식간에 프린트된다.

전사적 자원관리
(ERP, Enterprise
Resource Planning)

기업 내 생산, 물류, 재무, 회계,
영업과 구매, 재고 등 경영 활동
단계들을 통합적으로 연계해 관
리해주는 시스템으로, '전사적 자
원관리'라고 한다.

　그렇다면 회계 전문가도 있고 돈 계산을 컴퓨터가 다 알아서 해 주
니 경영자는 회계를 몰라도 될까? 결코 그렇지 않다. 기술이 아무리
발달해도 회계의 기본만큼은 반드시 습득해 놓아야 한다. 키보드를 더
듬더듬 두드리거나 숫자 계산이 서투른 것은 이제 큰 문제가 되지 않
지만 회계 정보를 이해하고 이용할 수 있는 능력은 기술로 대체할 수
없다. 그냥 '현금이 어떻고, 판매가 어떻고, 요즘 잘 돌아가지' 하는 식
으로 다루었다가는 "죽어라고 뛰었는데 갑자기 부도라니…" 하는 신
세가 된다는 걸 깨달아야 한다.

통일된 회계, IFRS의 탄생

국제회계기준(IFRS)은 원칙중심, 연결재무제표가 기본이며,
금융자산과 유무형자산에 공정가치 측정을 의무화한다.

　미국에 가서 자동차를 운전하게 되면 자칫 과속하기 쉽다. 미국은
단위가 마일로 되어 있어서 우리보다 높기 때문이다. 보통 제한속도가
65마일이나 70마일이라 우리의 100킬로미터만 보던 눈높이로는 한
없이 느려 보이기 마련이다.

　식구들과 함께 미국 일주를 할 때였다. 혼자서는 피곤하기도 하고
어림없는 땅 덩어리의 엄청난 도로라서 아내와 교대로 운전할 수밖에
없었다. 몬태나주에 이르러 아내에게 핸들을 맡겼다. 잠시 눈을 붙이
다 깨어나 문득 속도계를 보니 거의 100마일을 달리고 있는 것이 아닌
가. "여보, 지금 160킬로미터로 달리고 있는 거요?"라고 묻자 아내도
놀라서 "아니, 내가 과속하고 있단 말이에요?"라고 되물을 만큼 단위
가 헷갈렸다. 전 세계가 미터법으로 통일하는 판국에 미국은 뭐가 잘

났다고 도량형에 마일, 야드, 파운드 등을 사용해 헷갈리게 만드는가 하고 울화가 잔뜩 치밀었다.

와이브로(WiBro, Wireless Broadband Internet)는 언제, 어디서나 정지 및 이동 중 고속으로 무선 인터넷 접속이 가능한 서비스다. 노트북·PDA·차량용 수신기 등의 휴대 기기에 무선랜과 같은 와이브로 단말기를 설치하여 이동하는 자동차 안이나 지하철에서도 휴대폰처럼 자유롭게 인터넷을 이용할 수 있다. 와이브로는 우리나라의 기술이 국제표준으로 채택되었다. 참으로 가슴 뿌듯하고 우리가 핵심 기술을 가짐으로써 막대한 돈이 특허료 등으로 해외로 유출되지 않아 좋다. 도량형도 우리 기준인 평, 자(척), 근 등으로 통일되었더라면 얼마나 좋았을까.

한국 채택 국제회계기준의 도입

재무제표 작성 및 회계처리도 마찬가지다. 현재 우리는 글로벌시대에 살고 있다. 기업들은 해외에 상장을 하거나 해외 자본시장에도 진출하고 있다. 그런데 국내에 적용되는 회계기준이 해외 국제시장의 기준과 다를 경우 재작성하여야 한다. 이는 비용의 이중 낭비를 가져올 뿐 아니라 적시에 재무정보를 제공하지 못할 수도 있다. 그런 까닭으로 전 세계적으로 통일된 재무정보의 필요성이 커졌다. 이를 위해 국제회계기준위원회 IASB가 설립되었는데, 동위원회는 "국제적으로 통일된 고품질의 회계기준 제정"이라는 목표를 위해 독립적으로 운영되는 기구다. 위원회는 위원장, 부위원장과 14명의 위원으로 구성되어 있으며, 우리나라 학자도 포함되어 있다. 그 결과 내놓은 것이 '국제회계기준(IFRS: International Financial Reporting Standards)'이고 우리가 배우는 회계는 바로 IFRS를 바탕으로 한다.

2009년 G20 정상회의에서 각국의 정상들이 IFRS를 사용하기로 합의하였고, 우리나라는 2011년부터 적용하고 있다. 우리는 특히 '한국 채택 국제회계기준(K-IFRS)'이라 하는데, 차별화된 별개의 회계기준이 아니라 한국판 또는 한국어로 된 국제회계기준이라는 의미다. K-IFRS는 IFRS의 영어 원문을 직역한 것으로 원문의 내용과 형식 모두를 충실히 반영하고 있다. 따라서 K-IFRS를 준수하면 곧 IFRS를 적용하는 것이 된다.

국제회계기준의 도입으로 많은 변화가 뒤따르는데 가장 중요한 건 재벌에게 해당되는 연결재무제표(Consolidated Financial Statements)가 기본 재무제표가 된다는 점이다. 모든 공시서류는 반드시 연결재무제표 중심으로 작성된다. 연결재무제표란 법률적으로 상호 독립된 회사이지만 경제적으로는 자회사 또는 관계회사가 있을 때 하나의 회사로 간주하여 한 단위로 작성한 재무제표다. 국제회계기준이 도입되면 지배구조가 자연스럽게 개선될 가능성이 높아진다. 종전에 보고하지 않던 자회사를 통해 비리를 저질렀던 행태들이 모두 들통나기 때문이다.

한국 채택 국제회계기준의 기본 재무제표는 재무상태표, 포괄손익계산서, 자본변동표, 현금흐름표의 재무제표와 주석이다. 이중 포괄손익계산서는 일정 기간의 소유주와의 거래 이외 자본이 증가하거나 감소한 정보를 모두 포함시켜 제공하는 재무보고서다. 소유주 거래는 주식회사의 주주가 소유주이므로, 주주와의 거래인 유상증자, 배당, 자기주식 거래 등을 말한다. 글자 그대로 손익은 다 포괄하므로 수익에서 비용을 차감한 당기순이익에 기타포괄손익을 가감해 총포괄손익을 계산한다. 기타포괄손익이란 알기 쉽게 세월이 흐름에 따라 자산가치가 저절로 상승해 생긴 이익(손실)과 같은 망외의 손익을 말하는데 영업활동에 의한 것에 비해 차원이 낮긴 하나 어디까지나 기업의 이익이니까 다 알리자는 의미다.

IFRS는 자본시장의 투자자에게 실속 있게 기업의 재무상태 및 내재가치를 알리라 요구한다. 또한 금융자산·부채와 유·무형자산 및 투자부동산에까지 장부에 기록된 원가는 쓸모 없으니 시장의 가치를 토대로 한 공정가치, 곧 현 시세를 착실히 반영하라고 권유한다. 원가, 곧 취득원가는 과거의 거래이므로 거래 시 증빙서가 보증하므로 객관성은 높지만 도대체 현행가치로는 얼마인지 알 길이 없으니 유용성은 떨어진다. 하지만 주식은 자본시장에서 금방 공정가치를 알 수 있고, 유형자산도 공시가격이나 감정가격을 통하여 공정가치를 잘 파악할 수 있는 바 이를 기록하라는 것이다.

현재 전 세계 150여 개 나라가 국제회계기준을 수용하고 있다. 앞으로 IFRS가 더 많은 나라에서 통용될 것이다. 통일과 표준화가 만능은 아니지만, 글로벌화를 부르짖는 이때 어느 나라 회계이든 우리 재무보고서처럼 읽을 수 있다면 그만큼 세계경영도 손쉬워질 것이다.

Chapter 3

한번 배우면 평생 써먹는
회계의 기본원리

차변과 대변은 고속도로의 상·하행선

복식부기의 특징인 이중기입은 무슨 거래이든
장부의 좌변과 우변 양쪽에 기입하는 것이다.

미국을 대표하는 것은 무엇일까? 그랜드캐니언, 나이아가라 폭포, 금문교 아니면 넓은 땅덩어리? 미국을 처음 방문했을 때 가장 놀라웠던 건 제주도의 미로공원처럼 구석구석 연결되어 뺑뺑 뚫린 고속도로였다. 그 면적이 우리나라의 94배가량 되고 가장 넓은 동서의 거리가 서울에서 부산까지 거리의 약 12배인 4,500킬로미터에 달한다. 대륙 어디를 가도 시원시원하게 잘 뚫려 있는 고속도로는 미국의 상징이라고 해도 과언이 아닐 것이다.

그뿐인가. 주내 간선도로를 비롯한 지방도로 및 지역도로와 관광도로, 농로 등이 잘 정리되어 있다. 지나치는 경우를 대비해 정면에 잘 보이도록 도로에 세 번씩이나 안내 표지판을 세워놓은 그들의 세심함에 저절로 감탄이 흘러나온다. 어느 지역에서나 도로지도만 있으면 내

온다는 뜻도 아니고, 대(貸)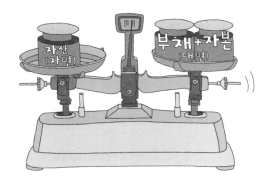
역시 빌려준다는 의미가
아니다. 도로의 경우처럼
그 이름을 상하 또는 좌
우라 해도 무방하다. 일
본, 영국, 오스트레일리
아나 동남아의 일부에서
는 우리와 반대로 상행선을 하행선이라 하고 하행선을 상행선으로 부
르며 자동차가 좌측통행을 하듯이, 거꾸로 '대변＝차변'이라 할 수도
있다.

　복식부기의 특징인 이중기입은 무슨 거래이든 항상 장부의 좌변(차
변)과 우변(대변)에 기입하는 것이다. 처음 베네치아에서 대칭으로 기
입하던 것이 오늘의 양식이 되었다 하여 복식부기를 '베네치아식 부
기'라 부른다.

　복식부기는 남북으로 달리는 고속도로의 원리와 흡사하다. 같은 도
로이면서도 상행선의 풍경은 평야가 줄을 잇다가 바다가 바라다보이
고 하행선의 경치는 산만 끊임없이 펼쳐지다가 도시가 나타나듯이, 같
은 경제활동이라도 차변의 모습과 대변의 모습은 서로 각각 다르다.
그러니 경제활동의 경우에도 항상 좌변과 우변에 기장하자는 것이 복
식부기의 핵심이다.

거래의 이중성

복식부기에서는 경제활동을 어느 누가 기장하더라도
왼쪽은 자산, 오른쪽은 부채와 자본으로 파악한다.

민주사회에서는 대통령 선거, 국회의원 선거, 하다못해 동대표 선거 등 선거가 꽤나 많다. 어느 선거든 이기는 길은 단 하나, 표를 많이 얻는 길뿐이다. 후보에게는 유권자 한 명 한 명이 그저 표다. 후보의 눈에는 사람이 움직이는 게 아니라 한결같이 표가 움직이는 것으로 보인다. 표가 부족하면 제아무리 포부가 웅대하거나 설사 도덕군자여도 선거에 당선되는 것은 한여름 밤의 꿈에 지나지 않는다.

후보의 입장에서 우리네 같은 유권자를 간단히 표시하면 '유권자＝표'이다. 후보라면 누구나 처음에는 약간의 자기 표를 믿고 출발하기 마련이다. 기득권을 가진 여당이나 조직이 뛰어난 후보라면 상당히 많은 자기 표를 가지고 출발한다. 후보에게 전체 유권자 중 자기 표, 곧 '내 표' 외의 것은 아무리 많아도 남의 표다. 따라서 유권자를 '유권자

=남의 표＋내 표'라는 방식으로 나누어볼 수 있다. 남의 표란 유권자의 표 가운데 내 표를 제외한 ××당, △△당, ○○당 그리고 무소속 후보의 것으로 분류되는 표다. 역으로 내 표란 남의 표를 뺀 나머지, 곧 '유권자－남의 표(××당+△△당+○○당+무소속)＝내 표'다.

4년이라는 세월 동안 전체 유권자의 수도 변하지만 표의 구성은 더욱 더 달라진다. 그러나 '유권자＝남의 표＋내 표'의 등식은 여전히 성립한다. 이렇듯 정치하는 사람은 4년에 한 번씩 결산해 자기 표를 확인하고 끊임없는 선거운동을 통해 내 표 만들기에 바쁘다. 구성에 따라서는 노인 표, 여성 및 타 성의 일부가 내 쪽으로 온 것으로도 풀이할 수 있다.

회계의 콘텐츠는 '재산＝남의 돈＋내 돈'

기업의 경제활동 역시 입후보자의 표 늘리기와 같다. 다르다면 기업은 표 대신 내 몫을 늘리려 할 뿐이며, 그 계산 주기가 4년이 아니라 1년일 뿐이다. 돈 가진 사람, 곧 사업가도 입후보자와 마찬가지로 자기 돈 약간과 남의 돈을 끌어들여 사업을 시작하게 마련이다. 이때 재산은 남의 돈과 내 돈으로 구성되어 있다. '재산＝남의 돈＋내 돈', 이게 바로 회계의 콘텐츠다. 돈은 자본이므로 전문용어를 사용하면 '재산＝타인자본＋자기자본'으로 나타낼 수 있다. 이에 따라 내 돈, 곧 자기자본은 '자기자본＝재산－타인자본'으로 계산할 수 있다.

재산과 자산은 다르다

재산은 현금, 증권, 물건, 건물 및 토지 등으로 다양하게 구성되어 있다. 우리가 흔히 쓰는 재산이라는 말을 회계에서는 '자산'이라 한다. 재산이라는 좋은 말이 있는데 왜 굳이 자산이라고 부르냐고 의아스럽 겠지만, 자산에는 재산과 더불어 경제적 권리도 포함되어 있어서다. 예를 들면 대학생의 등록금 300만 원은 학부형의 입장에서는 이미 밖 으로 빠져나간 돈이므로 재산이 아니다. 하지만 학생에게는 한 학기 동안 원하는 강의를 들으며 도서관과 기타 학교 시설물을 마음대로 이 용할 수 있는 값진 권리다. 설령 휴학하더라도 이 권리는 살아 있어서 복학 후에도 마음 놓고 누릴 수 있는 혜택이 보장된다. 그러므로 학생 측에서 보자면 이미 납부한 등록금이라 하더라도 현금 못지않은 귀중 한 자산이 된다. 회계에서는 이러한 성격을 지닌 권리도 회사에 경제 적 혜택을 가져오므로 자산에 포함시킨다. 굳이 자산과 재산을 구분하 자면 '자산=재산+권리'로 자산의 폭이 훨씬 넓다.

다시 잘 정리해보자. 자산은 남의 주머니에서 나온 돈인 타인자본 과 내 주머니에서 나온 돈인 자기자본으로 이루어졌다. 그리고 자기 자본은 전체 자산 중에서 남의 돈인 타인자본을 뺀 나머지다. 결국 '자 산=타인자본+자기자본', '자기자본=자산−타인자본'의 등식이 성 립된다.

왼쪽은 자산, 오른쪽은 부채와 자본

기업주는 1년간 부지런히 영업활동을 해서 자기자본을 늘리는데, 이는 선거 후보자의 표밭 일구기와 마찬가지다. 다행히 성적이 좋다면 영업의 성과인 이익이 많이 났다는 의미다. 1년 후 자산과 자본을 살펴보면 자산내역도 달라지고 자본구성도 바뀌는데, 이를 밝히는 과정이 결산이다. 요컨대 회계에서는 선거가 아닌 결산에 의해 내 몫을 확인한다. 곧 자본구성을 검토하는 작업을 해마다 되풀이하는 것이 다르다.

한편 '자산＝타인자본＋자기자본'에서 섣불리 자본이라 줄여 부르면 혼동되기 쉬우므로 타인자본은 '부채'라고 부르고 자기자본은 '자본'이라고 한다. 부채란 대체로 법률적인 빚을 말하지만 가끔 갚아야 할 의무도 포함되는 점에서 빚과 다르다. 빚은 흔히 쓰이는 채무 그대로의 뜻이고, 의무란 안 갚아도 법적인 문제는 없으나 관계 지속을 위해 안 갚으면 이른바 '찝찝한' 부담을 가리킨다.

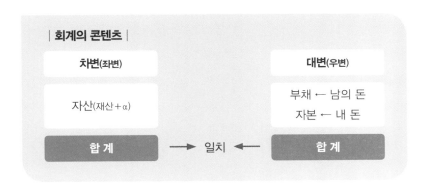

회계의 콘텐츠	
차변(좌변)	**대변(우변)**
자산(재산＋α)	부채 ← 남의 돈 자본 ← 내 돈
합 계 → 일치 ←	합 계

'자본'은 소유주가 회사를 설립하는 데 들어간 돈과 그 후 영업활동 등을 통해 벌어들인 이익을 말한다. 자본주가 출자한 돈을 자본금이라 하는데, 주식회사에서는 주주가 출자한 돈이면 반드시 주식이 발행된다. 따라서 자본금은 발행한 주식의 액면 총액이 된다. 자본금을 제외한 나머지를 모두 잉여금이라 한다. 잉여금 중 영업활동을 통해 얻어진 것을 특히 '**이익잉여금**'이라 구분한다. 이것 말고 주식을 발행할 때 프리미엄을 받았다든가 기타 주주가 무상으로 제공한 자산은 잉여금이긴 하나 영업활동과는 무관하여 '**자본잉여금**'이라 한다.

이익잉여금
(利益剩餘金)

기업의 영업으로부터 생긴 이익 중 주주에게 배당하지 않고 사내에 남아 있는 금액이다. 이익잉여금은 자금의 조달 원천으로서 현금 외 다양한 형태로 보유된다.

자본잉여금(資本剩餘金)

영업이익 이외의 원천에서 발생하는 잉여금이다. 예를 들면, 주식의 액면가액보다 더 많이 받는 주식발행초과금 등이 이에 속한다.

'차변계정＝대변계정'은 '자산계정＝부채계정＋자본계정'이다. 복식부기에서는 누가 기록을 했든지간에 왼쪽은 자산, 오른쪽은 부채와 자본으로 파악한다.

쉽게 배워서
바로 써먹는
이야기 회계
03

바둑은 수로 말하고
회계는 계정으로 말한다

회계에는 화려한 문장이나 긴 사설이 필요하지 않다.
모든 것을 계정으로 말할 뿐.

'사랑은 눈으로 말한다'는 말이 있다. 사랑에는 긴 말이나 제스처가 필요 없다는 의미다. 연인끼리는 눈만 봐도 생각이나 느낌이 통한다는 말일 것이다. 사람의 관상을 볼 때도 눈에 50퍼센트의 비중을 둘 정도로 눈에서 많은 것을 읽어낼 수 있다. 봉황의 눈, 용의 눈, 호랑이 눈과 같은 걸출한 지도자의 눈이 있는가 하면, 족제비 눈, 뱀 눈, 쥐 눈과 같이 천한 눈도 있다. 게다가 눈은 간의 건강도 말해준다고 한다. 또한 사랑뿐 아니라 슬픔, 걱정 등도 보여준다.

회계의 모든 것은 계정으로 통한다

바둑을 둘 때는 입이 필요하지 않다. 바둑은 수로 말한다. 대화는 대화이되 수담이다. 한참 까불 나이의 청소년 기사도 바둑 둘 때는 아주 조용하다. 숨소리조차 내지 않는다. 구경하는 이들은 "아이코, 큰일 났구나! 대마 죽네, 그런 수가 있나!" 등의 엄살이나 온갖 괴상한 소리를 연발하고는 한다. 그러나 영민한 아이는 돌부처처럼 전혀 말이나 소리가 없으니 상대방인 어른은 이에 질려 실수도 꽤 하게 된다.

회계에도 화려한 문장이나 긴 사설이 필요하지 않다. 글재주나 말장난도 필요 없다. 바둑이 수로만 말하듯 회계는 모든 것을 '**계정**'으로 말한다. 바둑의 수란 361로 반상 위에 떨어지는 흑백의 움직임으로 엮어지는 돌의 조합

계정(計定)

회계 거래를 기록하는 하나의 묶음, 곧 계산단위를 계정이라고 한다. 예를 들면 현금과 현금성 자산, 매출채권 등이다.

이지만, 계정이란 다름 아닌 수많은 계산을 단위별로 묶은 것이다. 간단히 계산단위다. 회계에서는 계정으로 경제활동을 설명한다. 말이나 문장을 안 쓰고 계정으로만 이야기하려 드니 자연 정교한 기술이 필요하다.

회계는 삽화와 같은 그림은 물론 그래프나 도표도 사용하지 않을 뿐 아니라, 5W1H라는 육하원칙에 의한 설명도 없다. 이른바 재무보고서에도 선은 이렇고 후는 어떻다는 식의 설명 하나 없다. 오로지 계정과목(계정이름)과 금액뿐이다. 이걸 재무제표의 본문이라 부른다. 기껏 인심 쓴다는 것이 계정과목 다음에 주기를 이용해 보충하는 정도다.

왜 계정으로만 이야기하는 것일까? 옛날 선조들의 상소문을 보면 명문 중의 명문이기도 하지만 그 길이도 꽤나 길었다. 임금은 못마땅해도 이를 끝까지 읽어야 했다. 더구나 팔도에서 올라온 장계도 일일

이 읽고 처리해야 할 처지인데 국사는 언제 다루겠는가.

회계에서 상소문처럼 긴 사설을 허용한다 해보라. 그 많은 경제활동, 엄청난 종류의 재화나 용역을 말과 글로 다 알리기란 도저히 불가능하지 않겠는가. 그래서 누구나 알아볼 수 있는 계정으로 알리는 것이다.

사람과 사람끼리 은밀히 통하는 수단으로 귓속말이 있고, 약간 떨어진 곳에서는 쪽지나 메모 등을 써서 건네기도 한다. 일상생활에서는 혹시나 잊어버리지 않고 훗날 참고하기 위해 몇 자 적어놓거나 특별히 덧붙여 기록하는 일이 있는데 이를 메모 또는 비망(備忘)이라 한다. 회계에는 이 메모나 비망이 통용될 수 없다. 이들은 계정이 아니기 때문이다. 임시라도 해당하는 계정을 찾아 처리해야 한다.

계정에 이름을 깔끔하게 붙이는 일

농사일을 보자. 대부분의 농부들은 벼만 재배하는 것이 아니라 보리, 감자, 고추, 마늘 등 여러 종류의 작물을 함께 심는다. 수확하고 나서 농산물을 창고에 마구 섞어놓는다 가정해보자. 도대체 감자는 어디 있으며 참외는 어느 자루에 넣었느냐, 이 자루에는 무엇이 들어있느냐는 등의 시비만 일고 사용하기에 매우 불편하다. 이제 가마니에는 쌀을 담고, 마늘은 한 접씩 짚으로 보기 좋게 엮어두고, 종이봉투에는 감자를, 큰 자루에는 고추를 담아 잘 정돈해 놓았다면 이야기가 다르다. 가령 쌀 10가마, 마늘 5접, 감자 20관 그리고 고추 150근이라면 알기도 쉽고 내용과 셈 역시 정확해진다.

돈 계산 역시 두루뭉술하게 하나로 하면, 슈퍼마켓에서 총액만 적힌 영수증을 받았을 때 어떤 물건이 얼마인지 알 수 없어 개운치 않은 것과 같다. 거래도 유형별로 한데 모아 자루나 비닐봉지에 담아야 한다. 몇 개의 묶음을 만들어 포장도 잘할 필요가 있다. 이것이 계정이다. 그렇게 묶은 다음 '감자, 고추…' 하듯이 돈 계산 역시 '감자계정', '고추계정', '마늘계정'이라 깔끔하게 이름을 붙이면 알아보기가 훨씬 쉬워진다. 이게 계정과목이다.

예를 들어 해외여행을 간다고 할 때, 총 여비 340만 원이라고 해도 되겠지만 항공료 160만 원, 숙식비 60만 원, 입장료 20만 원, 기타 경비 30만 원, 교통비 50만 원, 안내원 수고료 20만 원이라고 하면 알기도 쉽거니와 의문도 덜하다. 여기에 계정을 붙이면 크게는 '여비교통비계정'으로 묶고 소단위로는 항공운임계정, 숙박비계정 등으로 구분할 수 있다. 이들은 비닐봉지에 깔끔하게 담아놓은 각종 농산물과 같다.

회계에서는 정보를 이용하려는 사람들이 보다 쉽게 알아볼 수 있도록 비슷한 부류끼리 모아 여러 계정을 만들고 각 계정마다 장부를 두어 기입한다. 계산할 때, 계정이라는 그릇에 담는 것 자체도 중요하지만 그에 못지않게 봉지마다 깔끔하게 이름을 붙이는 일도 중요하다.

| 여비교통비계정 |

항공료 + 숙식비 + 입장료 + 기타 경비 + 교통비 + 안내원 수고료 = 해외여비 총액

한 예로 위의 여비교통비계정만 해도 그냥 교통비라 하면 숙식비는 제외되는 것인지, 잡비는 따로 하는 것인지, 국내 교통비인지, 해외 여행비인지 아니면 시내 교통비인지 애매하다. 숙식비는 여비에 해당하므로 교통비와 합쳐 여비교통비계정으로 묶든가 아니면 다른 이름을 찾아 별도의 계정을 만들든가 분류나 계정이름을 분명히 해야 한다. 회계는 애매한 표현을 가장 싫어한다.

대차평균의 원리

풍수에서 좌청룡, 우백호로 지맥과 사람을 나타내듯,
회계의 차변은 자산, 대변은 부채와 자본을 표시한다.

　최근에는 장묘문화가 제법 바뀌어 화장쯤은 아날로그시대의 이야기가 되었고 지금은 수목장마저 서슴지 않는다. 하지만 아직도 조상의 음덕을 기리는 문화는 사라지지 않아서 명당을 찾아 부모의 유골을 잘 모셔 복을 기원하는 모습을 종종 발견한다. 풍수에서는 명당 찾기가 가장 중요한 과제인데, 좌청룡 우백호가 기본 골격이다. 죽은 사람의 터전인 음택, 산 사람들의 터인 양택을 막론하고 한결같이 좌우로 나누어 살핀다.

　무학대사는 인왕산을 주산으로 하여 북악산이 좌청룡, 남산이 우백호가 되는 궁터를 주장했다. 태조 이성계가 최측근인 정도전의 의견을 따라 경복궁을 남향으로 건축했으나 태생적으로 좌청룡인 낙산의 기운이 너무 약하다는 것이었다.

좌변은 자금의 운용 결과, 우변은 자금의 조달

왜 뜬금없이 풍수 이야기를 길게 늘어놓느냐고 궁금해하는 사람도 있겠다. '좌청룡, 우백호'가 바로 회계의 '차변(좌변), 대변(우변)'과 흡사하기 때문이다. 그러면 차변에는 무엇이 소속되며, 대변에는 과연 무엇이 자리 잡는가? 회계란 돈의 흐름을 기록하는 과정이다. 돈이란 항상 그 출처, 바로 조달이 있고 운용이 있게 마련이다. 쉽게 말해 '돈은 어디로부터 나왔는가'와 '돈은 어디로 갔는가'다.

돈이 흘러간 방향을 보면 현재 돈이 살아 있는 것과 소비되어 없어진 것으로 나눌 수 있다. 살아 있다는 건 어떤 형태이든 경제적 자원으로 남아 영업에 이용할 수 있다는 의미이며, 없어졌다는 것은 수익을 위해 쓰였거나 일상의 경비로 나가버려 영영 찾을 길이 없다는 뜻이다. 회계에서 살아 있는 경제적 자원을 '자산'이라 하고, 소비된 것은 '비용'이라 한다. 비용이란 영업활동, 즉 돈을 벌기 위해 소비된 경제 가치다.

자금의 조달 역시 크게 셋으로 나눌 수 있다. 타인으로부터 조달했는가, 아니면 자기 돈인가, 아니면 벌어들인 돈인가. 타인으로부터 얻은 자금은 '부채'라 하고 자기 돈은 자기자본으로 줄여서 '자본'이라 한다. 벌어들인 돈은 '수익'이라 하여 비용에 대응되는 개념이다. 이를 정리하면 '자산＋비용＝부채＋자본＋수익'이 된다. 여기에서 대응되는 비용과 수익을 털어버리면 결국 '자산＝부채＋자본'만이 남는다. 이를 회계등식이라 한다. 본래 '차변＝대변'에서 출발했기 때문에 이 식은 항상 성립한다. 차변과 대변은 양쪽에 같은 무게가 놓인 시소처럼 평형을 이룬다 하여 '대차평균의 원리' 또는 '대차평형의 원리'라 한다.

수학에서 양변이 같으면 등식이라 하고, 그것도 아무 때나 성립하면 항등식이다. 특히 회계에서 쓰는 등식을 '회계등식'이라 부른다. 앞서 이야기한 선거의 '유권자=표'가 등식의 하나라면 '자산=부채+자본'도 대단한 등식이자 회계등식이다.

자산이란 영어로 Asset이니 A, 부채는 Liability이니 L, 그리고 자본은 Capital인즉 C로 나타내면 'A=L+C'이다. 이 식은 언제나 양변이 같으므로 항등식이다. 만일 'A=L+C'에서 어느 항이 미지수라면 간단한 방정식이 된다. 예컨대 'C=A-L'이란 식은 자본이라는 미지수를 구하는 방정식이기 때문에, '자본방정식'이라 부른다. 이 식이 의미하는 바는 자산에서 부채를 빼면 자본이란 뜻이다.

회계방정식					
회계 등식	A(자산)	=	L(부채)	+	C(자본)
자본방정식	C(자본)	=	A(자산)	−	L(부채)

| 재무상태표 |

(2014년 12월 31일 현재)

(주)희망   (단위 : 백만 원)

Ⅰ. 유동자산		20,000	Ⅰ. 유동부채			13,000
(1) 당좌자산		15,000	1. 매입채무		6,000	
1. 현금및현금성자산		10,000	2. 단기차입금		5,000	
2. 매출채권	6,000		3. 미지급법인세		2,000	
대손충당금	(1,000)	5,000	Ⅱ. 비유동부채			15,000
(2) 재고자산		(5,000)	1. 사채		10,000	
1. 상품	5,000		2. 장기차입금		5,000	
			부채총계			28,000
Ⅱ. 비유동자산		(26,000)	**자본**			
(1) 투자자산		(5,000)	Ⅰ. 자본금			12,000
1. 매도가능금융자산	3,000		1. 보통주자본금		12,000	
2. 투자부동산	2,000		Ⅱ. 자본잉여금			(5,000)
(2) 유형자산		(15,000)	1. 주식발행초과금		**5,000**	
1. 토지		10,000	Ⅲ. 이익잉여금			2,000
2. 건물	7,000		1. 이익준비금		1,000	
감가상각누계액	(2,000)	5,000	2. 처분전이익잉여금		1,000	0
(3) 무형자산		6,000	(당기순이익 : 400)			
1. 영업권	3,000		Ⅳ. 자본조정			1,000
2. 산업재산권	2,000		1. 자기주식		1,000	
3. 개발비	1,000		**자본총계**			18,000
자산총계		46,000	**부채와 자본총계**			46,000

위의 표를 보면 자산총계는 460억 원이고, 부채총계는 280억 원이며 자본총계는 180억 원이다. 따라서 자산총계 460억 원과 부채와 자본의 합계인 460억 원은 일치한다.

차변을 보면 현금, 매출채권, 상품, 증권, 토지, 건물, 영업권 등의 자산이 있다. 대변에는 원자재 대금인 매입채무 및 금융기관으로부터의 차입금 등의 부채와 보통주 또는 이익금과 같은 자본이 나타나 있다.

회계에서 음수는 반드시 반대편에 표시

등식 'A=L+C'를 보면 좌청룡에는 자산(A), 우백호에는 부채(L)와 자본(C)이 소속되어 있다. 기로 볼 때 'A의 양기=L의 양기+C의 양기'다. 그렇다면 음기는 어디에 있는가? 음기랄 것까지야 없지만 음수, 부(負)의 감소분 표시인 −A, −L, −C는 어디에 배치하는가? 등식의 이항원리에 따라 −A를 대변으로 이항시키면 A, 그리고 −L과 −C를 차변으로 이항시키면 L, C가 된다. 이를 이용해 자산의 감소는 대변에 표시하고 부채나 자본의 경우는 차변에 각각 감소를 나타낼 수 있다. 양음을 한자리에 합석시키지 않는다는 말이다.

재무제표는 회계연도마다 작성하는데 그 전에 우리는 거래가 발생할 때마다 일차적으로 장부에 기록해 둔다. 그때 감소분의 계정이 있으면 '(+A−A)=(+L−L)+(C−C)'라는 식으로 하여 그 자리에서 A를 빼지 않는다. 그 이유는 회계의 조심성 때문이다. 행여나 누가 고약한 장난을 칠까봐 음수는 반드시 원 소속의 반대편에 표시한다.

장부는 어느 것이나 양쪽, 곧 차변과 대변의 둘로 이루어져 있으니 동일한 거래라도 이를 분석하여, 증가라면 'A=L+C'에서 같은 편에 기입하고, 감소라면 반대편에 기입한다. 예컨대 자산의 증가라면 차변이지만 감소라면 대변에, 부채나 자본의 경우엔 증가라면 대변이고 감소라면 차변이어서 자산과는 정반대다. 장부에 기입할 때에도 항상 이 법칙을 적용한다. 나중에 정산을 거친 뒤 재무제표를 만들 때에는 원래 자리를 찾아가는 것이다.

예금통장을 보면 알기 쉽다. 찾은 금액, 맡긴 금액에서 앞의 것은 차변, 뒤는 대변이다. 우리의 예금은 은행의 입장에서는 언젠가 갚아야 할 부채다. 통장은 은행 측에서 부채계정을 기록하는 것이다. 그러므로 찾은 금액은 마이너스 예금인 부채의 감소요, 맡긴 금액은 플러스 예금인 부채의 증가다. 회계등식 'A=L+C'는 좌변과 우변을 동시에 나타내고 있으니까 '좌우비교식'이다.

회계의 기본구조는 회계등식

회사의 살림살이가 넉넉하고 경제규모가 크더라도
'A=L+C'의 틀을 벗어날 수가 없다.

자산, 부채, 자본은 현재에도 살아 있으며, 다음 해에도 없어지지 않고 계속 회사의 영업에 이용한다는 뜻에서 '실재계정'이라 한다. 이는 '실제로 존재한다'를 줄인 말인데 언제나 살아 있는 계정이라는 뜻이다. 아무리 영업활동을 잘해 이익이 많이 남아 회사의 살림살이가 넉넉하고 경제규모가 크더라도 그 내용은 역시 'A=L+C'의 틀을 벗어날

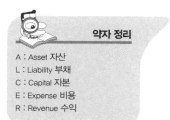

약자 정리

A : Asset 자산
L : Liability 부채
C : Capital 자본
E : Expense 비용
R : Revenue 수익

수가 없다. 설사 영업이 잘 안 되어 재산을 불가피하게 하나둘씩 정리해야 하는 상황이라도 내용이나 구성만 달라질 뿐 그 틀은 'A=L+C'이며 식의 각 계정은 죽지 않고 버젓이 살아 있다.

수익과 비용

이익이나 손해가 나면 어떻게 될까? 인건비라든가 판매비를 비롯한 여러 경비와 이자를 공제하고도 이익이 난다면 누구의 몫이 될까? 빚쟁이의 몫인가? 아니다. 바로 자본주(주인)의 차지다. 대신 손해가 나면 자본주의 밑천인 자본이 없어진다. 그런 까닭에 자본은 영업의 결과에 따라 늘기도 하고 줄기도 한다. 회사는 고객에게 제품이나 용역을 제공하고 일정한 대가를 받는데, 이를 수익이라 한다. 회사는 이 수익을 얻고자 직원들에게 월급을 주고, 광고 및 판촉 등에 돈을 쓴다. 이외 사무실을 운영하는 등 많은 돈을 소비한다. 이렇게 소비된 경제가치가 비용이다. 비용은 수익의 짝꿍이다. 수익이 비용보다 많다면 그 차액만큼 순이익이 났다 하고, 그 반대의 경우에는 특별히 순손실이라는 말을 사용한다. '손실'이란 손해와 비슷한 말 같기도 한데, 손해란 재산뿐 아니라 신체 및 명예 등에 해를 입는 것도 포함되는 반면, 순손실은 비용에서 수익을 뺀 차액만을 말하는 회계적 용도로 한정한다.

수익계정과 비용계정은 수명이 길어봤자 1년을 넘기지 못한다. 발생하는 해에 한 번 쓰면 버리고 해가 바뀌면 새로 만든다. 실제로 이미 없어져 죽은 계정이나 최종적으로 남아 있는 금액의 숫자만 결산에 이용하는 참고계정에 지나지 않는다. 이름만의 계정이란 뜻에서 '명목계정'이라 부르는 까닭이 여기에 있다. 자산, 부채 및 자본은 영원히 존속하는 세라믹 찻잔인 데 반해, 수익과 비용은 그때그때 쓰고 버리는 종이컵이다. 여러해살이식물에 비교해 봄에 싹이 나서 가을이면 시들어버리는 한해살이풀이라고나 할까. 그러기에 이들은 발생된 후 잘못되면 취소나 정정은 있을지언정 자산이나 부채와 같은 감소는 없다.

회계의 기본구조, 자산＋비용＝부채＋자본＋수익

회계의 기본구조는 'A＝L＋C'라는데, 수익과 비용은 과연 이 식의 어디에 속하는 걸까? 수익이든 비용이든 언제나 자본의 종친이다. 왜냐하면 수익과 비용의 차액인 손실과 이익, 곧 손익은 주인 몫인 자본에 귀속되기 때문이다. 앞서 '자산＋비용＝부채＋자본＋수익' 식을 '자산＝부채＋자본'으로 줄여 표시하는 이유가 여기에 있다.

수익이 비용보다 많아 이익이 생겼다면 주인 몫인 자본이 증가하지만 반대로 손실이 생기면 자본의 감소를 감수해야 한다. 자본은 혼자만이 아니라 이익에 따라 늘거나 때로는 줄기도 한다. 이익이란 '수익－비용'이므로 '자본＋이익'은 곧 '자본＋(수익－비용)'이다. 수익은 Revenue이므로 R로, 비용은 Expense이므로 E라 하여 재무상태표 등식을 정리하면, 'A＝L＋C＋(R－E)'가 된다.

위 식에서 E를 양변에 더하거나 차변에 이항한다면, 'A＋E＝L＋C＋R'이라는 식이 된다. 이 식이야말로 더 이상 추가될 것이 없는 완전한 회계의 기본구조다. 이에 따라 차변에는 자산과 비용을 기록하고, 대변에는 부채와 자본 및 수익을 기록한다. 어떤 경제활동이든 크게 자산, 부채, 자본, 수익, 비용의 다섯 가지 요소로 묶을 수 있다. 결국 경제활동은 크게 다섯 계정으로 요약할 수 있다. 요컨대 차변에는 자산과 비용, 대변에는 부채, 자본, 수익을 그리고 각각의 반대편에는 각 계정의 마이너스를 기록한 후, 그들이 움직인 결과를 정리하는 과정이 바로 회계다.

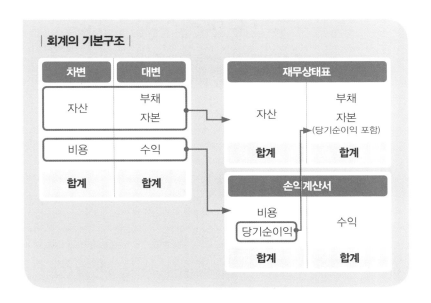

궁극적으로 복식부기는 모든 경제활동의 결과를 자산, 부채, 자본이라는 계정으로 압축하여 기업의 내역을 알려주는 정교한 회계다. 아울러 자본주의 주머니에서 나온 돈이냐, 아니면 영업활동을 잘해 벌어들인 것인가를 밝히기 위해 이름만인 수익과 비용을 차변, 대변에 잘 기록하고 정리함으로써 자본의 증감을 파악한다. 몇 천억 원 내지 몇 백조 원에 이르는 엄청난 규모의 경제활동이라 하더라도 이 방법으로 분석되고 정리된다. 아직 이보다 더 나은 방안은 나오지 않았다.

돌고 도는 7단계 회계순환과정

해가 가고 달이 가도 농사는 계속 되풀이되듯
회계 역시 경제활동이 있는 한 돌고 돈다.

전원생활이 그리워서든, 본격적으로 농사를 짓고 싶어서든 귀농이나 귀촌이 점차 늘어나는 추세다. 도시사람에게는 농사가 재미있게 보일지 모르지만 농사만큼 힘든 게 없다. 노동도 힘들 뿐 아니라 비둘기나 꿩 같은 새들이 씨앗을 파먹는가 하면 겨우 농사 좀 일구어놓았다 싶으면 멧돼지나 노루가 파먹고 가축은 살쾡이나 부엉이가 채가는 바람에 다된 농사를 망치기 일쑤다. 이러한 시행착오의 과정을 몇 년 겪고나면 농사짓기에 어느 정도 체계를 세울 수 있게 된다. 첫째 봄에 파종하기, 둘째 풀 뽑기, 셋째 비료 주기, 넷째 농약 뿌리기, 다섯째 벼 베기 또는 거두기, 여섯째 도정하기, 일곱째 최종적으로 용기나 주머니에 담아 포장하기에 이르기까지 어느 하나 간단하지가 않다. 회계도 농사일처럼 여러 절차를 거쳐 마침내 수확하는 결산을 행한다. 해가

가고 달이 가도 농사일이 계속 되풀이되듯 회계 역시 경제활동이 있는 한 돌고 돈다.

농사처럼 되풀이되는 7단계 회계과정

돌고 도는 회계과정이란 무엇일까? 첫째, 거래(장부에 기록해야 할 경제활동)를 분석한다. 둘째, 전표(서양에서는 **분개**)를 작성한다. 셋째, **시산표**를 작성한다. 넷째, 재고조사를 한다. 다섯째, 결산정리를 한다. 여섯째, 재무제표를 작성한다. 마지막으로 결산공고를 하면 한 회계기간의 회계가 모두 끝나게 된다.

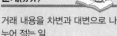

분개(分介)

거래 내용을 차변과 대변으로 나누어 적는 일.

시산표(試算表)

재무제표를 작성하기 전에 차변과 대변의 합계액이 일치하는지를 검산하는 일종의 연습장.

1단계 : 거래 분석

첫째, 거래를 분석한다는 것은 무엇일까? 아무리 회계가 경제활동을 기록한다 해도 CEO의 '일거수일투족'을 모두 기록한다는 의미는 아니다. 회사 내 각 부서의 움직임을 빠뜨리지 않고 기록해야 하는 것도 아니다. 무엇보다 그 활동이 장부에 기록할 일인가를 꼼꼼히 따져야 한다. 장부에 기록하는 것은 자산, 부채, 자본, 수익 및 비용의 크기가 달라지는, 곧 증감이나 변동이 일어나는 거래에 한한다.

예컨대 자원 대국인 중동의 사우디아라비아가 우리 회사를 끝까지 봐주기로 약속하고 MOU를 체결해도 자산이나 부채 및 자본과 같은 요소에 아무런 영향을 미치지 않는다면 기록할 것이 없다. 만일 약속을 보증한다는 의미에서 고품질 원유 1,000만 배럴을 배에 실었다면 이야기가 다르다. 이 경우 원유는 상품 또는 원자재인 자산의 증가요, 무상공여라면 채권이 아닌 회사 몫이 증가하는 것이므로 바로 자본의 증가다. 그 외에 도난과 화재로 인해 재산에 변동이 생기는 경우에도 회계 거래라고한다. 왜냐하면 자산의 크기가 달라졌기 때문이다.

2단계 : 전표 끊기

두 번째는 전표를 끊는 일이다. 거래가 확실해지면 차변과 대변에 각각 무슨 계정으로 얼마를 기록할지 결정해야 한다. 극장표나 지하철 표를 끊는 일의 종류가 아니다. 한마디로 차변과 대변에 각각 해당 계정과 금액을 기입하는 절차다. 앞서 설명한 농산물에 빗대자면 작물을 어느 봉지에 담을 지를 정하는 과정이다. 가령 교통비 20만 원을 현금으로 지급했다면, 차변 전표에는 여비교통비 20만 원, 대변 전표에는 현금 20만 원을 각각 적으면 된다. 전표를 끊는 작업은 컴퓨터를 이용하거나 수작업으로 진행한다.

이때 전표의 내용을 소속 계정의 원장에 그대로 옮겨 쓰는 작업이 필요하다. 원장은 시간순인 전표와 달리 계정별로 분류되어 있는 장부다. 원장에 옮겨 쓰는 일은 이름이 붙여진 봉지에 작물을 분류하여 담는 것과 같다. 원장이란 글자 그대로 으뜸 되는 장부이니 기업에서 이것만은 반드시 구비해야 한다. 원장은 기본 장부인 만큼 회사가 다루는 모든 계정을 망라한다. 그에 따라 이름도 **'총계정원장'**이지만 '원장'

이라 줄여 부른다.

회계장부는 어느 것이나 차변, 대변이 꼭 있어서 원시 전표의 내용도 같은 쪽에 그대로 옮겨 쓴다. '원장에 옮겨 적는다'는 말을 한자로 '전기(轉記)'라고 부른다.

총계정원장
(總計定元帳)

회계의 본장부, 곧 기본 장부를 말한다. 기본 장부인만큼 모든 계정을 담은 으뜸되는 장부라는 뜻에서 총계정원장이라 부른다.

원장은 기본이니만큼 그 거래에 관련된 정보는 빠짐없이 담아야 한다. 날짜와 내용은 물론이고 관련된 부서도 적어야 하고, 어느 전표에서 옮겨왔는가 하는 출처도 적어야 한다. 물론 파트너인 상대계정도 기입해야 한다. 이런 절차로 수만 장의 전표 내용이 원장에는 불과 수십 개의 계정에 정리되어 올라간다.

3단계 : 시산표 작성

대범한 사람이라도 '내가 꼼꼼하지 않은데 혹시 틀리지나 않았을까' 아니면 '직원이 계산기를 잘못 두드리지나 않았을까' 하고 마음이 불안할 수 있다. 이를 위해 이제까지 기록이 제대로 되었는지를 확인하려고 작성하는 표가 세 번째 단계의 시산표다. 은행이나 회계과에서 일계표라느니 마감해봐야 하느니 하고 작성하는 표가 바로 그것이다. 계정마다 차변과 대변에 금액이 적혀 있으므로 그 합계를 구해 적으면 합계시산표다. 예금통장에서 찾은 금액과 맡긴 금액의 차액인 잔액처럼 각 계정의 잔액만을 파악해 시산표를 작성하면 잔액시산표다. 합계시산표는 '찾은 금액계와 맡긴 금액계'를 함께 적은 시산표다.

어느 계정이든 잔액은 금방 파악된다. 차변과 대변에 빈번하게 기록되었든 은행의 휴면계정과 같이 딱 한 번만 기록되었든 잔액은 차변과 대변의 차액이다. 잔액은 계정마다 나타난 쪽이 다를 수 있다. 자산과 비용이라면 차변에 나타나고 부채, 자본 및 수익이라면 대변에 나타난다. 잔액을 모아 정리하면 아무리 계정이 많고 이동이 많아도 결국 '자산＋비용＝부채＋자본＋수익'이 된다. 이렇게 양쪽이 잘 파악되고 금액이 맞으면 이제까지의 절차가 올바로 되었다는 이야기다. 만일 양쪽의 금액이 일치하지 않으면 어디선가 오류가 발생했거나 합계나 잔액 계산이 틀린 것이다.

4단계 : 재고조사

컴퓨터가 고장이 나지 않은 이상 시산표의 금액은 대차평균의 원리에 따라 양쪽이 똑같을 수밖에 없으니 다음 단계로 진행한다. 거래의 발생에서 원장에 전기하는 절차까지가 제대로 된 다음에는 잘 익은 곡식을 탈곡하듯 마무리하는 작업만 남는다. 이름하여 '결산 절차'다. 결산에는 해야 할 일이 너무나 많다. 그러다 보니 한 번이라도 잘못되면 자칫 연쇄반응으로 틀리기 때문에 매우 조심스럽다. 가령 12월 31일로 회계기간이 끝난다 해도 그 준비는 11월부터 시작하고 이듬해 2월 말이나 되어야 숨을 돌릴 수 있다. 우선 가장 급한 일이 네 번째 단계의 재고조사다. 원장 잔액이 아무리 정확해도 실물이 맞는지 확인해야 하는 것이 재고조사다. 재고조사는 재물조사라고도 부르는데, 보통 상품, 제품 및 원자재는 물론 각종 소모품이 이에 해당한다. 그리고 각 통장이 은행과 일치하는지, 유가증권은 그대로 있는지도 일일이 확인한다.

5단계 : 결산정리

재고조사에서 원장과 실물이 차이가 나거나 평소에 세금계산서와 같은 증빙서류가 없기 때문에 기록되지 못한 비용을 결산할 때는 적절하게 반영해야 한다. 대표적인 게 '감가상각비'다. 뒤에 설명할 감가상각비는 고정자산을 영업에 이용하여 수익을 올린만큼 그에 해당하는 비용을 기록하는 절차다. 이런저런 결산에 이르면 기록해야 할 것도 많고 챙겨야 할 계정도 많은데, 이 모든 절차를 결산정리라 부르는 것이다. 결산정리는 확인만 하는 게 아니고 그에 알맞는 전표를 끊어야 완성된다.

6단계 : 재무제표 작성

넣어야 할 것을 빠짐없이 반영해 다시 시산표를 작성해보니 '차변＝
대변'이라면 제대로 기록된 것이다. 이제 남은 일은 재무제표를 작성
하는 일이다. 'A＋E＝L＋C＋R'에서 'R−E＝순이익(NI)'인데 이것만
따로 알아보기 쉽게 잘 정리하면 손익계산서가 된다. 그리고 여기서
수익과 비용을 정리한 차익, 순이익만 집어넣은 'A＝L＋C＋NI'을 계
정식이나 보고식으로 깔끔하게 작성하면 재무상태표다.

7단계 : 결산 공고

앞의 재무상태표를 "결산 결과는 보시는 바와 같습니다"라고 만천
하에 알리면 기나긴 회계과정은 끝난다. 이 과정은 돌고 돌아 계속 반
복되므로 회계순환과정이라 한다. 이는 기업이 도산하지 않는 한, 계
속될 회계의 숙명이다.

Chapter 4

기업의 사주팔자,
재무제표

기업의 운명은 재무제표에 달렸다

회사를 알려면 지사지감이 필요하다.
바로 재무제표를 볼 줄 알아야 한다.

취업이 어렵고 경기도 좋지 않아서인지 동양철학관이 붐비고, 역학자 간판이 늘어나는 추세다. 사주 사이트만 해도 300여 개나 된다고 한다. 시원시원하게 이야기하고 족집게처럼 콕콕 집어내는 역학자는 없을까. 대원군한테 "어린 명복(고종의 아명)이가 왕재이니 부디 때를 기다려 근신하라"고 일러주었던 박유붕이나 일찍이 6·25를 내다보고 일가권속 300여 명을 미리 안면도로 피신시켜 재난을 면하게 했다는 이달 선생, 최근 '일본은 영토의 3분의 1이 가라앉는다'고 예언한 탄허 스님과 같은 분 말이다.

나는 김대중 정권 때 유행처럼 번진 벤처붐에 편승해서 1,800만 원을 투자했다가 단돈 1만 원도 못 건졌다. 지금도 아내한테 맥을 못 추는 하나의 역린이 되었다. '묻지 마 투자'였던 셈이다. 더구나 벤처사업가는 투자론 전공인 재무관리 교수의 제자였으니 전혀 의심할 여지가 없었다. 입금만 하면 대박이 터지리라는 환상뿐이었다. 그런데 그게 아니었다. 돈은 역시 돈이었다. 한 번쯤 꼼꼼하게 살펴보았어야 했다. 업종, 사장, 제품 등을 알아보는 건 기본 중 기본이다.

기업에 투자하려면 반드시 기업의 사주를 체크해야 한다. 기업의 운명은 무엇으로 판단하는가? 뭐니 뭐니 해도 재무제표를 따를 게 없다. 앞서 1,800만 원의 벤처투자가 실패한 이유도 꼼꼼하게 전후좌우를 살피지 않은 탓에 있었다.

재무제표를 모르고는 CEO가 될 수 없다

대체로 결산서라고 하는 걸 회계용어로 재무제표라 부른다. 흔히 '제(諸)'가 앞에 붙으면 여럿이란 복수의 뜻을 가진다. 재무제표 역시 재무, 바로 숫자에 관한 여러 표라는 뜻인데, 재무제표의 개수는 기껏 넷에 불과하다. 그중에서도 기본은 재무상태표와 포괄손익계산서(이후 손익계산서)의 두 가지다. 많은 표가 있을 것으로 상상하게 만드는 재무제표는 다소 거품이 있는 이름이다. 회계에서는 그야말로 수십 가지의 재무제표를 작성하지만 등급이 있어서 크게 반드시 작성하는 기본 재무제표가 있고 기타 재무제표가 있다. 우선 기업의 재무상태를 나타내는 재무상태표, 학생의 성적표처럼 기업의 영업성적을 밝히는 손익계산서는 재무제표의 양대산맥으로 최고위급 재무제표다. CEO나 한 조직의 리더가 되기 위해서는 부하이든 외부인이든 사람을 감별할 줄 알아야 한다. 사람, 특히 인재를 식별하여 적재적소에 배치하고 잘 움직이도록 뒷받침하는 이른바 지인지감(知人之鑑)이 있어야 한다. 자본주의 사회에서는 사람은 물론 기업을 감별하는 능력도 함께 갖추어야 한다. 지인지감이 아닌 지사지감(知社之鑑)이다. 지사지감의 가장 기본은 재무제표를 읽는 능력이다. 한마디로 말해서 재무제표를 모르고는 CEO가 될 수 없다. 재무상태표와 손익계산서는 역학자가 사람을 알아보고자 할 때 사주와 관상을 이용하듯 한 기업을 파악하는 데 절대적인 도구다. 다른 재무제표는 다소 소홀하거나 나중에 보더라도, 이 둘은 반드시 읽어야 한다. 그리고 읽더라도 그 의미까지 파악하는 능력이 있어야 한다.

재무상태표는 기업의 과거 현재 미래

기업의 과거, 현재, 그리고 미래를 사람의 얼굴처럼 알려주는
보고서는 무엇일까? 바로 재무상태표다.

사주는 사람마다 태어난 년, 월, 일, 시를 토대로 상수를 푸는 것이라 공부가 꽤 필요하다지만 보이는 그대로 감별하는 관상은 조금만 알아도 써먹을 데가 많겠다 싶어 몇 권의 책을 훑어보았다. 대충 들여다보니 참으로 재미있었다. '믿거나 말거나'를 화제로 꺼내면 입담의 자료로는 최고다. 이병철 회장도 유명한 관상가 박제산 씨를 초빙해 유능한 인재를 가리고 배신상이나 요절상 등을 탈락시켜 예측할 수 없는 미래의 재앙에

대비했다는 설이 있다. 관상의 경우 미간과 콧대 사이를 보면 질병과 관련된 전망을 대충 알 수 있는데, 눈은 간, 코는 폐, 귀는 신장 하는 식으로 개별 기관의 건강도 알 수 있다.

기업의 건강상태를 보여주는 재무상태표

기업의 과거, 현재 그리고 미래를 사람의 얼굴처럼 알려주는 보고서는 무엇일까? 바로 재무상태표다. 재무상태표에는 지금에 이르기까지 기업이 겪어온 굴곡과 역사가 담겨 있다. 비록 자료는 과거지만 이를 토대로 미래현금흐름, 영업능력, 지급능력 등을 예측할 수 있다. 관상이 미래의 운만 보는 게 아니듯 재무상태표를 보면 기업의 건강상태도 알 수 있다. 재무상태표에서는 부채와 자본의 비율인 재무구조와 비유동자산의 크기 등을 통해 기업의 건강을 알 수 있다. 나아가 유동자산과 유동부채를 비교해 미래의 지급능력을 가늠할 수도 있다.

재무상태표는 일정 시점(예: 2015년 12월 31일 현재)에서 기업의 재무상태를 나타내는 보고서다. 재무상태표 차변에는 자금의 운용으로 획득한 자산을, 대변에는 그 자산을 얻기 위하여 조달한 자금의 원천으로서 부채와 자본이 표시된다. 회계의 원리대로 차변의 합계와 대변의 합계는 언제나 일치한다. 자산의 총계와 더불어 타인자본인 부채와 자기자본인 자본을 합한 것과 동일하다.

현금을 1순위로 모시는 유동성 배열법

콘텐츠를 밝힐 때는 그냥 마구잡이로 하는 게 아니라, 순위에 따라 차례차례 열거한다. 재무상태표의 콘텐츠는 어떤 순위일까? 사람의 경우에는 보통 연령순이 많이 쓰이고 대체로 합리적인 순위겠지만, 자산, 부채 및 자본에 무슨 연령이 있을 것이며 1순위, 2순위가 필요할까. 어떤 조직이든 경제활동에서는 현금이 최고다. 정부나 대학 또는 교회와 같은 비영리조직이라 해도 현금이 절대적 자원이다. 하물며 재무상태를 나타내는 재무상태표는 현금이란 잣대 외에는 영 마뜩찮다.

회계에서는 현금화 정도나 현금화 속도를 '유동성'이라 하고 그 높고 낮음을 평한다. 참고로 경제학에서는 현금 그 자체를 유동성으로 보기 때문에 시중에 유동성이 풍부하다고 말하면 현금이 많다는 의미다. 재무상태표는 자산과 부채를 유동성의 순위에 따라 배열한다. 이것이 '유동성 배열법'이다. 현금은 그 자체이므로 1순위다. 금융기관에 달려가 청구하는 시간만큼 뒤늦은 단기금융상품은 다음 순위다. 유가증권은 아무래도 증권거래소에서 처분하는 시간이 금융기관을 상대하는 시간보다 더 걸리므로 다음 순으로 배열한다. 토지나 건물은 처분할 의향이 거의 없으니 그 순위는 한참 뒤로 밀린다. 특히 브랜드, 지적재산권과 같은 무형자산은 회사가 문 닫을 때까지는 유지해야 할 성질인 데다 그 처분도 용이하지 않기에 맨 뒷 순위가 된다.

부채는 유동성으로 따진다면 응급수혈처럼 현금을 가장 신속히 필요로 하는 것이 맨 앞이다. 원자재나 상품의 외상값인 매입채무는 빨리빨리 갚아야 다음 영업활동을 원만하게 계속할 수 있고 자금도 신속히 회전된다. 이런 이유로 바로 현금을 필요로 하는 매입채무는 당연히 맨 앞자리에 놓인다.

한편 자본은 그 자체가 현금이 되거나 갚는 게 아니라 내 몫을 확인하는 것에 지나지 않으므로 유동성을 따지는 것 자체가 무의미하다. 이에 일정한 순서가 정해져 있는데, 자본은 크게 자본금과 잉여금으로 나뉘고 잉여금은 다시 자본잉여금과 이익잉여금의 순으로 배열된다. 구성 요소의 배열 하나에도 이토록 까다롭다.

지분과 자산, 부채 및 자본의 종류

회계기간인 1년을 기준으로 1년 내 쉽게 현금으로
변화하는 자산을 '유동자산'이라고 한다.

조상님이 남겨준 땅 찾기가 한창이다. 갑자기 몇 백 억의 땅을 찾았다는 소문이 언론에 보도되기도 한다. 남자들만 참견하는 줄 알았던 종친이나 문중의 일에 시집간 딸들이 참여했다 해서 화제가 되기도 한다. 종친의 땅은 어느 한 개인의 몫이 아니다. 많은 후손의 재산이다. 재판에 승소하여 새롭게 찾은 문중의 땅 10만 평이 있고 10대손까지의 자손이 모두 100명이라면 이 땅은 1인당 1,000평 꼴로 후손 100명의 몫이다.

대체로 땅에 관련된 민사재판이라는 게 겨우 이겨봐야 변호사 비용을 비롯한 소송비용을 공제하면 남는 건 빈 문서뿐이라는 데 문제가 있다. 이게 자그마치 6만 평은 처분해야 감당할 정도의 금액이라면 자손의 순수 몫은 '빛 좋은 개살구'다. 60퍼센트가 남의 몫이다. 어쨌든

위 문중의 땅에서 몫이란 황금의 재산, 곧 부동산에 대한 청구권이다. 이를 '지분'이라 한다. 다시 말하면 채권자 지분은 '네 것 또는 남의 것' 이고 주주지분은 '내 것'이다.

지분 개념은 땅뿐만 아니라 회사에도 적용할 수 있다. 한 예로 국내 최고 기업인 삼성전자의 2014년 9월 총자산은 무려 231조 7,000억 원에 이른다. 이 중 부채는 68조 3,000억 원이고 자본은 두 배 이상인 163조 4,000억 원이다. 그 비율은 대체로 29.5퍼센트와 70.5퍼센트

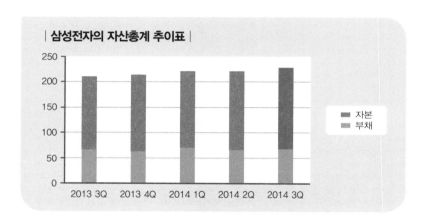

| 삼성전자의 요약 재무상태표 |

(단위 : 조 원)

	2013 3Q	2013 4Q	2014 1Q	2014 2Q	2014 3Q
유동자산	110.2	110.8	116.2	112.8	119.8
비유동자산	100.6	103.3	109.1	111.9	111.9
자산총계	210.8	214.1	225.3	224.7	231.7
부채	66.4	64.1	69.7	65.2	68.2
자본	144.4	150	155.6	159.5	163.5
부채와 자본 총계	210.8	214.1	225.3	224.7	231.7

다. 지분 비율이 70퍼센트니 채권자 목소리는 모기소리만 해 거의 들리지 않는 반면 주주 목소리는 쩌렁쩌렁 울릴 만큼 크다.

자산=채권자지분+주주지분

채권자지분도 지분인 만큼 누구누구의 지분이라 말해야 옳지만, 자본을 말할 때 자기자본만 가리켜 혼동을 피하는 것처럼 지분 역시 주주지분만 일컫는 경우가 많다. 주주도 여러 사람이다 보니 대주주부터 소액주주까지 지분의 폭도 넓다. 알고 보면 "오너인 회장 지분이 15퍼센트, 그 아들 부사장 지분이 8퍼센트, 그리고 친족 지분이 5퍼센트이고 나머지는 외국인 지분"이라고 말하는 것과 같다.

'주주지분'은 어디까지나 채권자의 몫을 공제한 나머지다. 더구나 같은 주주라도 우선주는 손님 대우하듯 상석에 앉혀 깍듯이 예우하므로 우선주의 몫까지 제쳐놓은 후에야 진정한 보통주 지분이 나올 것이다. 나머지라는 의미에서 보통주 지분을 '잔여지분'이라고도 하는 이유가 여기에 있다.

기업의 지분, 특히 주주의 지분은 군식구가 없을수록 좋고 규모가 클수록 좋다. 등짐을 줄이듯 적은 부채로 운영해야 함은 물론 영업을 통해 내 몫을 크게 키워야 한다. 가령 삼성전자의 자본금이 1조 원 가량 되는데 주주지분은 무려 150조에 이른다면 설립 이후 어림잡아 150배나 키워놓았다는 해석이 나온다. 회계를 한다는 것은 간단하게 위와 같은 자산과 그 청구권인 주주지분을 밝히는 과정이다.

유동자산과 비유동자산

자산에는 종류도 많고 성격도 다양하다. 그래서 궁리 끝에 회계기간인 1년을 기준으로 1년 내 쉽사리 변화하는 자산을 일러 '유동자산'이라 했다. 유동이란 흐르는 물과 같이 시시각각 변화하는 모습을 일컫는다. 현금은 순간순간 변화하므로 대표적인 유동자산이다. **매출채권**도 1년 이내에 회수되기 때문에 유동자산으로 볼 수 있다.

> **매출채권(賣出債權)**
>
> 기업의 주된 영업활동과정에서 재화나 용역을 판매한 금액 중에서 회수하지 못한 외상채권으로 외상매출금, 받을어음이 여기에 속한다. 반대는 매입채무로 외상매입금, 지급어음이 있다.

유동자산 가운데 현금으로 변화하는 속도가 가장 빠른 것들만 모아 '당좌자산'이라 한다. 당좌라는 말은 금융기관에서만 쓰는데, 그 뜻은 '즉석의' 또는 '신속하게'다. 단기금융상품, 증권 가운데도 금방 처분될 성질의 단기매매증권은 현금으로 신속하게 바꿀 수 있기에 당좌자산의 터줏대감이다.

1년 내 현금으로 돌고 돌지만 영업활동의 순환에 따라서는 꼭 판매라는 절차를 거쳐야 현금이 되는 자산이 있다. 재고자산이 그렇다. 딸이 결혼해도 호적이 정리되어야만 명실공히 출가외인이 되는 것처럼 재고자산은 외부에 판매되어야 현금화가 이루어진다. 유동자산의 본래 성격은 유동성이 높은 것인데, 재고자산은 유동성이 높긴 하나 대체로 3개월, 어떤 경우는 6개월의 까마득한 시차가 있다.

건물, 토지, 기계설비 등과 같은 것들은 수년, 때에 따라서는 수십년간 기업의 영업활동에 이바지한다. 거의 붙박이나 다름없다. 이런 의미에서 '비유동자산'이라고 부른다. 비유동자산에는 크게 형태를 갖고 있는 '유형자산'과 형태는 없으나 각종 권리와 같이 기업의 자산가치에 한몫을 단단히 하는 '무형자산'이 있다.

한편 마음먹기에 따라 처분이나 현금화도 가능하지만 그럴 생각이 전혀 없고 장기간 보유할 성질의 각종 증권도 거의 붙박이나 다름없다. 예컨대 다른 회사를 지배할 목적으로 보유하는 주식, 장기적인 수익을 겨냥하는 공사채는 장기투자에 속하는 자산이므로 비유동자산에 속하며 투자자산으로 각별히 예우한다. 결국 비유동자산에는 투자자산, 유형자산, 무형자산이 있는 셈이다.

부채와 자본의 분류

부채 역시 1년 안에 빨리 갚아야 하면 '단기부채' 또는 '유동부채'이고 1년 이상 여유가 있는 부채는 '장기부채' 또는 '비유동부채'가 된다. 대부분 영업과 관련되어 생기는 '매입채무'와 같은 것들은 유동부채의 대표 주자다. 물론 잠깐 빌린 '단기차입금'이나 '선수금' 또는 '선수수익'이라고 하는 각종 선금도 유동부채다. 비유동부채의 맏형은 아무래도 '사채'다. 회사채는 보통 5년 이상 장기간 발행된다. 종업원이 퇴직할 때 지급하기 위해 준비하는 '퇴직급여충당부채'도 수년 또는 수십년 후에야 갚을 가능성이 높으므로 장기부채다.

주주지분이라 하는 자본도 분류하기에 따라서는 다양할 수 있으나 우선 크게는 자본금과 잉여금으로 나눈다. 자본금은 액면가액에 주식

수를 곱한 금액이다. 가령 5,000원짜리 주식이 100만 주라면 주가가 아무리 몇만 원 하더라도 50억 원이다.

문제는 액면가액도 다양하지만 주식도 여러 종류가 있다는 사실이다. 기업에 출자하는 주식은 대개 '우선주'와 '보통주'가 있다. 우선주는 배당이나 잔여재산을 분배할 때 '형님 먼저' 식으로 선임 대우를 한다는 의미다. 보통 때에는 그럴 이유가 없으나 기업의 형편이 어려울 때 최소한 우선주만이라도 배당을 보장해 당장 끼니라도 잇게 하자는 뜻이다. 배당은 보장하나 빚이 아니니 상환할 부담이 없어 좋다. 보통 우선권이 있는 대신 의결권은 제한된다. 반면에 보통주는 글자 그대로 배당이나 재산 분배할 때 순위가 보통인 불이익이 있는 반면, 의결권이 확보되는 주식이다. 말하자면 주인 행세를 하고 경영권을 행사하기 위한 주식이다. 시중의 주가는 액면과는 거리가 먼 증권시장에서의 시세다. 만일 주식을 발행할 때 웃돈을 받았다면 주식발행초과금이 발생하는데 바로 자본잉여금에 귀속시킨다. 예를 들어 보자. 현재 황제주는 아모레퍼시픽주로 증권시장 시가가 무려 388만 4,000원이다. 이중 387만 9,000원이 주식발행초과금으로 자본잉여금인 셈이다. 배꼽이 배의 100배는 된다고나 할까? 이외 자본금을 감소시킬 때 액면가액보다 덜 돌려줘 생긴 이익인 '감자차익'과 같은 부류도 자본잉여금 그룹이다. 이익잉여금은 항목만 요란할 뿐 그 원천은 영업활동의 순이익이다.

자본의 막내로 가장 끝에 등장하는 '자본조정'은 그야말로 생뚱맞은 계정이다. 언젠가 그 신분이 명확하게 드러나 자본금이나 잉여금의 어느 한편에 배속되어야 하나 아직 때가 안 되어 대기실에서 지내는 무보직과 같은 뻘쭘한 존재다.

난타로 배우는 순이익 계산법

진정한 이익이냐 아니냐는 신의 영역일 뿐,
어디까지나 화폐로 표시한 화폐이익이 중요하다.

　　권투시합의 난타전처럼 마구 두드린다는 뜻을 지닌 난타는 한국 최초의 비언어 퍼포먼스다. 한국의 사물놀이를 서양식 공연양식에 접목한 이 작품은 대형 주방을 무대로 하고 있다. 요리사 세 명과 주방장한 명의 배우가 등장해 결혼 피로연을 위한 요리를 만드는 과정에서 각종 주방기구를 가지고 사물놀이를 연주한다.

　　송승환 대표는 얼마 전 1997년 10월 10일 초연 이래 17년간 51개국, 290여 개 도시, 3만 1,290회 공연에 관객 천만 명을 돌파 기념행사를 성대하게 치뤘다고 해 비상한 관심을 모았다. 놀랄 일은 관객의 70퍼센트가 외국인이라는 사실이다. 출연은 200여 명의 배우가 짧게는 4~5년, 보통 10년 간 공연했으며 소모품은 칼 1만 8,000여 자루, 오이 31만 개, 양파 12만 개, 양배추는 21만 개이고 도마만 2,000여

개가 소모되고 닳아 없어졌다. 앞으로 관객 수 1억 명 돌파가 목표일 만큼 전용관도 있고 의욕에 넘쳐 있어서 한류 보급에 절대적인 기여를 할 듯하다.

난타의 손익은 얼마일까?

대단한 기록이고 언뜻 천만 관객이면 입장료가 7만 원인 프리미엄 좌석부터 4만 원인 A석에 이르기까지 다양하지만 S석 요금인 5만 원만 어림잡아도 공연수익(매출액)은 무려 5,000억 원이나 되니 이익도 엄청날 것이라 지레 짐작할 수 있다. 과연 그럴까? 한 번 손익을 예상해보자. 공연비용은 자재대가 칼 값 등 9억 원, 인건비가 1,400억, 대관료 등이 1,595억이라고 예상하면 3,004억이 소요된다. 그래서 공연수익에서 공연비용을 차감하면 공연 총이익은 1,996억 원이 된다.

물론 공연장에만 돈이 드는 건 아니다. 한국의 사무실, 곧 본사에 상주 근로자를 두어야 하고 사무실 임차료, 판촉비와 더불어 해외 공연을 위한 항공운임과 화물운송비는 물론 난타프로그램 개발비 등도 계산해야 한다. 이 모든 것의 비용이 대충 월 6억 원 꼴이라 할 때 17년간이

| 누적 손익계산서 |
(1997년 10월 10일 ~ 2015년 1월 15일)

(주)난타
(단위 : 억 원)

항 목	금 액		
I. 공연수익			5,000
II. 공연비용			
1. 자재대		9	
1) 칼값	1.7		
2) 오이	1.6		
3) 양파	0.7		
4) 양배추	4.2		
5) 도마값	0.8		
2. 배우인건비		1,400	
3. 대관료 등		1,595	(3,004)
III. 공연총이익			1,996
IV. 본사비용			(1,224)
V. 공연순이익			772
1년분 평균 순이익			45

니 1,224억 원이나 든다는 계산이 나온다. 결국 공제할 것 다 공제하고 남은 깔끔한 평균 1년 순이익은 뒤의 표에서 보는 바와 같이 고작 45억 원에 불과하다.

"에개개! 17년간 천만 명이 관람했다는데 겨우 45억 원만 벌었단 말이야?"라고 실망하기 십상인 45억마저도 진정한 이익이냐 아니냐는 신의 영역일 뿐 어디까지나 화폐로 표시한 화폐이익이다. 화폐이익은 숫자로 표시하니 알아보기 쉽고 깔끔하다.

아무리 17년간 공연했다 해도 서비스업체는 계산이 좀 수월하다. 판매업이나 제조업은 크든 작든 골치 아픈 계산, 바로 매출원가가 추가된다.

옥돔 사장의 순이익 계산법

가령 지난 달 제주에 가서 옥돔을 샀을 때 상점 아줌마의 말에 의하면 하루 매상 100만 원 가량 돼 괜찮단다. 그러기에 아들딸을 모두 육지 대학에 보내고도 잘 지내노라는 여유있는 웃음에 놀랐다.

계산해보자. 평균 100만 원씩 25일을 계산하면 월 매출액은 2,500만이고 연 3억 원이다. 원가, 곧 수산시장의 도매상으로부터 구입한 옥돔의 값은 아줌마가 구입한 매입원가이자 나한테 판매한 2킬로그램어치 5만 원 매출의 원가이므로 매출원가라 부르는데 아마도 3만 원 정도가 되지 않을까 싶다. 여기에 임차료인 가게세, 각종 세금, 전기·수도, 기타 경비는 물론 점원 인건비를 빼고 남은 800만 원이 바로 순이익이다. 어지간한 월급쟁이 부럽잖기에 우리가 보기에 험하고 궂어보이는 데도 새벽 출근을 마다않는 것이다.

옥돔 손익계산서	
옥돔	(단위 : 천 원)
항 목	**금 액**
Ⅰ. 매출액	300,000
Ⅱ. 매출원가	(180,000)
Ⅲ. 매출총이익	120,000
Ⅳ. 영업비	(20,000)
Ⅴ. 영업이익(순이익)	100,000

성공하려면 이익계산서를 정복하라

회계에서는 진짜 이익 금액을 알기 어려워
측정이익이란 개념을 사용한다.

　손익계산서라는 말은 분명히 영어의 'Profit and Loss Statement'에서 따온 것인데 왜 손실을 앞세워 손익계산서라 했을까? 그대로 번역하면 익손계산서인데 말이다. 중국과 국교를 튼 후 우리는 지안현을 조사하고, 광개토대왕의 업적을 기리면서 고구려사를 논하고 우리는 농경민족이 아니라 기마민족이라 주장하면서 민족의 위대함을 찾으려는 노력이 줄기차다. 안타깝게도 남의 땅이 된지 오래지만 당시 만주를 지배했던 광개토대왕 같았으면 어떠했을까? 대왕이라면 당연히 익손계산서라 했을 것이고, 익(益)은 크게, 손(損)은 거의 보이지 않도록 작게 쓰거나 아예 없앴을 것이다. 이제는 우리에게 그와 같은 기상이 사라지고 잦은 외침으로 인한 소심함만 남은 것 같아 안타깝다.

　서양 사람들을 보라. 이익을 앞세워 'Income Statement'라 하며 손

(Loss)이라는 말을 아예 내동댕이쳤다. 우리 말로는 이익계산서 또는 소득계산서다. 아무리 눈 씻고 봐도 손실이라는 글자는 찾을 길이 없다. 여기에 서양 사람들의 공격적이고 적극적인 성격이 잘 드러난다. 우리의 소극적이고 방어적인 성격과는 판이하다. 이익만 목표로 삼아 죽기 살기로 뛰어다녀도 어려울 판국인데, 손실이 눈앞에 어른거리는 친구가 돈을 벌면 얼마나 벌겠는가. 이익만 내겠다고 적극적으로 뛰는 사람과 어떻게 하면 손실을 안 낼 수 있을까 하고 방어적인 태도로 움직이는 사람의 성과는 천양지차가 아닐까. 우리도 세계 15위의 경제대국이 된 마당에서는 과감히 손실을 치워버려야 하지 않을까.

손익계산서는 일정 기간 기업의 경영성과를 촬영한 동영상

눈치가 둔한 사람일수록 상대방의 맥락이나 감정 또는 여자의 속마음 헤아리기를 어려워하는 것과 마찬가지로, 진짜 이익 금액을 알기란 쉽지 않다. 이 때문에 회계에서는 이익을 계산하는 방법을 개발해 측정이익이란 개념을 사용하고 있다. 이 측정의 내역을 밝혀주는 표가 손익계산서다.

손익계산서는 일정 기간(예: 201X.1.1.~201X.12.31.) 동안 기업의 경영성과를 표시하는 재무보고서다. 손익계산서에는 수익과 비용, 당기순손익(당기순이익 또는 당기순손실)이 보고된다.

수익과 비용의 차액은 순이익인데, 지금 다루고 있는 회계기간의 이익을 특별히 강조하느라 당해 기간이란 의미의 '당기'를 붙여 '당기순이익'이라 한다. 이전 회계기간의 순이익은 '전기순이익', 다음 기는 다음 해가 아닌 차기를 붙여 '차기순이익'이다. 예상대로 수익이 비용보다 많다면 이익을 본 것이고 반대면 손실이 발생한 것이다. 순이익이 우변에 있다는 말은 그만큼 자원의 원천이 되어 상대방인 자산계정에 현금성 자산, 재고자산 아니면 각종 유가증권 등 어떤 형태로든 살아 있다는 의미다. 어느 자산에 묻혀 있다고 꼬집어 말하기란 쉽지 않다. 손익계산서는 그러한 용도의 보고서가 아니고, 수익과 비용의 내역을 한눈에 보여주면서 "차이가 이렇게 나니 이게 곧 이익입니다"라고 밝히려는 데 그 목적이 있다.

손익의 구분계산

회계에서는 어떤 거래든 성질에 따라 알기 쉽게 구분한다. 손익계산서도 내용과 성격별로 가급적 알아보기 좋게 나눈다. 예컨대 졸부들의 불로소득은 땀 흘려 번 근로소득과는 달리 취급한다. 대학에서 강의하고 월급으로 받는 소득과 외부에서 원고료나 책의 인세 등으로 버는 수입은 그 성격이 다르다. 강의료는 본업의 소득이지만 원고료는 부업의 소득인 것이다.

이익계산도 이와 같이 구분한다. 우선 크게 영업활동과 영업외활동으로 구분한다. 영업활동이란 정관에 기재된 사업 목적의 활동을 말한다. 전자회사가 반도체와 가전제품을 판매해 얻은 매출액은 영업활동으로부터 얻어진 수익이다. 이에 반해 여윳돈이 있어서 잠깐 채권에 투자해 이자가 생겼다면 부수적인 활동, 곧 영업외활동으로부터 얻어진 수익이다. 반대로 은행이나 금융회사가 받는 이자는 '영업수익', 농장에서 재배한 친환경 농산물을 처분해 꽤 많은 판매대금이 생겼다면 이거야 말로 '영업외수익'으로 본다.

불로소득은 어떻게 되는가? 개인에게도 땅만 사놓고 가만히 앉아서 땅 투기 바람으로 쌓게 된 부나 복권에서 생기는 횡재 같은 것은 특별한 이익이 된다. 기

불로소득(不勞所得)

직접 일을 하지 않고 얻는 수익으로, 이자나 배당금, 지대 따위를 통틀어 이른다.

업에서도 마찬가지로 예상하지 않은 상당한 이익이 생긴다면 특별이익이라 하여 따로 분류한다. 이와 같이 제대로 된 손익을 파악해야 한다는 의미에서 손익을 성격에 따라 까다롭게 몇 그룹으로 나눈다. 이를 '손익의 구분계산'이라 한다.

이익을 내용에 따라 구분하여 살펴봄과 동시에, 부부동반처럼 수익이 있으면 관련된 비용을 반드시 동반시킨다. 이 부부동반을 회계에서는 '수익·비용 대응의 원칙'이라 부른다. 부부란 남녀 짝이 어울려야 하는데, 손익계산서에도 이와 같이 수익과 비용이 정답게 짝을 짓는다. 게다가 궁합을 맞춰 짝 짓는다. 매출액과 같은 영업수익에는 제1파트너로 매출원가(판매된 제품이나 상품의 원가)를, 다음에는 제2의 판매비와 관리비 같은 영업비용을, 영업외수익에는 영업외비용을 짝지운다.

이익을 구할 때는 1단계로 '매출액 - 매출원가 = 매출총이익'을 계산한다. 매출총이익이란 상품의 판매로 얻은 총 이윤이다. '대체로 20퍼

센트 남짓'할 때 20퍼센트에 해당하는 금액이다. 다음 2단계로 매출총
이익으로부터 판매비와 관리비(영업비)를 빼면 영업이익이 된다. 영업
이익이란 영업비까지 빼낸 영업활동의 결과라는 의미다. 본래 내걸은
주된 영업의 성적표다. 3단계는 영업이익에 영업외수익을 더하고 영
업외비용을 빼 참신한 이익을 구하고자 한다. 종전에는 이를 경상이익
이라 하여 CEO의 업적을 평가하는 잣대로 많이 사용했으나, 요즘은
쓰지 않는다. 참고로 은행에서 많이 쓰이는 경상이익은 늘 발생하는
이익을 말한다. 영업외수익이란 부수적인 이익, 사업 목적 외의 수익
을 말한다. 영업외비용은 본래의 목적 외로 소비되는 부수적인 비용이
다. 반면 제조업이라면 생산과 판매 이외에는 모두 영업외손익이다.

| 손익계산서 |

제2기 : 2013년 1월 1일부터 2013년 12월 31일까지
제3기 : 2014년 1월 1일부터 2014년 12월 31일까지

○○주식회사 (단위 : 백만 원)

계 정 과 목	제 2 기	제 3 기
Ⅰ. 매출액	35,000	40,000
Ⅱ. 매출원가	(21,000)	(24,000)
Ⅲ. 매출총이익	14,000	16,000
Ⅳ. 판매비와 관리비	(12,000)	(13,000)
Ⅴ. 영업이익	2,000	3,000
Ⅵ. 영업외수익	1,000	1,200
Ⅶ. 영업외비용	(2,400)	(3,300)
Ⅷ. 법인세차감전계속사업이익 (경상이익)	600	900
Ⅸ. 법인세비용	(200)	(300)
Ⅹ. 당기순이익	400	600

임대소득만으로 매일 골프나 즐기고 해외여행 등으로 흥청거리는 사장님이 있다. 큰 건물이 종로와 강남에 각각 한 채씩 있는데 임대료 수입이 짭짤하다. 그러다 강남 건물을 8월에 처분했다. 당연히 세무신고나 손익계산서에는 소득이 확 줄었다. 어찌된 일일까? 매출 누락이 아니다. 엄밀히 말하면 종로는 임대사업이 지속되나 강남은 중단된 탓이다.

이렇듯 굳이 손익을 보고해도 계속 이어갈 사업과 중단된 사업을 나누라고 주문한다. 그리하여 영업이익 다음에는 옛날 쓰던 경상이익 대신에 이름도 길고 마뜩찮은 '법인세차감전계속사업이익'이란 이름으로 손익을 나타낸다. 비록 처분하여 지금은 남의 건물이 되었지만 강남 건물에서도 7월까지는 임대소득을 올린 만큼 '중단된 사업이익'이라고 별도 보고하여 이용자에게 "매출 누락이 아니구나!"를 이해시킴과 동시에 "내년부터는 종로만 머릿속에 그리십시오!" 하고 예측을 용이하게 하려는 것이다. 그 후 최종 단계로 법인세비용을 빼는데 이처럼 뺄 것을 몽땅 정리한 후의 이익이 당기순이익이다. 법인세면 그냥 법인세지 까탈스럽게 법인세비용은 뭐냐고 따질 수 있다. 법인세는 그 자체 말고 지자체의 재정 수입을 위한 지방소득세와 같은 군식구도 있으므로 이들을 함께 묶어 법인세비용이라 부른다.

수익과 수입, 비용과 지출

수익이란 발음이 잘못된 것인지 "수입이 신통하지 않느니 어쩌니"

하는 말을 자주 듣는다. 보통 사람들이야 아무렇게나 말해도 탓할 게 아니지만 애매한 표현을 가장 싫어하는 회계에서는 눈총 받을 일이다. '수입'은 현금의 유입을 말하는 것이고, '수익'은 고객에게 재화나 용역을 제공한 대가로 손익계산서에 오르는 이름이다. 수익 가운데는 현금

탈세(tax evasion)

납세의무자가 세법을 위반하여 납세의무를 회피하는 행위를 말한다.

절세(tax saving)

세법에서 인정하는 범위 내에서 세액을 경감하려는 합법적 행위를 말한다.

수입도 있지만 외상도 많다. 구태여 수익이 아니더라도 남의 돈을 꾸거나 외상값을 현금으로 받아도 수입은 이루어진다.

비용도 마찬가지로 현금의 지출과 혼동할 때가 많다. 비용 중 유달리 현금의 유출, 곧 현금이 밖으로 나간 것에 한해 '지출'이라 일컫는 것이다. 다만 비용 가

운데 현금으로 지출된 것은 당연히 포함되지만, 빚을 갚는다든가 현금으로 물건을 살 때에도 지출은 이루어지므로 조심할 필요가 있다.

요컨대 수입이나 지출은 금전출납부나 현금수지표 같은 데에서 사용할 수 있고, 손익계산서 아니 이익계산서의 근처에는 얼씬거릴 수 없다. 용어도 고만고만하고 여러 차례 나누어 보고하므로 까다로울 수 있으나, 모두 회계정보를 보다 유익하게 제공하기 위한 다독거림으로 귀엽게 여겨야 할 것이다.

쉽게 배워서
바로 써먹는
이야기 회계
06

진정한 이익은 어떻게 얻어질까

결국 여러 회계 방법을 허용함으로써
상당한 재량을 부여하는 애매함이 문제다.

오너 사장과 전문경영인은 같은 경제활동을 두고도 각각 다른 이익을 기대하는 경우가 많다. 똑같은 내용의 영업활동에 대해 오너 사장이라면 보고서에는 가급적 이익이 적게 나타나기를 원한다. 이익이 많아 봤자 세금만 더 나가는 데다가 공연히 배 아파하거나 손 벌리는 사람만 많아 여러모로 손해다. 반대로 전문경영인이라면 이익이 많은 쪽을 선호한다. 이익이 많아야 능력 있는 CEO로 인정받기 때문이다. 이익이 없다면 설사 엘리트코스를 밟은 경영학 박사라도 '경영의 지진아' 쯤으로 격하될 수밖에 없고 마침내 물러나야 한다.

오너와 전문경영인의 이익계산 차이

월급쟁이 사장은 지난날의 공적이 아무리 뛰어나도 현재 이익이 적다면 경영에 책임을 져야 한다. 이익이 나더라도 작년에 비해 그 증가율이 떨어지는 등 굴곡이 심한 것도 문제가 된다. 이익이 나되 그 곡선은 조금씩 늘어나는 모양으로 완만하고 엇비슷해야 한다. 설령 많이 낼 수 있더라도 내년의 실적을 위해 아껴두어야지 미련하게 한꺼번에 몽땅 보고할 필요가 없다. 장수하기 위해 가급적 이익을 부드럽게 하는 '이익유연화'를 은근히 원한다.

같은 사실을 두고 어떻게 신기한 재주를 피울 수 있을까? 알기 쉽게 감가상각비를 보자. 감가상각 방법으로 장부가액으로부터 일정한 비율로 공제하는 '정률법'을 살펴보면 해마다 같은 상각률(%)을 적용하니까 처음엔 금액이 많다가 갈수록 적어진다. 장부가액이라는 게 그동

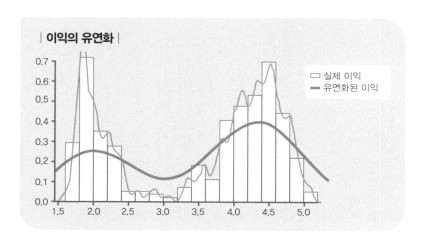

안 계산한 감가상각 금액, 바로 '감가상각누계액'을 뺀 금액이므로 줄어든 장부가액에 같은 상각률을 아무리 곱해보아야 감가상각비는 상대적으로 감소한다.

이에 비해 매년 똑같은 금액을 일률적으로 배부하는 '정액법'은 감가상각비의 금액이 언제나 같다. 이 때문에 감가상각비를 공제하고 난 후의 이익을 보면, 처음에는 정액법이 훨씬 많고 나중에는 정률법을 적용한 경우가 더 많다. 같은 매출액을 올렸어도 처음에는 정률법이 많은 비용을 올리니까 이익이 적고, 정액법은 상대적으로 이익이 많게 되는 도깨비 현상이 나타난다.

무형자산으로 분류되는 연구개발비도 그렇다. 이는 기술개발 및 연구에 소요된 비용을 처리하는 계정인데, 비용으로 모시느냐 않느냐에 따라 회계상의 이익이 확 달라진다. 섣불리 연구비로 올리면 당기비용이라 하여 손익계산서에 올라가므로 이익이 적어진다. 손익계산서에 안 올리면 어떻게 될까? 좌변에는 자산과 비용뿐이니까 비용으로 기록하지 않는다는 건 슬쩍 개발비란 자산에 붙여 보고한다는 이야기다. 개발비는 그 성과물이 최소한 몇 년간은 회사에 **캐시카우(cash cow)**로 자리매김하여 두고두고 경제적 이익을 가져오니 떨구지 말고 잘 모시라는 것이다. 이를 '자산화' 또는 '자본화'라 한다. 자본화란 비용 대신 무형자산으로 처리하는 것이므로 이익은 자연히 많아진다.

캐시카우 (cash cow)
시장점유율이 높아 꾸준한 현금수익을 가져다주는 제품이나 산업.

타이의 파타야 해변에 가면 밤에는 대개 여장 남자인 게이 쇼를 볼 수 있다. 실제로는 남자인데 얼굴도 예쁘고 가슴도 풍만해 여자로 깜빡 속는다. 옆에서 애써 남자라고 일러주지만 여자라는 생각을 떨칠 수 없을 정도로 여성 그대로의 모습이었다. 쇼 가운데 지금도 강렬한 인상을 남긴 것은 몸을 둘로 나누어 왼쪽은 남장을, 오른쪽에는 여장을 하고 여자의 모습과 남자의 모습을 야누스적으로 보여줬던 친구다. 그 모습은 그들의 슬픈 운명을 보는 것 같아 꽤 애상적이기도 했다. 연구개발비계정이 꼭 이 게이와 같다면 이상할까. 미생 같기도 하고 완생같기도 한 녀석이다. 이름도 자산을 상징하는 글자가 없이 '비(費)' 자가 붙어 있어 한쪽은 자산적 성격, 다른 쪽은 비용적 성격을 지니는 이중성을 지닌 계정이다. 자본화해서 상당 기간 동안 개발비라는 자산으로 돋보이게 할 것인가, 아니면 연구비로 몰아 손익계산서에 올려 해가 가면 사라지게 할 것인가가 문제다. 이익이 기대했던 것보다 적다면 월급쟁이 사장의 입장에서는 재신임을 받기 위해서라도 이익을 많이 낼 수 있는 개발비로 등록해달라고 부탁할 만하다. 비슷한 계정으로 건물수리비가 있다. 단순히 수리비라 해서 비용으로 떨어버릴 것이냐 아니면 건물이라는 자산에 자본화시킬 것이냐에 따라 이익은 크게 달라진다.

이익의 분식, 이익유연화

'이익유연화'는 사람들 입에 자주 오르내린다. 왜냐하면 사장들은 모두가 경영의 결과인 이익에 의해 업적을 평가받고 그에 따라 연봉과 수명이 결정되기 때문이다. 분식회계가 별 게 아니다. 이익이 조작된 회계가 바로 분식회계다. 회계처리는 법령이나 기업회계기준에 의해 이루어지기 때문에 키보드의 재량은 크게 제한받겠지만 애매한 경우도 많다. 세계 최대 에너지 회사인 엔론이 망한 것이나 제록스나 타임 워너가 회사의 이미지에 크게 손상을 입은 것도 불투명한 회계 때문이다. 현재 우리나라에서도 CEO들이 차가운 감방에서 고생하는 모습을 보게 되는데, 거의 분식회계의 유혹에 빠진 사람들이다.

돈을 들였더라도 유형자산의 기능이나 수명을 현저히 늘렸으면 자본적 지출이라 해서 자본화한 후 자산대장에 올리려 한다. 당연히 두고두고 감가상각을 통해 해마다 비용으로 올리는 회계처리다. 세무서는 이러한 처리를 매우 좋아한다. 이익이 커져야 세금을 많이 걷을 수 있기 때문이다. 어떤 회사의 회계가 엉망이어서 세무서 마음대로 세금을 매기는 '인정과세'를 시행한다면 단연코 자본적 지출로 처리해 이익을 많이 내려는 쪽으로 계산하려 들 것이다. 감가상각 방법 역시 초기라면 정률법보다는 정액법을 택하려 들 것이다.

회사가 자기 것인 소유주는 다르다. 키보드를 한껏 깨끗이 닦아 이익이 많은 쪽으로 두드려보았자 실속 없이 세금만 많이 나간다. 소유주는 한사코 비용으로 처리하는 수익적 지출로 처리하여 비용을 높임으로써 이익 금액을 낮추어 세금을 적게 내려는 성향이 있다. 감가상각비도 정률법을 더 좋아할 것은 당연하다. 이를 고려하여 세무서는 항상 착실하게 협조하는 사업가에게 당근을 선물한다. '특별상각'이라고 남보다 훨씬 많은 비용을 인정해서 적은 이익 금액을 기록하게

함으로써 세금 혜택을 많이 누리게 하도록 대접하는 수법이다. 결국은 차원 높게 세금을 더 많이 거두기 위한 사탕발림의 인센티브에 지나지 않는다. 특별상각 역시 키보드의 마술을 잘 나타낸 현상이다. 진짜 이익은 알 길이 없고 측정에 의한 회계이익만을 고집하는 천성 때문이다. 택시미터나 전광판의 숫자처럼 선명하게 '이익 얼마' 하고 나타나면 좋으련만, 측정의 오차가 아니라 여러 회계 방법을 허용함으로써 상당한 재량을 부여하는 애매함이 문제다. 진실이익을 알 수 있다면 누가 계산하든, 노트북이나 PC를 두드리든 결국 이익은 같을 테니까 이러한 현상이 생길 리 없다.

현금잔액을 이익금으로
오해한 어느 사장

회계에서의 이익이란 발생주의 회계에
기준하여 산출된 것이다.

3대째 가업을 이어 막걸리를 만들어온 명랑막걸리(주)는 올해도 막걸리 열풍에 힘입어, 세계적인 금융위기 속에서도 엄청난 매출을 기록하였다. 이렇게 된 데에는 장치한 사장의 선견지명과 탁월한 경영능력의 뒷받침이 있었다. 장 사장은 유통과정에서 막걸리의 맛이 잘 유지될 수 있도록 포장의 방법을 개선하는 데 힘을 기울였기 때문이다. 매출이 늘어가면서 시설투자를 확대하였고, 이는 매출증대로 이어졌다. 장 사장은 막걸리 맛을 점검하기 위하여 아침

부터 저녁까지 온종일 막걸리를 마시느라 저녁 늦은 시간에도 얼굴이 벌개져 집무실에 앉아 있는 때가 많다. 장 사장은 올해가 가기 전에 그동안 고생한 직원들에게 상여금도 두둑이 지급하고, 아버님이 다니시는 동네 양로원에 잔치도 크게 베풀어야겠다고 생각했다.

내년에는 시설을 대폭 확장해야겠다고 생각하며, 사업을 이만큼 번창시킨 자신이 자랑스러웠다.

이익은 났다는데 빈 통장만 남았다고?

장 사장은 잠깐 통장을 모두 모아놓고 계산기를 두드려보다가 갑자기 술이 확 깼다. 통장 잔고가 10억 원밖에 남아있지 않았기 때문이다. 이는 한 달 치 운영비도 채 안 되는 금액이다. 그동안 회계담당자로부터 올해는 약 150억 원 정도의 이익이 발생할 것이라고 보고를 받아왔던 터라, 출납 사원이 돈을 빼돌렸나 하는 의심으로 밤새 뒤척였다. 다음 날 아침, 장 사장은 회계담당자를 불러 이를 추궁하였다. 그는 눈물

구분	금액(억)	비고
❶ 총 매출	330	
❷ 인건비 등 관리비용 지출	180	비현금 비용인 감가상각비 10억 원 포함
❸ 시설투자	100	
❹ 거래처 매출채권	50	
❺ 현재 통장 잔고	10	330 − 170 − 100 − 50 = 10

| 명랑막걸리(주)의 손익계산서 |

을 찔끔거리며 다음과 같이 해명하고, 억울함을 호소하였다.

그의 해명을 듣고 보니 맞는 것 같았다. "지난 1년간 엄청난 돈을 벌었다고 생각했는데 남는 게 고작 이것뿐이라니…" 하고 한숨을 푹 쉬곤 장치한 사장은 아침부터 막걸리를 마시기 시작하였다.

과연 장 사장은 1년 동안 장사를 잘 못한 것일까? 흑자가 난 것은 분명한데, 앞으로 회사를 안정적으로 운영해나갈 수 있을까? 기업은 영업활동이 활발해 이익이 발생함에도 파산하는 경우가 있다. 이를 흑자도산이라고 하는데, 대금을 회수하지 못하거나 과도한 투자로 인하여 현금 부족, 자금이 막히는 경우다. 옛날 정(正)의 수는 검은 먹 글씨로 썼고, 부(負)의 수는 붉은 글자를 쓴 데서 흑자, 적자란 말이 유래하였다.

회계에서 이익이란, 수익에서 비용을 차감한 수치가 플러스인 것을 의미한다. 따라서 명랑막걸리㈜의 회계상 이익은 총매출 330억 원에서 인건비 등 관리비용 180억 원(현금이 수반된 관리비용 170억 원 및 10년간 사용할 시설투자에 대한 당기 감가상각비 10억 원)을 차감한 150억 원이다. 이 150억 원의 이익 중 100억 원은 시설투자비로 지출하였고, 50억 원은 거래처로부터 회수되지 않아 현금이 미확보된 상태다. 그 결과 현금 자산이 감소한 대신 비유동자산(공장설비)과 유동자산(매출채권)이 증가한 것이다. 또한, 관리비용 180억 원 중 감가상각비 10억 원은 현금 지출이 없는 비용이라 그나마 현금을 축내지 않았다. 결국 통장에 남은 돈은 10억 원밖에 되지 않는 것이다. 여기에서 시설투자로 지출한 100억 원은 앞으로 매출증대에 기여할 것이니 크게 걱정할 것이 없겠으나, 제품을 외상으로 판매한 후 미회수된 50억 원은 빨리 회수하여야 한다. 중요한 것은 회계에서의 이익이 곧 통장 잔액은 아니라는 점이다. 요컨대 발생한 이익금 150억 원은 시설투자 100억원, 채권에 50억 원이 묶여 있어 예금상황이 빈약해졌다. 말하자면 회계에서의 이익이란 **발생주의** 회계에 기준하여 산출된 것으로 현금주의 기준에 의한 현금잔액과는 차이가 있다.

남은 돈이 없다고 세금을 안 내는 것은 아니다

명랑막걸리 장치한 사장은 연말 보너스는커녕 이번 달 월급 줄 것조차 걱정스러웠다. 그 후 금주하면서 거래처로 뛰어다니며 미수금을 회수하기로 작정하였다. 사무실을 나서기 전, 경리팀장을 불러 어제 너무 다그쳐서 미안하다며 위로하고, 혹시 다른 문제는 없는지 물어보았다. 그러자 경리팀장은 어제 말씀드린 대로 올해는 약 150억 원의 이익이 발생할 것으로 예상이 되고, 법인세가 약 30억 원 정도 나올 것 같다는 보고를 받자 장사장은 '욱' 하고 갑자기 혈압이 상승하였다. "아니, 수중에 현금 한 푼 없는데 무슨 법인세를 그렇게 많이 내야 해?"라면서 장 사장은 홧김에 다시 막걸리를 마셨다.

모든 법인은 각 사업연도마다 발생한 소득에 대하여 법인세를 납부하여야 한다. 그런데 은행에서 차입한 금액이나 시설에 투자한 금액은 회계 상의 손익과는 관계가 없고, 자산이나 부채 금액에 변동을 가져올 뿐이다. 즉, 시설투자를 했다는 것은 사업으로 벌어들인 현금자산을 비유동자산으로 교체했다는 것을 의미하며, 손익과는 상관이 없다. 그러므로 시설투자로 인해 현금이 부족하더라도 이익이 발생하였다면 당연히 법인세를 납부해야 한다.

늦게라도 회계와 세법을 다소 이해했다면 장 사장은 막걸리는 그만 마시고 돈 받으러 열심히 뛰어다녀야 할 것이다.

Chapter 5

까탈스러운 회계개념
따라잡기

회계의 나침반, 기업회계기준

회계기준은 회계를 할 때 반드시 지켜야 할 여러 원칙,
회계 방법 및 요령, 재무제표의 양식 등을 열거하고 있다.

언젠가 대법관을 지낸 방순원 씨가 '재판이 스포츠를 닮아간다'라고
말해 세간의 이목을 끌었다. 재판의 경우, 소송 자료가 비등하고 법률
적 문제점이 알쏭달쏭할수록 더욱 스포츠를 닮아간다는 이야기다. 모
두 심판의 승패 선언이 나오기 전까지 그 결과를 정확하게 알 수 없어,
무엇보다 공정한 심판이 주요 관건이 된다는 점에서 비슷하다고 한다.
그 말을 들으며 언뜻 회계는 운전을 닮아간다는 생각을 했다.

닮은 점이 많은 회계와 운전

회계가 건전한 경제활동과 이해관계자의 의사결정을 돕기 위해 이
루어지고, 운전은 즐거운 여행과 건전한 교통문화를 유도하고 승객이

나 화물의 안전한 이동을 돕는다는 점에서 그 역할이 비슷하다. 운전하려면 우선 차가 필요하다. 자동차를 구입하면 취급설명서가 반드시 따라붙는다. 그 내용을 보면 안전 운전, 히터 및 에어컨 사용 요령을 비롯한 내·외부 각종 장비의 조작방법, 비상 시 응급조치 등이 포함되어 있다. 운전 경험이 많든 적든 책자에는 안전 관리 및 안전 운전에 대한 설명이 지나치다 싶을 정도로 많이 수록되어 있다. 나는 운전 경력이 30년 넘지만, 아직도 안전 운전만큼은 자신 못한다. 게다가 자동차의 각종 조작에 대해서도 대충 아는 정도다. 그 설명서가 늘 숙지해야 할 성질의 것이 아니기 때문이다. 자동차 부품에 대한 설명 역시 원만한 운전을 위한 안내 정도일 뿐 결코 자동차 공학의 차원은 아니다. 운전자로서 알아야 할 상식과 차종에 따른 해설 및 설명을 덧붙였을 뿐이다.

회계의 경우도 이와 비슷하다. 우선 기업회계기준서가 자동차 설명서, 안내서 구실을 한다. 차를 새로 구입하면 그 차의 사용법을 새로 익혀야 하듯 기준서에도 새롭게 익혀야 할 회계개념 및 처리 요령이 담겨 있다. 회계로 밥 먹고 산 지 거의 40년이 넘지만 최근의 회계기준 일체를 다 알지 못한다. 자주 변하기 때문이다. 그렇다고 늘 밤새워 공부해야 할 것도 아니니 두려워할 바가 못된다. 어디까지나 회계를 제대로 이끌기 위한 길라잡이일 뿐이기 때문이다.

회계기준은 회계의 나침반이자 이정표

회계기준은 회계를 할 때 반드시 지켜야 할 여러 원칙, 회계방법 및 요령, 재무제표의 양식 등을 열거하고 있다. 모든 사람들이 인정할 수 있는, 반드시 지켜야 할 지침이다. 미국에서는 회계기준을 **'일반적으로 인정된 회계원칙(GAAP)**'이라 부른다. '일반적으로 인정된'이란 전문가들이 합의하고 받아들였다는 의미다. 운전도 어느 정도 배워야 할 수 있듯이 회계 역시 일정한 수준만큼 공부를 한 사람들만이 이야기할 수 있는 전문분야다. 더군다나 회계를 잘 유도하기 위한 기준이야말로 전문가들이 매만지고 논의를 거쳐 합의한 것이라야 한다. 그러기에 전문가들이 대체로 받아들인다는 말을 '일반적으로 인정하는'으로 표현하고 있어 뉘앙스가 묘하다. 요컨대 'GAAP'란 우리 말로는 '기업회계기준'이며 '한국 채택 국제회계기준'이다.

일반적으로
인정된 회계원칙
(Generally Accepted
Accounting Principles)

재무제표를 작성할 때 지켜야 할
회계기준 또는 원칙을 말한다.

예전에는 단 몇 쪽의 '기업회계기준'으로 기능을 다하려 했으나 지금은 기준서, 해설서, 질의응답서 등으로 관련된 게 한 다발이나 된다. 이는 마치 소득세 하나를 놓고 볼 때 헌법의 납세의무, 소득세법, 소득세법 시행령(대통령령), 시행규칙(재경부장관령) 및 국세청장의 예규통첩까지를 한 묶음으로 이르는 것과 비슷하다. 회계기준은 회계원칙이라고도 불리며 오로지 회계라는 절차 또는 과정을 잘 이끌어 경제활동을 적정하게 표현하기 위한 회계의 나침반이자 이정표인 것이다. 앞서 말했듯 회계기준은 원칙이라기보다는 회계실무를 잘 이끌기 위해 인간이 만든 가이드라인 또는 기준이기 때문에 경제활동의 변화에 따라 합의로 바꿀 수 있다. 그러기에 새로운 기준이 마련되면 다시 익혀야 한다. 운전에 아무리 베테랑이어도 자동차가 새로 나오면 조작이나 취급법을 다시 익혀야 하는 것처럼 말이다.

회계기준연구원의 역할

회계지식깨나 있다고 아무나 회계기준을 제정해서는 될 일이 아니다. 회계가 때로는 기업의 목줄을 쥘 수 있을 뿐 아니라 자칫 국민경제 전체를 망가뜨릴 수도 있기 때문이다. 회계기준은 제대로 아는 사람만이 제정할 수 있고, 그러기 위해 끊임없는 연구가 필요하다. 그에 따라 특별히 회계기준을 연구하고자 생겨난 기관이 회계기준연구원이다. 이 연구원은 한국공인회계사회, 대한상공회의소, 전국경제인협회와 같은 각종 단체, 금융감독원과 같은 정부기관과 한국회계학회와 같은 학계 등 14개 기관이 어우러져 운영하는 특수법인이다. 각종 법률이 국회에서 제정되듯 우리나라 회계기준은 회계연구원의 회계기준위원회에서 정한다.

회계기준위원회는 연구원장과 상임위원을 비롯한 회계학계의 비상임위원 5명으로 구성된다. 회계기준위원회는 회계기준의 제정은 기본이고 개정, 때로는 해석에 관련된 일을 한다. 한마디로 회계기준에 관한 한 절대적인 위치에 있다. 업무가 중차대한 만큼 산하에는 20명의 비상임위원으로 구성된 회계기준자문위원회가 있고, 회계기준연구원장의 요청에 따라 안건으로 상정된 질의에 대한 회신안을 심의 결정하는 임무도 아울러 행한다.

회계 자체도 어려운데 그 기준까지 왜 이렇게 복잡한지 궁금할 것이다. 수십 조에 달하는 복잡한 경제 문제는 물론이고 수조 원대에 이르는 송사가 형제간 심지어 모자간에도 심심찮게 일어나는 상황에서 어설프게 처리했다간 비단 회계뿐 아니라 경제 자체도 와르르 무너질 수 있다. 연봉 수억 원대의 변호사를 거느리는 법무법인이 상당수 생존하는 이유도 다 기업 관련 송사 때문이다. 회계는 이를 뒷받침해야 하기 때문에 결코 소홀할 수가 없다.

적정의견을 경영실적이 양호한 것으로 오해한 주주

공인회계사가 적정의견을 표명했다는 것은 회사의 결산이
기업회계기준에 맞게 회계처리되었다는 의미일 뿐이다.

주식회사는 크게 주주총회, 이사회 및 감사의 3대 기관이 있다. 상법에서 주주총회란 회사의 기본조직 및 경영에 관한 중요사항을 결정하는 기관이다. 주주총회는 이사회의 결의에 의하여 소집되는데 정기총회는 매 결산기 1회 정기적으로 소집되고, 임시총회는 필요에 따라 수시로 소집된다. 주주는 1주당 1개의 의결권을 가진다. 보통 주주총회 의결은 출석 주주의 과반수와 발행주식 총수의 4분의 1 이상이 되는 수로써 이루어진다. 주주는 대리인으로 하여금 서면 위임장을 제출하고 의결권을 행사할 수 있으며, 정관에 규정이 있으면 서면결의도 할 수 있다. 이사회란 이사 전원으로 구성되는 집행기관이다. 이사회는 회의체의 기관이므로 통상적인 업무집행은 대표이사가 행하고, 이사회는 대표이사 및 이사의 직무집행을 감독한다.

마지막으로 상법상 감사는 기업의 내부감사를 맡는다. 내부감사는 회사의 재산 상황과 회계 및 이사회의 운영, 그리고 그 업무에 관한 합법성, 합목적성, 효율성 및 적정성 여부를 확인한다. 그 범위는 업무감사 외 회계감사 모두를 총괄한다.

적정의견의 본뜻은 무엇인가

주주 갑은 모든 재산을 처분하여 수익성이 좋다는 A회사의 주식을 샀다. 다행인지 주가는 1.5배로 치솟았다. 내심 판단을 잘했다고 쾌재를 부르며, 무지개 꿈을 꾸고 있었다. 그 후 결산일 즈음해 웬일인지 A사의 주가가 곤두박질치는 바람에 심장병 환자처럼 매일 가슴이 방방 뛰었다. 소문에 의하면 영업 실적이 안 좋아 상당한 결손이 발생했다는 것이다. 드디어 정기 주주총회가 열렸다. 거액의 결손이 발생한 데 대해 대표이사는 이런저런 구차한 변명을 대며 중죄인처럼 연신 고개를 숙인다. "내년에는 전 임직원이 혼연일체가 되어 반드시 전년도 수준으로 경영성적을 회복시킬 각오가 돼 있으니 주주님들께서 양해해 주실 것을 부탁드린다"라며 다시 고개를 숙인다.

주주 갑은 잔뜩 벼르고 왔지만, 대표이사의 고개 숙임에 마음이 조금 흔들렸다. 화는 나면서도 딱히 행동할 계제도 못 되고 다른 주주들도 눈을 지그시 감은 채 듣고 있는 것 같아 겨우겨우 참고 있을 뿐이다. 그때였다. 외부 감사를 맡았던 공인회계사가 회계감사 보고를 하는 데, 얼핏 '적정하다'는 말을 하지 않는가. '아니 결손이 나고 주가가 곤두박질친 상황인데 적정하다니', 주주 갑은 발언권도 받지 않은 상태에서 이런 엉터리 감사보고가 어디 있느냐며 고래고래 소리를 질렀다. 다른 주주들도 덩달아 웅성댔다. 공인회계사는 마이크를 잡은 채 연신 땀을 닦으며 주주 갑이 적정이라는 용어를 오해하고 있다고 설명하려 들었지만, 이미 회의장은 어수선한 난장판으로 변했다.

외부 회계감사의 네 가지 감사의견

기업의 재무제표는 수많은 기업의 이해관계자들이 이용하기 때문에 신뢰성이 확보되어야 한다. 하지만 경영자는 여러 이유로 인해 왜곡된 재무제표를 제공하려는 유혹을 떨칠 수 없기 때문에 공인회계사는 회계의 왜곡과 부실회계를 방지하고자 재무제표 감사를 실시한다. 외부 회계감사는 재무제표가 기업회계기준에 따라서 적정하게 작성되어 있는지를 판단해 의견을 제시한다.

감사하기 직전 사업연도 말의 자산총액이 120억 원 이상인 주식회사는 이른바 '주식회사 외부감사에 관한 법률(줄여 외감법)'에 의해 외부감사가 필수다. 재무제표(기업집단의 경우 결합재무제표, 그리고 종속회사를 가진 주식회사는 연결재무제표 포함)를 작성하여 외감법에 따라 반드시 외부 회계법인 등에 의한 회계감사를 받아야 한다. 회사의 내부감사는 신분상의 한계로 감사를 소신껏 수행하고 의견을 중립적으로 표명해야 하는 독립성 유지가 곤란하므로 반드시 외부 감사인에 의한 감사를 실시하도록 규정하고 있다. 비록 내부감사가 공인회계사라 하더라도 회사에서 월급을 받아가며 한 배를 타고 있는 한 회사를 감시하는 데는 한계가 있다는 이야기다.

공인회계사는 회계감사기준에 의거하여 감사를 실시하면 감사보고서를 작성하는데 반드시 감사의견을 표명하게 되어 있다. 이 때문에 감사인에게는 적격성, 독립성 및 신의성실의 의무가 요구된다. 그 결과 재무제표가 기업회계기준을 얼마나 성실하게 준수했는지, 왜곡이나 부실은 없는지, 어느 정도인지에 따라 적정의견, 한정의견, 부적정의견 및 의견거절의 네 가지 의견을 표명한다.

'적정의견'은 적절하다는 의미가 아닌 오직 감사 고유의 용어다. 재무제표의 모든 계정과목이 기업회계기준에 일치되게 작성되고, 독립성이 유지되었으며 감사 범위에 제한이 없을 때에 한해 표명한다. 독립성이란 감사인이 부당한 압력이나 요구에 영향받지 않음은 물론 감사 범위에 제한받지 않고 예외 없이 회계감사기준에 따라 제대로 감사했다는 증거다. 제삼자로서 중립적이고 객관적인 의견을 표명한 상황이다. 적정의견이라 해서 경영상태가 양호하다는 의미가 아니라 재무제표를 믿고 이용해도 좋다는 인증일 뿐이다.

다음으로 '한정의견'은 회계처리 방법과 재무제표의 표시 방법 중 일부가 기업회계기준에 위배되었을 경우에 표명하는 의견이다. '부적정의견'은 공시된 재무제표가 기업회계기준을 준수하지 아니하여 글자 그대로 재무제표의 신뢰성이 전반적으로 의심된다고 판단될 때 표명하는 의견이다. 끝으로 '의견거절'은 감사의견에 대한 필요한 합리적 증거를 얻지 못한 경우, 기업 존립에 관계될 정도의 중대 사항이 있는 경우, 감사의 독립성이 결여되어 있을 때 표명하는 감사의견이다. 그야말로 재무제표에 대해 이런저런 말 못하겠다는 거절의 의견이다. 최근 효성그룹의 1조 원대 분식회계처럼 수많은 분식회계를 비롯, 동양그룹의 사기성 어음 발행과 같은 회계부정이 끊임없이 발생하므로 감사의 위기라는 말도 등장하고 있다. 정부가 감사인의 독립성을 유지하기 위한 법적, 제도적 장치 마련에 골몰하는 것도 그런 맥락이다.

감사인의 자격 중 적격성은 전문적인 지식과 온건한 인성을 지녀야한다는 요청이고, 신의성실의 의무란 전문가로서 정당한 주의 의무를다하여 감사를 수행할 것이며 감사 과정에서 알게 된 피감사회사의 비밀유지 의무도 포함한다. 이를 위반할 경우 민사처벌을 받을 뿐 아니라 윤리적 책임, 나아가 형사책임도 감수하여야 한다. 다만 회계감사기준을 준수하여 감사했고, 정당한 주의를 다했을 때는 설사 부정과오류를 전량 발견하지 못하였다 하더라도 면책을 받는다. 따라서 공인회계사가 적정의견을 표명하였다는 것은 회사의 결산이 기업회계기준에 맞게 회계처리되었다는 것일 뿐 회사의 경영이 양호하고 실적이 뛰어나다는 의미는 아니다. 만일 회사의 경영이 부실하더라도 회계처리가 경영부실을 그대로 반영하고 있으면 그것도 적정의견의 대상이다.

앞의 이야기에서 주주 갑은 적정의견의 개념을 잘못 이해하고 있거나, 아니면 대표이사가 비용절감에 성공하지 못한 것을 질책하고 있는지도 모른다. 분명한 것은 감사가 질책을 받을 일은 아니다. 차제에 적정의견이라는 용어대신 적합(適合)의견이라고 하면 오해를 줄일 수도있을 것 같다.

장부 기록에는 옛날 원가가 최고

회계에서는 경영을 위해 쓰인
경제가치를 원가라고 한다.

무수한 커피회사 중 고객만족도 1위에 1,500호 점포 개점을 앞둔 커피회사라면 으레 외국산이겠거니 생각하기 쉽지만 놀랍게도 우리나라 브랜드인 이디야 커피회사가 그 주인공이다. 이디야의 문창기 대표는 IMF 때 퇴출은행이었던 동화은행의 행원이었다. 그는 잘 알려진 관계의 달인이다. 사람에 대한 그의 투자는 필설로는 이루 설명할 길이 없을 정도다. 애경상사 챙기기는 기본 중 기본이고, 노트에 깨알같이 만난 사람들을 기록하는 정성은 그야말로 백미다.

노트 한 권에 약 100명의 기록이 담긴다고 한다. 전부 여섯 권이나 된다니 얼핏 600여 명의 사람에 대한 투자 및 관리를 한 셈이다. 이 노트, 아니 이 관계는 그가 이디야 사장이 되기 전, 증권회사에 있을 때는 크게 빛을 발해 예치금 4,000억 원이라는 기록적인 고객 유치에 성공하게 된 요인이 되었다. 월 장려금으로 상상하는 것조차 어려운 금액인 4,000만 원에서 5,000만 원을 받았다는 이야기가 전해진다.

이디야로 보는 원가와 비용의 차이

사람에 대한 문 사장의 투자를 생각해보자. 600명 중 고객으로 승격한 사람은 몇 명이나 될지 모르나 이른바 성공한 투자요, 수익을 얻은 투자다. 당연히 그 이름은 빛바랜 노트에서 고급노트에 다시 옮겨 적을 것이다. 수년이 흐른 후에도 빛바랜 노트에 그냥 남아 있는 이름은 성공을 위해 대기하고 있는 잠재고객이다. 이른바 성공했으면 기성고객일 것이요, 옮기지 못한 채 그대로 남아 있다면 단순한 이름 석 자이거나 잠재고객이다. 문제는 성공을 못해도 지워버릴 수 없다는 사실이다.

기업 역시 없는 돈, 있는 돈을 투자할 때는 언젠가 수익을 올리는 데 기여하리라 기대한다. 이 돈을 회계에서는 원가라고 부른다. 만일 성공한다면 그 원가는 앞의 이디야 사장이 당당한 고객이 된 어떤 이름을 다른 노트에 옮겨 적는 것처럼, 이름을 비용이라 달리 부르고 대우도 달리하는 것이다.

비용은 손익계산서에 모신다. 묵은 노트에 남아 있는 이름은 그냥 그 이름이듯 회계에서도 원가는 그냥 원가로 해를 넘긴다. 이에 따라 아직도 노트에 그냥 있다는 뜻에서 미소멸원가라고 부르는데 이는 자산이다. 반대로 비용은 때문은 노트로부터 사라져 손익계산서라는 새로운 기록장으로 훨훨 날아가 앉았다는 뜻에서 소멸원가라 한다.

그런데 기록이란 현재의 일이 아닌 과거의 일이 되듯 투자한 돈 역시 과거의 이야기가 된다. 그게 원가이므로 과거 원가인데 하나의 과거 기록이다. 우리는 과거의 기록을 역사라고 배웠기 때문에 이 원가도 역사적 원가라 부른다.

세월 따라 달라지는 모습은 인생이나 사물이나 비슷하다. 건물, 기계 및 비품 등도 싱싱한 첫 모습이 있는가 하면 세월이 흐른 후의 낡은 모습이 있다. 회계에서 옛날의 모습을 나타내는 경제가치를 '원가(cost)'라 한다. 원가는 '역사적 원가'를 줄인 말이다. 원가는 그 옛날 거래할 때, 매매 쌍방이 합의한 교환가치다. 서로 합의 끝에 영수증까지 떼어주고 돈을 건넸기 때문에 누가 보더라도 나무랄 데 없는 원가, 곧 옛날 원가가 된다. 우리가 말하는 사물의 원가는 보통 역사적 원가다.

요컨대 원가란 경영을 위해 쓰인 경제가치다. 제품의 제조원가만이 아니라, 비품의 취득이나 판매의 증진과 더불어 본사의 관리비도 경영목적으로 소비된 경제가치이므로 원가다. 이들은 비품의 취득원가가 되고 판매원가 및 관리원가가 된다.

원가는 때때로 비용과 혼동되기도 하여 골치가 아프다. 영어로는 원가를 뜻하는 'cost'를 경제학에서는 '○○비'라고 부르는 탓으로 비용인가보다 하고 헷갈리는 경우가 많아서다. 비용은 반드시 수익이라는 성공이 동반된다. 이른바 판매원가와 관리원가는 원가이면서도 수익이라는 짝을 만났기 때문에, 비용인 판매비와 관리비라 부르는 것이다. 이들은 마치 도련님이 서방님 되듯 곧바로 손익계산서에 올라간다. 손익계산서에 올라간 원가는 사라진 원가 곧 '소멸원가'라 한다.

　손익계산서에 미처 올라가지 못하고 대기하고 있는 원가, 성공을 기다리고 있는 투자나 빛바랜 노트에 적힌 인맥은 아주 사라지지 않고 남아 있다 하여 '미소멸원가'라 하여 자산으로 취급한다.

현행원가와 현재가치의 차이

　그렇다면 역사적 원가에는 현재의 모습이 전혀 없을까? 오늘의 모습을 나타내는 원가는 현재 통용되고 있다는 의미에서 달리 '현행원가'라 한다. 현행원가란 한창 시장에서 거래되고 있는 교환가격이다. 여기에 시세라는 의미를 부여하면 시가가 된다. 시가는 오늘의 시장가치로 보통 역사적 원가를 말하는 원가와 구분하기 위해 많이 쓰인다. 혹시 시가도 현재가치와 같은 말이 아니냐는 의문을 가질 수 있다. 그 의미야 현재가치(현가)이자 현행원가다. 다만 현가라고 하는 현재가치는 글자 그대로 화폐의 현재 시점에서의 가치를 강조하고 현행원가는 현재 취득하기 위해 소요되는 경제가치를 강조하는 점이 다를 뿐이다.

　쓰임새도 약간 다르다. 현가는 미래지향적이어서 미래가치를 현재 시점의 가치로 환산할 때 쓰는 개념이다. 그에 반해 현행원가는 현재 통용되는 화폐가치 그대로를 나타낼 때 쓰는 개념이다. 가령 "10년 후 100만 원의 현재가치는 얼마인가?"라는 말은 있어도 "10년 후 100만 원의 현행원가는 얼마인가?"라는 말은 없다. 마찬가지로 "그만한 물건을 갖다 놓으려면 현행원가는 100만 원 들지"라고 할 뿐 "현재가치가 100만 원 들걸"이라고는 말하지 않는 점에 유의할 필요가 있다.

회계는 시가보다 원가를 선호

원가와 시가 중 어느 것이 더 좋을까? 나이를 먹어가면서 옛 친구가 그립고, 진한 정을 어쩌지 못하는 이에게는 변해버린 현재의 모습보다는 철부지 까까머리의 옛 모습이 더 그리울 것이다. 원가의 경우에도 옛 모습을 그리워하듯 역사적 원가를 선호하는 것이 '원가주의'이며, 이는 중요한 회계원칙 중 하나다. 보관하고 있는 친구의 옛 사진이 옛 모습 그대로이듯 원가도 교환 당시의 경제가치이고 영수증이란 증거가 있으므로 확실하고 문제될 소지가 전혀 없다.

만일 시가를 좋아한다면 '시가주의'이다. 너무나 달라진 대머리의 그 친구가 수업시간마다 맨 앞에 앉아 항상 "저요! 저요!" 하고 손들던 그 꼬마가 분명 맞는데, 왠지 딴사람 같고 동창이기보다는 사회에서 오다가다 만나는 이방인의 얼굴 같다. 마찬가지로 하나에 2~3만 원 하는 대학가 핸드백도 시가이고, 몇 백만 원도 싸다고 말하는 일류 백화점 명품 가방의 가격도 시가다. 이외에 중고품 시장까지 들먹인다면 너무나 다양한 가격으로 인해 어느 것을 진짜 시가로 인정해야 할지 그저 어리둥절하기만 하다.

가난한 서민의 주머니에 맞춰야 하나, 졸부의 허영에 맞춰야 하나, 아니면 유명 백화점을 찾는 중산층에게 맞춰야 하나. 굳이 현시점에서 새로 구입하거나 팔 것이 아니라면, 다양한 시가로 기록하여 욕을 먹느니 차라리 증거가 확실한 원가로 기록하는 게 현명하다. 원재료, 제품, 건물, 비품을 비롯한 모든 거래에 대해서는 아무리 시가가 높고 현실적이라도 본래 있던 원가를 그대로 쓰자는 입장이 있다. 시가든 원가든 처분했을 때 들어오는 돈은 같은데도 고집스레 장부에는 원가로 기록하자는 것이다. 최소한 원가로 적으면 금액이 잘못되었느니 어쩌니 하는 시비가 없다. 옛날 실제로 거래한 금액을 그대로 기록하는 것이기 때문이다.

시간이란 과거와 현재만 있는 것이 아니다. 불확실하고 막연하긴 해도 우리 모두 미래를 향하고 있으니 미래도 물론 중요하다. 그렇다면 미래원가 또한 생각해보아야 한다. 무엇이 미래원가인가? 미래의 거래나 사건에 대해 미루어 계산한 원가가 곧 미래원가다. 거래가 있었던 것도 아니고 어디까지나 미래를 추정한다는 뜻에서 '추정원가'다. 시가도 못마땅한 마당에 미래원가라고 환영받을 리 없다. 결국 장부의 기록에는 옛날원가, 즉 역사적 원가가 탈이 없다.

실속 있는 보수주의

회계에서 '보수주의'는 '있어도 없는 척,
또는 적은 척' 지내자는 사고다.

아시아, 아프리카, 유럽 및 아메리카 대륙 중 단일국가로서 큰 대륙인 동시에 매우 대조적인 나라를 꼽으라면 중국과 미국이 아닐까 한다. 둘은 사상부터 다르다. 미국은 자본주의 경제로 큰 성장을 거두었고 중국은 최근까지도 사회주의를 고수하고 있다.

그럼에도 두 나라는 땅덩어리가 커서 그런지 기질 면에서 비슷한 점이 많아 보인다. 우선 집이나 건물을 보면 외양을 별로 중시하지 않는다. 중국의 집이나 아파트를 보면 언뜻 슬럼 같다. 하지만 내부는 뜻밖에도 칠보자개로 된 가구가 눈부시게 빼곡히 들어차 있는가 하면 비싼 코냑이 수십 병 진열되어 있다. 미국 역시 건물 외양은 작아 보이는데 안으로 들어가면 의외로 넓고 오밀조밀하다. 가령 호텔 같은 곳을 가만히 보면 가로로 길게 해 겉을 크게 보이려는 우리와는 달리 전면의

가로는 좁디좁아 작은 건물같이 보이나 안에 들어가 보면 놀랍게도 세로로 길고 꽤 넓은 것에 놀란다. 조그맣게 보이던 호텔 뒤편에 별채, 큰 수영장과 넓은 홀 그리고 분수대가 그럴듯하게 놓여 있는 것은 예사다. 굳이 겉으로 드러낼 필요 없고 실속만 좋으면 그만이라는 사고다.

생활 속의 보수주의와 전시주의

이러한 사고방식은 대륙기질에서 비롯된 특성인지도 모른다. 어떻게 보면 전시나 과시보다는 자기를 충실히 지키려 한다는 뜻에서 '보수주의'가 아닌가 싶다.

타이완은 대륙의 중국인 기질이 그대로 건너갔는지 화교에 대한 수출은 아예 빼버리고, 낮은 수출액을 나타내려 한다. 홍콩, 싱가포르와 타이완 사람들은 옷차림도 소박하다. 외화가 남아돈다고 정부에서 해외여행을 장려해도 기껏해야 본토나 동남아 정도일 뿐, 여간해 알래스카 연어잡이와 같은 사치스러운 여행에는 감히 나서지 않는다. 모두가 대륙에서 건너온 보수적 기질 때문이다.

보수주의의 반대라면 진보주의라 불러야 할지 전시주의라 불러야 할지 애매하나 그 대표는 단연 우리나라를 꼽아야 한다. 나날이 시장 점유율이 높아지듯 승용차는 BMW, 벤츠 같은 외제차도 모자라 몇 억대의 마이바흐나 포르셰도 인기라는 소문이다. 나이 먹으면 소형차는 창피해서 몰지 못한다. 적어도 중형차 이상은 타야 한다. 남의 이목 때문이다. 아파트도 몇 평에 사느냐가 중요하다. 50평, 60평 심지어는

100평이 넘는 호화빌라가 심심치 않게 등장하는 것도 다 남이 알아주기 때문인지 모른다. 항상 남을 의식해서 집이나 차를 구입하고 모든 행동도 그에 맞춘다. 이와 같은 기질은 경제에도 그대로 작용한다. 경제도 가급적 부풀리고, 소비생활도 마찬가지다. 아직도 국민소득 2만 달러 대에서 허덕이고 있으면서도 소비는 3만 달러 수준 이상이다.

회계는 보수주의를 선호

회계에서 위 대륙 기질을 살릴 때 '보수주의'라고 한다. 가급적 수익은 확실한 것만 적어 알뜰하게 보고하고 비용은 모두 기록하여 만일에 대비하자는 것이다. 예상되는 부채는 하나라도 빠뜨리지 않도록 주의를 기울인다. 자산에 관한 한 "아이고, 이렇게 헐값이었나! 그 많던 재산 다 어디 갔지?"하고 피눈물 흘리며 후회하지 않으려면 될 수 있는 한 낮은 값으로 기록하는 게 상책이다. 공연한 허세나 과시는 쓰레기통에 집어던지고, '있어도 없는 척 또는 적은 척' 지내자는 사고다. 만

일 5억 5,000만 원까지 받을 수 있는 아파트 시세가 얼마냐고 물으면 '4억 원이나 받으려나'라는 식으로 한껏 낮춰 말하고 마음속으로도 이 금액으로 여

기고 있으라는 것이다. 최저로 생각하고 있다가 일이 잘 끝난 후 생각보다 남아 다소 여유 있는 편이 훨씬 편하다는 이야기다. 그렇다고 '그 돈이 어디로 달아나지는 않잖아?'라는 거다. 이는 보수주의라기보다 차라리 안전주의라고 해야 한다. 간단히 개인은 재산을, 기업은 자산을 견실하게 나타내자는 의미다. 공연히 높게 표시하다가 물거품이 되어버린 후의 뒷수습은 어찌할 것인가? 반대로 부채의 경우는 가능한 한 높게, 하나도 빠뜨리지 않고 기록해서 나중에 생각지도 않았던 부담을 안아 고생하는 일이 없도록 하자는 것이다.

이익도 가급적 낮은 금액으로 나타내는 게 좋다. 공연히 높은 쪽으로 계산하면 손 벌리는 사람만 많아 골치 아프고, 후에 속 빈 강정으로 알맹이가 작아 실망만 안게 될 것이다. 부풀려 말한 이익은 나중 제값이 안 나와 기대했던 계산이 어긋나 각종 분쟁에 얽혀들 소지가 있다. 이익이란 건 까마득하게 잊고 있다가 기대 이상의 소득처럼 굴러오는 게 훨씬 기쁨이 크다. 그러기에 예상되는 비용은 전부 적고 값이 여럿이어서 판단이 어려울 때에는 반드시 높은 금액으로 기록한다. 반대로 수익은 비록 틀림없이 들어올 예정이라도 아직 손에 확실히 잡혀 있지 않는 한 기록하지 않는 것이 바람직하다.

보수주의를 좋아한다고, 무조건 자산과 수익은 낮추고 부채와 비용을 터무니없이 높이라는 말은 아니다. '이것이냐, 저것이냐 그것이 문제로다'일 때 최대한 안전을 도모하라는 것이다. 예컨대 주식을 발행하면서 10만 원에 상당하는 물건을 받았음에도 불구하고 20만 원에 해당하는 주식을 나누어줌으로써 자산을 부풀리는 일이 있어서는 안

혼수주식(混水株式)

자산가치를 훨씬 초과하는 가격으로 발행된 주식을 말한다. 혼수주란 용어는 소를 팔기 직전 중량을 늘릴 목적으로 소금을 먹여 대량의 물을 마시게 한 데서 유래했다.

된다. 이를 주식(자본)에 물 타는 것과 같다고 어려운 말로 '**혼수주식**'이라 하는데, 회계에서는 이런 허세가 절대 용납되지 않는다. 허세 부린 후 망하면 그것으로 끝이다. 기업주는 온 집안 식구를 먹여 살리는 가장의 마음으로 기업에 딸린 수많은 가족을 생각해야 한다. 여러모로 보아 일단 건실하게 처리한 후 행여 남는 것이 있다면 그때 가서 나눠줘도 늦지 않다는 입장이 보수주의다.

쉽게 배워서
바로 써먹는
이야기 회계
05

수익을 따질 때는 실현주의로

수익은 확실히 믿을 수 있는 시점을 기준으로 기록하는 실현주의,
비용은 일이나 거래가 생기기만 해도 기록하는 발생주의를 많이 쓰고 있다.

사랑의 종착역을 무엇으로 보느냐에 따라 그 단계도 약간 달라지겠
지만, 대개 결혼해 배우자를 서로 존경하면서 알콩달콩 재미있게 사는
모습이 사랑의 실현이 아닐까. 사랑에 이르는 과정은 대개 다섯 단계
로 나눌 수 있다. 첫 단계는 상대방을 처음 알게 되는 'know', 다음은
정이 약간 들어 좋아하는 'like', 왠지 가슴이 울렁거리고 모든 게 예쁘
기만 한 'love'의 단계를 거쳐 이제는 서로를 절대적으로 필요로 하므
로 식을 올리거나 함께 살림이라도 차릴 수밖에 없는 넷째 단계 'need'
에 이른다. 마침내 서로를 존경하는 'admire'의 단계에 이르면 사랑은
완성된다고 볼 수 있다. 물론 사람에 따라서는 의견을 달리할 수도 있
겠으나 대체로 그렇다는 이야기다.

도대체 사랑은 어느 때 확인되는가? 어떤 행동을 보일 때 사랑이 실

현되었다고 말할 수 있을까? 남원의 성춘향은 이몽룡 부모님의 허락도 받지 않은 채 원앙금침에 같이 드는 것으로 사랑의 실현을 확인했다. 젊은이들은 지하철 안이나 에스컬레이터에서 수많은 사람들이 보고 있을 때 짙은 애정을 표현해주어야 사랑의 실현을 믿는다나…. 어느 때는 키스하는 정도만으로, 연인에 따라서는 깊은 원앙의 관계 또는 결혼식을 통해서 아니면 아기를 낳아야 사랑이 진짜 실현된 것이라고 믿을 수 있다는 등 그 견해도 가지가지다. 나무꾼과 선녀의 이야기에서 아기를 낳고도 훨훨 날아가버린 미완성 사랑의 전설 탓인지 요새는 식을 올리고도 사랑의 실현을 자신하지 못한다 하니 가슴이 답답하다.

수익의 실현은 판매주의 또는 인도주의로

회계에서는 어느 시점에 수익을 기록하고 손익계산서에 올려야 할까? 그 판단이 쉽지 않다. 사랑과 같이 수익도 열매 맺기까지의 과정을 '수익의 획득과정'이라 하여 몇 단계로 나눈다. 주문을 받아 원료를 사고, 물건을 만들어 소비자에게 넘겨준 후 얼마 있다가 어음을 받는다. 그리고 시일이 지나 어음이 결제되어 현금이 들어오면 이 돈으로 다시 원료를 사고, 가장 처음의 단계로 되돌아간다. 이 과정이 수익의 획득과정이며 영업이 이루어지는 한 끝없이 되풀이된다. 이 과정은 수레바퀴처럼 돌고 돈다 하여 '영업의 순환'이라 하는데, 기업은 이를 통해 수익을 실현하고 이익을 얻는다. 도대체 수익은 언제 실현되었다고 볼 수 있는가? 주문받는 것만으로도 실현된 것인지, 아니면 생산을 완료해야 실현되었다고 말할 수 있는지 참으로 판단이 어렵다.

예를 들어 잠실 롯데제2빌딩 같은 고층건물을 건설하는 경우, 건축을 완성하면 수익은 실현된 것이 아니냐고 할 수 있다. 완공 후 혹시라도 흠을 잡아 돈을 못 주겠다고 트집 잡으면 어쩔까. 아무런 하자 없이, 잔금까지 완전히 받고 상대방에게 건물을 넘겨준 후라야 수익이 확실한 것이라고 주장한다면 덧붙일 말이 없다. 건축 이외에는 물건을 넘겨주는 시점에서 수익이 실현된 것으로 보는 수가 많다. 애써 만든 물건을 넘겨줄 때에야 그만한 믿음이 있어서가 아니겠는가. 세금계산서를 발행하여 판매한 시점으로 수익을 계산하는 것이 '판매주의'다. 판매란 고객에게 상품이나 제품을 인도하는 것이므로 '인도주의'라고도 부른다.

현금주의와 발생주의, 실현주의

물건을 넘겨주어도 나무꾼처럼 불안하다면 확실히 돈을 받는 시점에서 수익을 기록해야 할 것이다. 월부 판매의 경우에는 물건을 가져가고도 돈을 못 받아 수익의 실현을 안심하지 못하는 수가 많으므로 현금이 들어와야 확실하다. 현금을 받는 시점에서 기록하면 아무런 탈이 없다. 이를 '현금주의'라고 하는데 꼭 수익이 아니라도 거래의 성격이 어떻든 현금주의는 사후 신경 쓸 일이 없으니 널리 환영받는다.

경제란 신용이므로 경제적 사건이나 거래가 일어나면 장부에 기록해야 한다는 입장이 있는데, 이를 '발생주의'라고 한다. 마치 피서지에

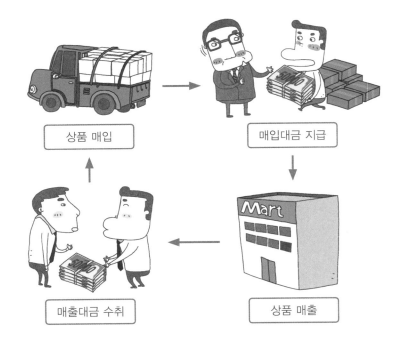

상품 매입

매입대금 지급

매출대금 수취

상품 매출

서의 사랑처럼 해변에서 만나 단 며칠 동안 같이 지낸 것만으로도 사랑이 실현되었다고 말하는 것과 같다. 발생주의는 결과가 확실치 않은 경우도 많으므로 수익의 경우에는 잘 적용하지 않는다. 비용에 한해서는 내 마음 하나로 모든 것이 결정되므로 발생주의로 기록해도 덧날 일은 없다. 이런저런 이유로 기업에서는 수익은 확실히 믿을 수 있는 시점을 기준으로 기록하는 실현주의를, 비용은 일이나 거래가 생기기만 해도 기록하는 발생주의를 많이 쓰고 있다.

수익을 적는 기준인 실현주의는 어떤 것일까? 보수주의의 입장에서 보면 거래가 발생했다는 사실 하나만으로 수익을 적다 보면 믿을 수가 없다. 외상값을 완전히 받아 입금하는 때, 다시 말하면 현금의 회수를 기준으로 기록해야 안전하다. 이렇듯 현금을 회수할 때 수익을 파악하는 입장을 '회수기준'이라 한다. 세상이 꼭 현금이 아니면 못 믿겠다고 할 만큼 야박하기만 한 것은 아니다. 금광의 경우 일단 발견만 하면 돈을 벌었다고 말할 수 있으며, 어떤 공사가 끝나면 수익이 실현되었다고 얼마든지 자신할 수 있다. 인도주의에 의해 물건을 일단 넘겨주었으면 비록 외상이라도 99퍼센트는 받을 수 있다고 판단했기에 판매한 것이므로, 현금의 회수를 기다려 수익의 실현을 늦추려 할 필요는 없다.

요컨대 수익의 실현이란 이젠 기록해도 괜찮다는 결정적인 사건을 기준으로 수익을 파악하자는 것이다. 회수주의가 가장 안전하지만 자칫하면 수익의 인식이 너무 늦어질 수 있다. 아들딸 잘 낳고 은혼식은 넘겨야 '어허둥둥 내 사랑' 한다면 조심하는 정도가 너무 지나치지 않을까.

현금이 나가지 않는 비용, 감가상각

감가상각은 유형자산의 사용기간에 취득원가를
체계적으로 배분하는 것이다.

요즈음 나는 정년퇴직을 하자마자 코치가 돼 코칭활동에 열심이다. 언젠가 학교에서 불량학생 넘버원으로 낙인찍힌 여학생을 코칭했는데, 성폭행을 당한 상처가 너무 커서 '신경언어 프로그램'이라는 방법으로 상처 지우기를 해주었더니 조금씩 밝아졌다. 그 후에는 만날 때마다 해달란다. 잊히지 않는 악몽, 끔찍한 사건을 세월 따라 상각할 수만 있다면 얼마나 좋을까. 망각(忘却)이 아니고 상각(償却)이라 하니 처음 듣는 사람은 의아할 것이다.

상각에도 방법은 여러가지

망각이란 나이가 들어 기억력이 쇠퇴하듯 대뇌작용에 의해 생리적으로 잊히는 것이다. 기억을 하고 싶어도 저절로 사라진다. 하지만 악몽이나 나쁜 기억은 아무리 애써도 잘 지워지지 않는다. 족집게로 끄집어내 내던지듯 인위적으로 없앨 수만 있다면 이는 망각이 아니라 상각일 듯하다. 세상에는 상각해야만 될 일이 있는가 하면, 상각은커녕 잊혀져 가는 기억이 안타까워 더욱 아름답게 간직해야 할 일도 많다. 아름다운 사랑의 추억이나 학창시절의 멋있는 추억은 결코 상각할 성질의 것이 아니다. 나이를 먹을수록 더 값진 추억으로 빛나기 때문에 간직할 수 있는 한 잘 보관하여 두고두고 음미해야 한다.

맺지 못한 사랑일수록 가슴 깊이 새겨진다. 비련일수록 좀체 잊히지 않는다. 치유하는 방법은 빨리 상각하는 길뿐이다. 상각의 방법은 대체로 일기장부터 시작한다. 충격이 큰 사람은 여러 권의 일기장을 한꺼번에 불 속에 던져야 할 판이다. 이때는 '일시상각'이다. 또 누구는 한 장씩 찢어 하나하나 불태우며 사랑의 추억을 곱씹으며 흐르는 눈물을 주체하지 못한다. 이른바 '정량상각'이다. 만일 종이가 금액이라면 감가상각의 정액법과 같다. 처음에는 격한 나머지 한 뭉텅이를 찢어 불에 던지고, 나중에는 점점 줄어 한 장 한 장, 드디어 맥없이 4분의 1장 정도를 조금씩 찢어 불 속에 넣는다면 '가속상각'이다. 바로 정률법에 해당한다.

한편 학창시절의 아름다운 추억을 오래 간직하려는 듯 전혀 상각할 엄두를 내지 않는 자산이 있다. 이 자산은 국회 인사청문회의 단골 메뉴인 부동산, 곧 토지다. 토지는 그 희소가치 때문에 사용가치 못지않게 경제가치가 상승한다. 운동장을 예로 들면, 아무리 험하게 사용해도 전혀 닳거나 낡지 않는 특이한 자산이다.

감가상각의 개념

회계에서 상각, 곧 유형자산의 장부가액을 점차 감소시켜나가는 감가상각은 유형자산의 사용기간(내용년수)에 취득원가를 체계적으로 배분 또는 배부하는 것이다. 물론 유형자산은 결국에는 가치가 소멸되므로, 감가상각이 그 가치의 감소와 관련이 없다고 여기나 일차적으로는 원가배분이 주목적이다. 가치 평가와는 다소 거리가 있다. 그럼에도 감가상각이라는 표현을 사용하다보니 회계 초보자는 끊임없이 가치와 연관시켜 생각하는 경향이 있다. 지극히 당연한 현상이다. 회계 초보자의 입장에서 보면 그렇게 생각하지 않는 회계인들이 오히려 이상하지 않은가? 감가(減價)라고 하고서는 가치가 아닌 원가배분이라고 주장하니까 말이다.

따라서 감가상각비 대신에 기계원가배부비, 비품원가배부비 등처럼 '○○배부비'로 고치고, 유형자산 전체적으로는 유형자산배부비, 무형자산배부비 등으로 기록하면 훨씬 이해가 쉬울 듯하다. 감가상각누계액이란 용어도 '감가상각'을 빼고 기계원가배부누계액, 비품원가배부누계액 등으로 표현할 수도 있다.

감가상각의 표시방법

상각을 필요로 하는 자산을 '상각자산'이라 한다. 상각은 왜 하는가? 돈벌이에 쓰려고 구입한 기계나 건물 등의 경우, 꼭 몇 번만 쓰고 버리는 면도기와 같이 1년 미만만 사용하고 만다면 손익계산서에 기계비 또는 건물비라는 명목으로 올리면 일도 쉽고 계산도 편하다. 그렇지만 이들이 10년, 30년간 운항했다는 어느 선박처럼 때로는 몇 십 년에 걸쳐 회사에 돈벌이를 시켜주는데 어찌 한꺼번에 없애버릴 수 있는가. 그래서 돈벌이 해준 만큼만 차변에 감가상각비라는 비용으로 올리고 대변에 그만큼 자산가액을 빼는 방법을 사용한다. 기능이 살아 있든 낡았든 회사에 남아 있는 한, 자산은 아주 사라진 것이 아니다. 그런 이유로 자산가치를 감소시킬 때 기계, 건물 등의 유형고정자산 금액을 직접 대변에서 빼지 않고 감가상각누계액이라는 이름도 고약한 계정의 힘을 빌려 간접적으로 뺀다. 이 누계액은 본래 차변으로 돌아가 해당하는 자산에 대해 마이너스로 작용한다. 이런 부류를 '평가계정'이라 부른다. 평가계정은 모시고 있는 주인계정을 갉아먹는 역할을 한다. 가령 건물 100억 원의 감가상각누계액이 10억 원이면 건물의

	감가상각누계액의 예		(단위 : 원)
건물		10,000,000,000	
감가상각누계액		(1,000,000,000)	9,000,000,000

| 내용연수 5년의 취득가액 3,000만 원인 자동차에 대한 감가상각 |

(상각방법 : 정액법)

	감가상각비의 비용배부 (손익계산서)	감가상각 누계액	감가상각 누계액의 표시방법 (재무상태표)	
1차년도	600	600	**2차년도 표시 사례**	
2차년도	600	1,200	● 차량운반구	3,000
3차년도	600	1,800	● 감가상각누계액	(1,800)
4차년도	600	2,400	● 장부가액(미상각잔액)	1,200
5차년도	600	3,000		

미상각액은 90억 원이다.

위 90억이 실제가치라는 뜻은 아니다. 실제가치는 감가상각을 한 후에도 200억이나 될 수도 있고, 부동산 시세가 없으면 80억도 될 수 있다. 감가상각이란 자산이 영업활동에 이용되었으니까 그만큼 이익 계산에 비용을 배부하자는 것이다. 따라서 다른 비용과는 성질이 다르다. 무엇보다 현금이 나가지 않는 비용이란 점에서 그렇다. 이른바 비현금비용이자 비지출비용이다. 손익계산서에 감가상각비를 넣은 탓으로 당기순이익이 형편없이 쪼그라들 때 자금마저 쪼들리는 게 아닌가 하고 지레 걱정할 필요가 없다. 오히려 이익을 줄여 세금도 절약되는 효과가 있어 비용은 비용이되 그다지 얄밉지 않은 녀석이다.

무형자산의 상각

건물, 기계장치 등과 같이 눈에 드러나는 자산과는 달리 각종 사용권 또는 무형의 경제가치인 무형자산의 경우에는 자산이면 다 자산이냐는 의미에서 구분한다. 마치 양반댁 서자가 겪는 설움과 비슷하다. 아비를 아비라 못 부르듯 그 비용도 감가상각비라 부르지 못하고 무형자산상각과 같이 해당하는 자산의 이름 끝에 '상각'만 덧붙인다. 또한 실체도 없는 자산이므로 속 시원하게 주인 되는 자산의 금액에서 직접 빼버린다. 예컨대 특허권이 100만 원인데 특허권상각을 20만 원으로 한다면 비용으로서 특허권상각비 20만 원을 올림과 동시에 아예 특허권도 20만 원을 함께 뺀다는 이야기다. 결과적으로 특허권 잔액은 80만 원이 된다. 상각하는 양도 일기장을 한 장씩 찢어버리듯 정액법으로만 하라는 것이다. 설움이야 말할 수도 없겠지만 어찌하겠는가. 만져볼 수도 없고 보여줄 수도 없는 성질의 자산인 것을.

대손충당금은 대손을 위해
쌓은 적립금인가

대손충당금은 대손을 위해 쌓은 적립금이 아니라
대손 예상액을 기록한 것이다.

사업하는 친구를 오랜만에 만났다. 얼굴이 몰라보게 수척해졌다. 무슨 일이 있었냐고 묻자 손사래를 치면서 말도 말란다. 친구는 긴 한숨부터 내쉬었다. 그러고는 세상을 달관한 양 담담하게 최근 사정을 털어놓았다. 납품하고 받은 어음이 부도 처리되어 휴지 조각이 되는 바람에 망했다는 것이다. 살던 집도 처분했다는 가슴 아픈 사연이었다.

영세기업은 경영하기도 힘들지만, 영업을 한 후에 외상대금을 차질 없이 회수하는 것이 쉽지 않다. 매출실적이 좋으면 손익도 따라 좋아지지만, 친구의 경우처럼 외상으로 판매한 후에 대손이 크게 발생하면 사정은 달라진다. 대손은 외상값을 받지 못하여 발생하는 손실을 말한다. 다음의 예를 보자.

동일한 금액의 매출실적이라도 질은 다르다

디지털㈜의 2013년도 대표이사는 정치인이었으나 2014년에 문학도로 교체되었다. 2013, 2014년 매출액은 1만 원으로 동일하다. 2014년에 3,000원의 대손이 발생하였는데 이는 전액 전년도 매출채권 중에서 발생하였다. 2015년의 매출액 중에서는 전년도보다 2,500원 감소한 500원 정도의 대손이 발생될 것으로 예상된다. 만일

대손충당금이란 개념이 없다면 정치인 사장은 대손 3,000원에 대하여 책임지지 않는다. 이 대손은 2015년 발생했으므로 문학도 사장의 악업으로 보고된다. 문사장은 본인의 매출에서 발생할 대손예

대손충당금
(貸損充當金)

재무상태표의 자산 가운데 받을어음·외상매출금·대여금 등의 채권 중에서 회수불능이라 추정되는 금액을 말한다.

상액 500원 대신 자신과 상관없는 3,000원에 대하여도 책임을 부담하여야 한다. 그 결과 정 사장의 실적은 1만 원으로, 문 사장의 실적은 7,000원으로 나타는데, 만약 대표이사가 경영실적에 따라 스톡옵션 등의 인센티브를 받는다면 문 사장은 이 결과를 수락하겠는가?

거절할 것이 분명하다. 정 사장과 문 사장의 매출실적은 같지만 질적 차이가 있기 때문이다. 정 사장은 비록 1만 원의 매출실적을 올렸지만, 다음 해 3,000원이 대손 처리됨으로써 실질적인 매출은 7,000원이다. 그런데 2014년도 실적 계산에 대손을 고려하지 않다보니 정 사장의 경영실적이 과대평가된다. 손익을 합리적으로 계산하기 위해서는 대손예상액을 매출이 계산된 연도에 반영해야 한다. 이에 따라 등장한 해괴

한 계정이 '대손충당금'이다. 정 사장은 매출액 1만 원에서 대손충당금 3,000원을 차감한 7,000원의 실적을, 문 사장은 매출액 1만 원에서 대손충당금 500원을 뺀 9,500원이 성과로 보고되어야 옳다.

쌓아둔 돈으로 오해하기 쉬운 대손충당금

대손충당금은 마치 적립하는 듯한 오해를 불러일으킬 소지가 있으므로 잘 이해할 필요가 있다.

재무상태표에서는 매출채권과 대손충당금을 묶어서 표시한다. 아래의 표에서 2014년의 매출 중 4,000원이 외상매출금이라고 하면 그

현금주의 손익과 발생주의 손익 비교		
		(단위 : 원)
	2014년도	2015년도
〈외상매출과 회수관계〉		
1) 기초외상매출금	–	400
2) 당기외상매출액	10,000	10,000
3) 계	10,000	14,000
4) 대손발생액	–	3,000
5) 현금회수액	(6,000)	(9,000)
6) 기말 외상매출액	4,000	2,000
❶ **현금주의 손익**		
1) 매출액	10,000	10,000
2) 대손	–	(3,000)
3) 이익	10,000	7,000
❷ **발생주의 손익**		
1) 매출액	10,000	10,000
2) 대손충당금	(3,000)	(500)
3) 이익	7,000	9,500

아래 2015년도에는 대손충당금 계정을 쓰되 마이너스 계정이므로 3,000원을 괄호로 묶는다. 그리고 2015년도에는 외상매출금에서 대손충당금 500원을 뺀 순액 1,500원을 표시한다. 이는 '외상매출금은 2,000원이지만 이중 대손 500원이 예상되어 이를 차감한 후 현금으로 회수할 가능성이 있는 금액만 말씀드리면 1,500원입니다'는 뜻이다. 대손충당금 500원은 대손을 위하여 돈으로 충당하거나 적립한 것이 아닌, 불량기있는 채권이라고 어림잡은 금액을 나타낸다.

	2014년도	2015년도
외상매출금	4,000	2,000
대손충당금	(3,000) 1,000	(500) 1,500

얼마 전 모 조간신문에 대손충당금에 관한 잘못된 기사가 크게 실려 있어 눈에 띄었다. '상반기 은행 대손충당금 5조 4,000억 원, 순익의 2배'라는 기사 제목이었다.

'국내 은행들이 2분기 실적을 발표하면서 참담한 실적을 내놓았다. 국내 은행의 당기순이익은 1조 1,000억 원으로 지난해 같은 기간(2조 1,000억 원)에 비해 48퍼센트나 줄었다. 저금리로 인해 은행이 이자로 벌어들인 돈은 8조 7,000억 원으로 지난해에 비해 9,000억 원이나 줄었다. 여기에 기업 구조조정의 여파로 부실채권이 늘어나면서 은행이 쌓아야 하는 대손충당금도 덩달아 늘어났다. 대손충당금은 대출을 받아간 기업이나 개인이 자금난 등으로 부실화되면 은행이 떼일 것을 대비해 쌓아두는 돈이다. 충당금이 늘어나면 은행의 순익도 그만큼 줄어

든다. 국내 은행들은 대손충당금으로 1·2분기에 각각 2조 7,000억 원씩 합계 5조 4,000억 원을 적립했다. 상반기 은행 순이익(2조 8,000억원)의 거의 2배 가량을 충당금으로 쌓은 셈이다.'

기사에서 기자는 대손충당금을 너무나 단정적으로 '떼일 것을 대비해 쌓아두는 돈', '적립한 돈' 또는 '충당금으로 쌓은 돈'이라고 회계의 본 의미와 다르게 설명하고 있다. 이런 현상이 발생하는 이유는 충당금이라는 용어가 일반적으로 모자라는 것을 채우는 것으로 인식되기 때문이다. 대손충당금은 매출채권 중에서 대손이 예상되는 금액을 추정한 것이다. 다만, '대손충당금'이라는 계정이름보다는 '대손추정액' 또는 '회수불능추정액'이라 이름한다면 '쌓아 둔 돈'으로 오해하지는 않을 것 같다.

대손상각비

매출채권 등에서 회수가 어려운 것으로 예상되는 금액을 발생주의에 따라 비용으로 처리한 것을 말한다. 현금이 따르지 않는다.

'**대손상각비**'도 오해의 소지가 많다. 발생주의에 따라 손익을 계산하기 위하여 비용으로 계산하기는 하지만, 상각이라는 용어를 사용하고 있어 마치 실제 대손이 발생한 것으로 착각하기 십상이다. 감가상각비와 마찬가지로 발생주의 취지를 살리기 위한 한 방편으로 '대손예상비' 또는 '회수불능예상비'로 이해하면 좋을 듯하다.

회계의 다양한 계정

회계는 처음부터 아예 혼란의 싹을 도려내고자
명료한 용어를 개발하여 사용하는 경향이 있다.

항렬이 높으면 돌림자대로 이름 짓기가 쉽지 않다. 웬만한 돌림자는 이미 쓴 사람이 있기 때문에 맘에 든다고 다시 쓰다가는 문중으로부터 몰매 맞기 십상이다. 아들의 이름은 정승희다. '희'자 돌림인데 자칫 여자로 오인된다. 어릴 때는 겉모습도 여아 같은 데다 이름마저 승희라서 한결같이 "참 딸 둘이 어쩌면 그렇게 귀여워요"라는 말을 자주 들었다. 궁색한 나머지 전혀 다른 이름을 지은 친척은 '저 아이는 본이 다른가'라고 눈총깨나 받았다.

이연법인세자산과 이연법인세부채

경제생활을 설명하는 계정과목은 대체로 실생활과 연관 있거나 이름만으로 금방 의미를 연상할 수 있는 것을 사용하고 있으나 해괴한 이름도 꽤 있다. '이연법인세자산(移延法人稅資産)'이나 '이연법인세부채(移延法人稅負債)'만 해도 그렇다. 이게 어디 남대문 시장이나 명동의 사채 시장에서 쓰는 용어인가 싶지만 정녕 회계의 기술적 결함으로 태어난 사생아다.

회계는 기업회계기준에 맞추어 이루어지나 세금은 세법에 따라 계산해 별도 납부해야 하기 때문에 불가피하게 차액이 생겨난다. '납부해야 할 법인세액≠손익계산서에 올린 법인세비용'의 차액인 것이다. 궁여지책으로 차이가 차변에 생기면 이연법인세자산, 대변에 생기면 이연법인세부채라는 계정을 만들어 해결하고자 한다. '납부해야 할 법인세 > 법인세비용'이라면 미래의 법인세를 세무서에 미리 납부하여 차후에 법인세의 부담을 덜게 된다. 이렇게 세금을 선납한 자산을 '이연법인세자산'이라 한다. 반대로 '납부해야 할 법인세 < 법인세 비용'의 경우에는 당장은 적게 납부해 기분 좋지만 언젠가 그만큼 더 납부해야 할 부담이 있으므로 '이연법인세부채'라 부른다. '이연(defer)'이란 말은 실생활과 먼 구닥다리 경제용어다. 통장의 잔액을 이월한다는 말이 있어 비슷할 듯하지만 군이 이연이라는 말을 고집하는 게 회계의 병이다. 이월은 실물 또는 금액 등을 차기로 넘길 때 쓰지만 이연은 단지 시간을 늦춘다는 의미로 법인세의 정산을 늦춘다는 뜻이다.

충당부채란 무엇인가

회계에서 '충당부채'라 불리는 부류가 있다. 현재 확정된 것도 아니고 적립한 자산도 아니고, 궁여지책으로 급조한 계정의 하나가 충당부채다. 보통 미래의 불확실한 사태에 대비하여 비용으로 처리하는데, 어디까지나 유비무환이며 사건이나 사고가 발생할 확률이 비교적 높을 때 생겨난다.

자동차를 판매할 때는 신났으나 결함 때문에 리콜 또는 보증수리나 배상할 경우가 생기면 골치 아프다. 문제는 그 확률이 높을 때다. 빈도가 낮을 때는 보험처리하면 그만이지만 빈도가 높으면 보험회사가 받아줄 리 만무하다. 이익을 좀 낮추는 한이 있더라도 그 비율만큼을 비용으로 계산하고 언젠가 고객이 요청하면 바로 처리하겠다는 의사 표시의 계정이 필요하다. 이게 '제품보증충당부채'다. 제품보증충당부채는 제품보증비 명목으로 비용을 올리다 보니 당장은 안 일어난다 해도 불현듯 하자가 발생하여 고객이 요청하면 영락없이 갚아야 할 부채다. 확률적으로 예측 가능할 때 그 대가를 당연한 비용의 하나로 계상하는 것이며 애프터서비스를 제공해야 하므로 충당부채의 하나로 기록한다.

충당부채의 동료 중에는 '퇴직급여충당부채'가 있다. 종업원의 퇴직금 역시 언젠가는 치러야 할 금액을 미리 대비해 장래에 갚아야 할 부채로 기록해 놓자는 것이다. 제품보증충당부채와 비슷하나 그 시기가 먼 훗날일 가능성이 높다는 것만 다르다. 그러기에 제품보증충당부채

는 **유동부채**로, 퇴직급여충당부채는 **비유동부채**로 처리한다.

명료한 용어가 아쉽다

방사능 오염으로 출현한 기형동물처럼 회계용어 중에서도 어정쩡한 표현이 꽤나 있다. 대표적인 것 중의 하나가 '~성'이라는 용어다. '~성'은 스포츠 해설가가 흔히 말하는 홈런성 타구라든가 안타성 타구라는 등의 표현이다. 홈런이면 홈런이고, 아니면 단순한 안타일 텐데 홈런성은 뭔가. 홈런이란 의미인가 아니라는 말인가. 이도 저도 아니다. 홈런이라고 말하려니까 사실을 왜곡하는 사태가 발생하고, 딱 부러지게 아니라고 말하려니 타자가 섭섭할 것이라는 연민의 정이 드러난다. 차라리 '~성'으로 하여 이쪽저쪽 비위 거슬리지 않도록 하자는 얄팍한 심리다.

홈런에 못 미친다는 의미이라면 '준(準)', 영어로는 'quasi'이고 비슷하게 '차(次)'라는 의미의 'sub'라는 표현도 있을 법하다. 그러므로 준홈런 또는 차홈런은 어떨까 싶다. 확실히 아니라면 '비(非)'나 '불(不)'을 붙여 비홈런 또는 불홈런이라 함이 옳거늘 '~성'이라 해서 적당히 넘어가려는 게 우리의 태도다. 이뿐인가. 인책성 인사니 하는 말도 '~성'의 남용이다. 문책도 아니며 명예퇴진도 아닌 어중간한 인사인 것이다. 현금 그 자체는 아니나 현금에 버금가는 자산을 뜻하는 '현금성 자산'이나, 화폐로 표시된 가치가 끝까지 유지되는 자산인 '화폐성 자산'이라는 표현도 마찬가지다.

생산량에 따라 원가가 달라
지느냐를 다루는 '준고정원가'
와 '준비례원가'는 어떤가. 생산
량에 비례하지 않으면 고정원
가인 것이고 비례하면 비례
원가인데 '준~'이란 무엇일까.
'~성'을 좋아하니까 아예 고정원

가성, 비례원가성이라 하면 어떨까. 준고정원가라고 할 때, 고정원가
성보다 고정원가 쪽에 훨씬 거리가 가깝다는 것을 강조하기 위함인가.

최적이라는 말 역시 비슷하다. 보통 최적이 아닐 때는 준최적이라는
표현을 쓴다. 최적이 아니면 부적인 것이고, 이것도 저것도 아닌 중간
또는 최적에 버금가는 것이라면 '준(準)' 말고도 '차(次)', 아니 '유사'라
는 말을 붙이면 될 듯싶다. 차최적, 아최적 또는 유사최적이 그 예다.

일상생활에서 '~성'이 흔하다 보니 회계에 나타나는 '~성'도 자칫
같은 맥락으로 볼 수 있겠으나, 다양하게 쓰이기 때문에 각각 지니고
있는 정확한 의미를 파악할 필요가 있다. 아예 혼동의 씨앗이 생기지
않도록 명료한 용어를 개발하는 것도 좋은 방법일 것이다.

Chapter 6

원가가 뭐길래

원가회계, 신비의 블랙박스

'원료 → 블랙박스 → 제품'에서
블랙박스가 있는 회계가 원가회계다.

정보화사회 이전을 산업사회라고 불렀다. 산업화는 'industrializa-tion'이라는 영어에서 비롯된 말이므로 공업화라는 뜻도 아울러 지니고 있다. 공업화란 농경사회의 농업 위주에서 제조업, 즉 공업 위주의 사회로 바뀌었다는 의미다. 산업사회는 곳곳에 공장이 많이 생겨나 공업의 비중이 높다. 우리나라는 5·16 이후 몇 차례의 경제개발로 많은 공장이 들어섰다. 구로공단(현 구로디지털단지)의 산업박람회에서 공단을 소개하고 나라가 떠들썩하던 것이 엊그제 같은데, 이제 그 정도 규모의 공업단지는 화제 대상에 끼지도 못한 지 오래다. 울산공단이라든가 구미공단을 비롯해 여천공단, 광양공단 등과 더불어 각 도시마다 크고 작은 공단이 무수하고, 이제는 북한 개성공단까지 진출한 상태다. 얼마 안 되는 기간까지 감안하면 우리나라 산업화는 가히 경이롭다.

신기한 제품생산 과정

학생들의 견문을 넓힐 겸 가끔 공장 견학을 가면 재미있는 일이 많다. 포항제철에서는 분명히 원료라 해서 산더미처럼 쌓인 돌덩이 같은 걸 보았는데, 다음 공장에서는 이 가루가 빨갛게 달구어진 쇳덩어리로 변해 우리를 깜짝 놀라게 한다. 그런 후 창고를 보면 완제품이라는 커다란 두루마리 철판이 수없이 쌓여 있다. 더 큰 놀라움을 주는 곳은 석유화학 공장이다. 연료로만 알려진 액체인 석유가 어떤 경로로 가루가 되어 플라스틱이나 섬유 등의 원료가 될 수 있는지 전혀 알 길이 없고 그저 신기할 뿐이다. 이같이 원료가 제품이 되는 과정을 생산 또는 제조라 부른다.

선친께서 약주를 즐기셨으므로 선비께서는 자주 술을 담그셨고 술맛도 빼어났다. 어렸을 때 가만히 보면 쌀을 시루에 얹고 쪄서 고두밥을 만들고, 이어 누룩을 배합한 후 독에 물을 붓고 따뜻한 방에 잘 모셔두었다. 약 1주일 후 독 안에 노란 액체의 술이 고이게 되는 것이 그저 신기하기만 했다. 그 당시 고두밥이 왜 그리 맛있는지 몰래 훔쳐 먹는 고두밥만으로 배를 채운 적도 허다했다. 마침내 누룩을 섞을 때면 못 먹게 되는 고두밥이 그렇게 아까울 수가 없었다. 이것이 바로 요즘 인기인 막걸리를 제조하는 과정이다. 술의 제조만큼은 애주가를 예우하는 뜻인지 양조라 부르며 장소 역시 제조장이 아닌 양조장이라 부른다.

제품생산의 블랙박스를 설명하는 원가회계

양조는 원료인 쌀을 술이라는 완제품으로 가공하는 과정이다. 옛날 가정에서 술을 빚으면 행여나 밀주 행위로 들킬까봐 조심스러웠지만, 양조장이라면 이 과정을 투명하게 밝혀야 한다. 가령 막걸리 한 되당 얼마씩 들었는가, 다시 말해 술의 제조원가를 계산해야 한다. 제조에는 원료, 인력, 기술이 투입된다. 더불어 이것저것 돈깨나 들어간다. 이 제조에 투입된 경제가치는 모두 얼마일까? 말하자면 막걸리 1리터당 값, 제품 한 단위당 금액은 얼마일까? 이러한 계산은 단순히 앞서 설명한 회계원리만으로는 해결되지 않는다. 원료가 제품으로 만들어지는 마법의 과정, 예전에는 공업부기라 했던 제조의 블랙박스를 밝히는 회계가 필요하다. 돌가루가 철판이 된다든가 쌀이 막걸리가 되는 과정의 계산은 바로 제조원가계산이다. 블랙박스의 계산에는 별도의 계산 기구가 필요하다. 회계이되 제조원가를 산출하는 과정, 곧 공업부기가 주축을 이루는 회계가 바로 원가회계다.

| 원가회계의 영역 |

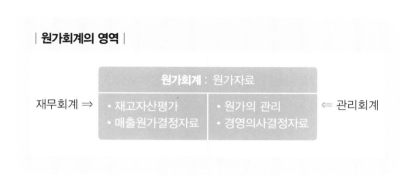

회계원리는 제조가 없는 도소매업을 중심으로 공부한다. 블랙박스가 없는 만큼 회계도 쉽고, 업종이 달라도 그 내용에는 큰 차이가 없다. 제조가 들어가면 원가 중 최고위 원가인 제조원가를 다루는 만큼 신경깨나 써야 한다. 대체로 원가회계는 경영을 위해 소비한 경제가치인 원가라면 모두 포함하므로 제조원가 외 다른 종류의 원가를 다루는 폭넓은 분야다. 예컨대 원가회계는 제조원가계산을 포함하는 기업의 결산을 비롯하여 경영의사결정을 위한 원가정보의 생산과 이용 일체를 다룬다.

한편, '원료 → 블랙박스 → 제품'에서 블랙박스가 있는 회계에 한해 원가회계이고, 그중 경영 및 관리에 이용하는 분야만 조명해 다룰 때에는 혼동을 피하고자 특별히 관리회계(managerial accounting or management accounting)라고 부른다.

농업에서는 1년에 걸친 농부의 피땀 어린 대가로 쌀이나 감자 및 과일 등이 나온다. 이는 엄연한 생산 과정이기 때문에 원가계산에 의해 감자 한 관을 생산하는 데 소요된 경제가치를 계산해야 할 것이다. 다만 제조원가라는 말 대신 '생산원가'라는 표현이 더 적절할 수 있다. 표현이야 어떻든 농산물 생산원가도 버젓한 원가회계 한 분야임에 틀림없다.

이름이 문제인 매출원가

원가가 수익이란 짝을 맞이하면 비용이 되지만
매출원가는 원가란 것이 끝에 붙어 있어 혼란스럽다.

언젠가 모 재벌 회장이 강연에서 "기업의 최고 책임자로서 조직을 운영하는 데 가장 어려운 점은 구성원들의 일체감 형성이다. 일체감 형성을 위해서는 무엇보다도 언어가 중요한 역할을 한다"라고 말했던 대목이 유난히도 기억에 남는다. 아마 이 말은 조직원들 사이의 커뮤니케이션이 중요하다는 의미일 것이다.

기업 내 수직 또는 수평의 다양한 커뮤니케이션 과정에서 빈번하게 되뇌는 경영용어 중 하나가 원가다. 원가라면 직감적으로 '줄여야 한다, 아껴야 한다'를 연상하여 문득 원가관리, 원가절감을 떠올리기 쉽다. 그럼에도 정작 원가가 무엇이냐는 질문에는 그 대답이 궁하다. 특히 비용과 어떠한 차이가 있는지를 모르는 경우가 많다.

짝을 만난 제조원가

원가는 '경영을 위해 쓰인 돈'이다. 기업의 주된 경영활동은 생산과 판매활동이다. 그러기에 공장에서 제품을 만들고 영업부에서 판매한 후 수금할 때까지 들어가는 돈은 모두 원가다. 원가이기는 하나, 특별히 물건을 만드는 데 관련된 원가가 '제조원가' 또는 '제품원가'다. 한 걸음 더 나아가 그 짝인 매출이란 수익을 올리는 데 기여한 제품원가는 더 이상 원가가 아닌 비용으로 승차한다. 이름도 매출원가로 바뀐다. 매출원가는 자칫 끝 글자가 원가라 비용이 아닌 원가로 착각하기 쉬우니 조심해야 한다.

원가계산에서는 내 돈이든 남의 돈이든 이자를 계산해야 한다. 비록 내 돈이라도 '은행에 넣었더라면 한 달 얼마씩은 보장되었을 텐데…' 라는 개념이 그것이다. 다만 자기자본의 이자는 돈이 안 나가니까 원가이긴 하나 회계처리가 되지 않아 비용에는 올리지 못한다. 어느 사회나 예외가 있는 법 아닌가. 반대로 법인세 역시 비용이나 원가와는 촌수가 멀다. 이익이 나야 수익에 짝지어지는 만큼 아예 원가 족보에 오르지 못한다.

제조원가의 구성 요소

회계 초보자는 이해하기 어려울 수도 있지만, 한 걸음 더 나아가 원가를 좁혀 제조원가만을 한정하여 이야기해 보자. 제조원가에는 직접

재료원가, 직접노무원가 및 제조간접원가가 있다. 앞서 설명했듯이 제조원가는 궁극적으로 제품이 판매된 후, 매출원가를 통해 비용화된다. 그런 탓으로 실무에서는 애당초 재료원가가 아닌 재료비, 노무비 등으로 비용을 지칭하는 듯한 용어를 사용하는 데, 이는 뜨악한 표현이다. 결국 비용이 되기는 해도 판매 이전에는 수익이 발생하지 않은, 배필이 없는 미혼상태이므로 원가라고 불러야 맞다. 제조원가를 구성하는 3요소도 '○○원가'로 고쳐야 한다. 보조부문비, 부문비 계산이란 말도 판매를 다루는 본사에서는 이렇게 쓸지라도 공장에서는 보조부문원가 및 부문원가계산이라야 착오가 없다.

　제조원가는 원자재가 투입되어 완제품이 만들어지기까지 소요된 생산원가를 계산하는 과정이다. 완성된 제품의 원가이므로 완성품원가 또는 완제품원가인데, 정확하게는 제품제조원가 또는 제품생산원가다. 기업은 제조원가명세서를 작성하여 이 제조에 관련된 원가정보를 이해관계자에게 알려준다. 흔히 공임이라 하는 노무원가는 몰딩공, 포장공을 비롯해 각종 차량 운전수 등 제조에 직접 참여한 사람들에게 지급되는 인건비를 통틀어 말한다. 재료 및 노무원가 외 일체는 제조경비 또는 제조간접원가라 한다. 주로 소모품비, 전기료, 감가상각비, 세금과 공과 및 통신비 등이다. 과연 이들 원가가 제품당 얼마가 먹혔는가를 가늠하기란 쉽지 않다. 제품생산에 기여하긴 했지만 얼마큼이라는 계산이 뚝떨어지지 않는다. 도리 없이 합리적인 기준을 정해 제조부서나 관련된 부문에 할당한다. 이것이 '원가배분'으로 어떤 원가를 원가대상이라는 원가계산 장소에 나눠주는 절차다.

원재료나 공임 등은 제품을 훑어보고 대강 어림할 수 있지만, 기타 제조경비는 공장 또는 회사마다 특성이 있으므로 가늠하기가 힘들다. 이와 같이 제품에서 원가를 가늠할 수 있느냐를 전문 용어로 '추적 가능성'이라 한다. 추적이란 어려운 말이나 GPS가 기어코 목적지를 좇아가는 것과 비슷하다. 추적 가능한 원가를 흔히 '직접원가'라 하고, 이외 추적 불가능한 원가를 '간접원가'라 하는 이유가 여기에 있다.

간접원가는 본사나 공장을 막론하고 원가가 발생하는 곳이면 항상 생기게 마련이다. 공장의 제조를 위한 간접원가만을 일러 특별히 '제조간접원가'라 부른다. 요리만 해도 요리사의 인건비는 물론 가스값이나 전기료와 더불어 기타 주방 용기에 대한 감가상각비가 든다. 한편 노무원가와 이들 제조간접원가를 '가공원가'라 한다. 가공이란 보잘 것없는 진흙을 불가마 속에 넣어 순백색의 우아한 자태를 자랑하는 백자로 전환시키는 과정이다. 가공은 일종의 전환이며, 가공원가란 바로 '전환원가'이기도 하다.

재공품과 반제품

공장에서는 원재료를 공정에 투입한 후 제품이 완성되기까지의 여러 과정이 있다. 일단 공정에 투입된 재료는 이미 다른 성질의 것, 원재료도 제품도 아닌 미생의 제품이다. 이를 테면 건물에서 꼭 1층도 아니고 2층도 아닌 M층과 같이 중간인 제품이다. 이를 공정 중에 있다 하여 '재공품(在工品)'이라고 한다. 뜸이 덜 든 밥과 같이 단 5퍼센트라도 공정이 덜 끝났으면 재공품이자 '미완성 제품'이다. 4악장이어야 완성되는 교향곡은 2악장은 물론 1, 3악장이어도 미완성 교향곡이다. 슈베르트는 고의건 타의건 미완성의 교향곡을 남겼으므로, 회계로 말하면 재공곡을 작곡했다 할 것이다. 문제는 이 〈미완성 교향곡〉이 완성 교향곡 못지않게 아름답고 들을 만하다는 데 있다.

재공품 역시 미완성인 채로 쓸 만할 때가 많다. 순두부가 완성 두부보다 더 맛있다는 데 어쩌겠는가. 재공품은 미완성이지만 판매가 가능하다. 다만 회사의 제조공정으로 보면 미생인 까닭에 완생인 완성품, 곧 제품과 구분해야 하는데, 이때 생겨난 말이 '반제품'이다. 같은 모양의 물건이라도 판매하는 입장에서 볼 때는 반제품이요, 공장 엔지니어 입장에서는 재공품인 것이다.

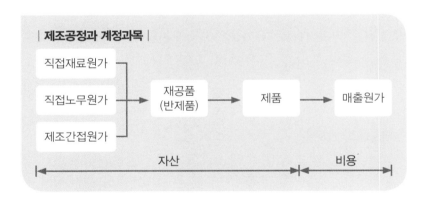

다양한 원가의 종류와 원가절감

제조가 아닌 아파트 건축이라면 아파트 제조원가지만, 일반 제품이 아니므로 원가는 원가이되 분양원가다. 정확하게는 건설원가다. 분양가와는 구분해야 할 용어다. 분양가는 '분양원가＋마진'이 아닐까 싶다. 건설회사라면 건설원가요, 특히 토목공사라면 공사원가일 것이다. 토지공사의 토지조성원가도 땅을 잘 정리하여 대지나 택지란 새로운 제품으로 전환시켰으니, 토지를 제조한 원가지만 제품의 제조와 격이 다르므로 토지조성원가라 부른다. 농부가 땀 흘려 거둔 농산물의 경우 제조원가가 아닌 생산원가가 더 어울리듯 말이다.

이야기 나온 김에 하나만 더 살펴보자. 보조부문의 원가를 제조부문에 할당할 때나, 제조부문원가를 제품에 재할당하는 것에 대해 '이때는 배부, 저때는 배분'이라 하는 등 표현이 명료하지 않은 것이 문제다. 어떤 원가이든 원가를 어떤 대상에 할당할 때에는 '원가배분'이다. 글자가 비슷하다고 분배와 동일시하다가는 큰 탈난다. 분배는 소득이나 이익과 같은 몫을 나눌 때 쓰는 경제용어다. 원가와는 거리가 멀다. 끝으로 공장에서는 '아껴야 한다'라고 할 때는 악착같이 원가관리, 원가절감이라 말하지 비용관리, 비용절감이라 말하지 않는다. 물론 본사라면 비용관리나 비용절감이 격에 맞는다.

원가절감이란 무조건 적게 소비하면 되는 게 아니냐고 우기는 측이 있기에 더더욱 원가와 비용, 그리고 원가 중에도 많은 종류가 있음을 깨우쳐야 한다. 원가절감이란 불필요한 원가를 줄이라는 말이다. 무조건 줄이고 보자는 게 아니라 필요한 원가는 적극적으로 쓰되 낭비가 되는 요소를 없애고 경영에 필요하지 않은 원가는 가능한 한 줄여 경쟁력을 높이자는 것이다.

손익을 좌지우지하는
재고자산 평가방법

재고자산이란 기업이 제조나 판매를 위해 창고에 보관한 원부자재,
소모성 재료, 판매를 위해 대기하고 있는 상품 및 제품 일체를 말한다.

1차 석유파동이 일어났던 1973년 5달러대였던 유가가 1974년에는 2배인 11달러대로 껑충 뛰어 그 충격은 '아찔' 그 자체였다. 너무 놀란 나머지 너도나도 에너지 절약운동을 벌여 사무실에서는 신문 읽기도 어려울 정도로 어둡게 지냈다.

재고자산 평가방법

왜 난데없이 석유 이야기인가 하면 재고자산 평가 때문이다. '재고자산'이란 기업이 제조나 판매를 위해 창고에 보관하고 있는 원부자재, 소모성 재료, 그리고 판매를 위해 대기하고 있는 상품 및 제품 일체를 말한다. 재고자산의 평가란 재고자산의 값을 매기는 작업이다.

기술자의 입장에서는 재고자산의 품질이나 규격 또는 색깔이 문제가 된다. 반면 원가계산에서는 석유 구입 단가가 20달러에서 60달러에 이르도록 다양한데, 일일이 단가를 확인하여 하나씩 적용해야 한다면 참으로 난감하다.

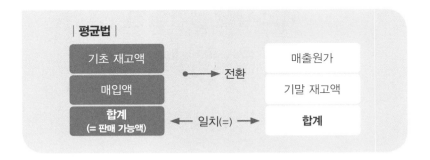

평균법

폭탄주가 무엇인가? 맥주와 소주의 혼합주다. 여러 구입원가를 굳이 몇 달러 짜리인지 따질 것 없이 20달러, 35달러, 60달러이든 폭탄주처럼 혼합하여 1리터당 40달러라는 식으로 계산한다면 이는 원가를 평균하는 것이므로 '평균법'이라 부른다. 대체로 평균법에서는 제품의 구입원가를 가중평균한 값을 적용한다.

선입선출법

친구가 경영하는 회사 가운데 바이올린, 비올라, 첼로, 그리고 콘트라베이스 네 종류의 순국산 명품만 제조하는 현악기의 명장, 심로악기라는 곳이 있다. 몇 번 견학을 가보았는데 악기의 생명이 나무라는 데 놀랐다. 현악기는 줄보다 나무로 된 공명통이 핵이다. 재질인 나무의 건조 정도가 악기의 가치를 좌우한다고 한다. 수입한 원목을 그늘에서 건조시키는 데 보통 3년 이상이 걸린다는 설명이다. 이른바 몇 천만 원 하는 명품 현악기의 생명은 줄도 아니요, 손때도 아닌 오로지 수십 년의 세월이 흐르다 보니 건조가 이상적으로 잘된 나무요, 그 나무로 만든 울림통이었다.

　나무의 건조는 장소도 영향을 미치나 역시 시간이 가장 중요하다. 악기제조용 나무는 오래된 순으로 투입될 수밖에 없다. 군대나 학생처럼 '먼저 들어온 친구가 먼저 나가는 식'으로 오래된 나무부터 사용한다. 이런 식의 단가적용이 매입순법이자, '선입선출법'이다.

　수많은 공장에서는 대부분의 원료가 대량으로 사용되며 1년이면 수십 번씩 입고되고 생산도 끝없이 돌아가는 판국에 각 원료마다 당초 구입단가를 찾아 원가계산하기란 불가능하다. 더구나 석유와 같은 액체는 말할 나위가 없다. 실제로 그런지와 상관없이 먼저 입고된 재료가 먼저 쓰인다고 가정해 구입 시기 순으로 값을 적용하면 선입선출법이라 부른다.

　비단 석유뿐 아니라 대부분의 자재는 시간이 지남에 따라 값이 오르게 마련이다. 게다가 한번 오른 물가가 내려오는 일은 개기일식이 일어나는 만큼이나 드물다. 보통 같은 창고의 재료나 상품이라도 수십 종류의 값이 있는 일은 흔하고, 최근 것일수록 비싸다. 선입선출법이란 악기 제조에 쓰는 나무처럼 원가도 값싼 옛날의 원가를 제조원가로 하고, 창고에 남는 재고는 비싼 최근의 재료값으로 처리한다. 이익을 많이 낼수록 좋은 전문경영자가 선호하는 방식이다.

후입선출법

나는 청국장을 정말 좋아해 해마다 엄청난 양을 시골에 부탁해 실컷 먹는다. 문제는 워낙 많이 주문했기 때문에 가을이 되면 묵은 청국장이 다소 남아 있다는 사실이다. 나는 새청국장을 먼저 먹고 구청국장을 나중 먹자는 주장이다. 반면 아내는 한사코 구청국장을 먹어치우고 신청국장을 먹자 한다.

만일 원가계산이라면 내 주장은 '후입선출법'을 택하자는 의견이다. 원자재의 경우라면 나중에 들어온 것을 먼저 사용하는 것이므로 후입선출법이다. 후입선출법은 재료야 어느 때 것이 쓰였든지 간에 최근의 시세를 제조원가에 반영해 원가를 현실화하자는 것이다. 원유라면 당연히 60달러짜리가 쓰인 것으로 처리하고 창고에는 항상 묵은 원가 20~50달러짜리 원유가 남아 있는 것처럼 처리하는, 즉 매입 순서와는 반대인 매입역법이다. 아내의 주장은 선입선출법을 적용하자는 것이다.

청국장뿐 아니라 학생들이 즐겨 사용하는 A4용지도 묵은 건 맨 밑바닥에 깔려 있으므로 손 닿는 대로 위에 있는 것부터 꺼내 쓰면 영락없는 후입선출법이다. 이것은 이익이 적게 계산되니 세금을 적게 내고 싶은 오너 주주들이 선호하는 평가방법이다.

개별법

제조원가를 계산할 때 실제 사용하는 재료마다 태그를 붙여 언제 구입한 것인가를 일일이 확인하여 그 값을 재료원가로 계산한다면 시비가 있을 턱이 없다. 이러한 방법을 '개별법'이라 하며, 다이아몬드와 같이 소량이면서 고가인 원료에만 가능할 것이다. 액체류의 경우는 '글쎄요'다.

초지일관, 계속성의 원칙

기초 재고액(이월상품 또는 이월 재고)에 당기 매입액을 합치면 판매가능한 총금액(판매가능액)이 된다. 이 금액은 누가 계산해도 틀림없다. 판매가능액에서 기말 재고를 차감하면 손익계산서에 표시할 매출원가가 계산된다. 중요한 것은 **기말 재고액**의 확정이다. 앞에서의 다양한 재고평가 방법에서 어떤 것을 선택하느냐에 따라서 기말 재고액이 달라지고 동시에 매출원가

	이월 상품액(구상품)
+	당기 매입액(신상품)
	판매가능한 금액
−	기말에 이월되는 상품
	당기 매출원가

기말 재고액

회계연도 말에 판매되지 않고 남아 있는 재고 금액을 말한다. 당기에는 매출원가에 포함되지 않고 이월되어 다음 기에 매출원가로 잡히게 된다.

로 배부되는 금액이 달라진다.

　손익으로 볼 때는 같은 판매라 하더라도 선입선출법은 기말 재고액이 많이 계산되므로 판매원가, 곧 매출원가가 적게 배부돼 결과적으로 이익이 많이 계산된다. 후입선출법은 반대여서 매출원가는 높은 원가가 계산되므로 상대적으로 낮은 이익을 기록한다. 어느 것이나 장단점이 있으므로 절충하자는 것이 평균법이다. 평균법은 묵은 원가와 최근의 원가를 모두 합쳐 평준화한, 균일한 단가를 반영한다.

　실적이 안 좋은 경영자의 경우 재고자산은 이익을 분식할 아주 매력적인 수단이 된다. 매출이 확정된 결산 시점에서 기대만큼 이익이 나오지 않을 때 재고자산의 평가를 은근 슬쩍 선입선출법으로 하면 당기순이익이 증가한다. 다행히 내년에 가서 이익이 호전되면 그때는 후입선출법으로 변경하면 당기순이익이 줄어든다. 얼마나 편리한 이익의 분식방법인가. 좋긴 한데 이해관계자는 회계를 '콩으로 메주를 쑨다' 해도 믿지 않을 것이다. '누이좋고 매부좋고'가 아닌 오로지 매부만 좋은 방법이다. 그러기에 회계에서는 한번 선택한 방법은 계속 지키도록 강제하고 있다. 이를 '계속성의 원칙'이라고 한다.

쉽게 배워서
바로 써먹는
이야기 회계

04

다양한 원가계산법

종합원가계산은 시멘트나 밀가루 등과 같이 동일 규격품이
연속적으로 다량 생산되는 공장에 많이 쓰이는 원가계산 방법이다.

농민들은 2015년 '쌀시장 전면 개방 정책'에 화가 단단히 났다. 2005년 가을에도 전국농협조합, 농민회와 같은 농민들의 세계무역기구(WTO) '쌀 수입 개방 반대' 시위로 연일 시끄러웠는데 말이다. 비록 513퍼센트라는 어마어마한 관세를 부과한다 해도 쌀만큼은 외국산과 도저히 경쟁이 안 된다. 생산원가의 50퍼센트나 되는 토지값, 외국의 세 배나 되는 농기계 가격이 그만 국산 쌀의 덜미를 꼭 잡고 있어 논리로는 해결이 멀다. 더구나 쌀 소득은 농가소득의 절반 이상이어서 섣불리 포기할 수도 없다. 품질을 높이면 되지 않겠는가 하지만 글쎄다. 옌볜의 쌀은 기가 막히다. 우리나라 어느 곳의 쌀 못지않게 혀를 녹인다. 캘리포니아 쌀 역시 한국인이 좋아하는 형질이다. 요즘 기능성 쌀이나 유기농 쌀을 이야기하지만, 외국의 저가 쌀이 전국 시장을 휩쓸

면 소수의 소비자로 수지타산이 맞을 리 없다. 수확이 잘되어야 소득이 많아지는 게 자명한 이치지만 쌀을 비롯한 농산물의 경우에는 들어맞지 않는다. 어찌나 수요-공급의 원칙을 잘 따르는지 수확량이 많으면 값이 떨어져 울상이고, 반대로 수확량이 적으면 적은 만큼 손해다. 행여나 나 홀로 대풍을 이루어 농협빚이라도 갚는가 싶어 흥분하면 수입으로 값을 끌어내린다. 농민들은 약이 올라도 한참 오를 수밖에 없으니, 쌀가마를 태우며 시위하는 심정이 이해가 간다.

제조원가를 총생산량으로 나누는 종합원가계산

농사원가는 어찌 되는가? 쌀의 생산원가는 어떠한가? 옛날에야 농사꾼에게 원가라는 말은 너무나 생소했다. 그저 한 마지기당 쌀 두 가마 이상이면 채산이 맞는 것이라고 여겨왔다. 요즈음 농부들은 과연 어떤 방법으로 원가계산을 하는지 궁금하다. 회계상의 분류나 원가시스템은 엉성할지라도 나름대로의 원가계산은 있다. 우선 벼는 3월경 못자리에 볍씨를 뿌리고 5월 초쯤 모내기해서 비료 주고 농약을 뿌린 후, 늦어도 11월 초까지는 타작을 하게 된다. 이 기간 동안 종자 값을 비롯해 비료, 농약 등의 재료대와 품삯이라 불리는 인건비, 양수기나 탈곡기에 드는 전기료, 경운기와 트랙터의 수리비, 그리고 꼭 감가상각이라는 말을 사용하지 않더라도 매년 기계대금을 회수하는 몫으로 얼마씩을 계산하니 이때 들어간 돈 모두가 총농사원가다.

호남평야와 같이 오직 벼농사뿐이라면 1년에 들어간 총농사원가를 총수확량으로 나누면 단위당 생산원가가 나올 것이고, 이 수량을 면적으로 나누면 한 평당 생산원가도 구할 수 있다. 이와 같이 연종합원가를 연총수량으로 나누는 방식을 원가회계에서는 '종합원가계산'이라 부른다.

종합원가계산은 시멘트나 밀가루 등과 같이 동일 규격품이 연속적으로 다량 생산되는 공장의 형태에 많이 쓰이는 원가계산 방법이다. 글자 그대로 공장 전체의 총제조원가를 공장 총생산량으로 나누어 일단위당 제품원가를 구한다. 제품이 몇 개의 공정을 거쳐 제조된다면 공정마다 원가를 계산한 후 모든 공정의 원가를 합해 전체의 제조원가를 구한다.

한 작업의 생산물을 계산하는 개별원가계산

농사에서는 농산물의 성격에 따라 계산방법이 다를 수 있으나, 그저 한 종류만 고집하는 농사에는 원가총계를 총생산량으로 나누는 종합원가계산 방법이 적당하다. 논농사는 1년마다 끝나기 때문에 전체를

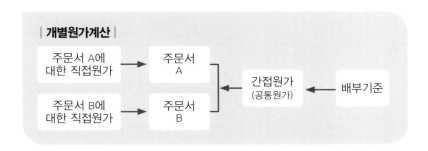

한 작업으로 보아 한꺼번에 원가를 계산하는 작업별원가계산도 가능하다. 한 작업 한 무리의 생산물에 대해 원가를 계산하는 방법을 '개별원가계산'이라고 한다. 이 방법은 맞춤양복, 대형 유조선, 가구 등과 같이 제품 하나하나를 작업하거나 공사마다 원가계산을 따로 할 때 좋다. 연속적으로 대량 생산하는 것이 아니라, 수출품과 같이 주문을 받아 일정량만 제조하고 끝내는 성격의 제품에 대한 원가계산으로 알맞다.

공정마다 원가를 계산하는 공정별원가계산

농사 하면 흔히 밭농사도 곁들이게 마련이므로 우습지만 수경재배와 같은 공장식 농법일 때는 상추공정, 딸기공정이라 부른다면 공정마다 원가를 계산하는 공정별원가계산도 가능하다. 벼농사 하나만이라면 굳이 개별원가계산이 좋은지, 종합원가계산이 좋은지를 따져본들 별 의미가 없다. 같은 논이라도 비닐을 씌워 벼 대신 상추, 오이도 심어보고, 가지가 좋다 하니 가지도 번갈아 심어본다면 이야기는 다르다.

아무리 미련해도 1년 총원가를 딸기, 오이나 상추를 구분하지 않고 모두 합한 무게를 총수량이라고 분모로 하여 단위당 원가를 구하지는 않을 것이다. 고집을 피운다면 이도 종합원가계산이라 할 수밖에 없겠지만 무슨 의미가 있겠는가. 이질적인 제품인 까닭에 딸기 따로, 오이 따로 그리고 상추에 대해 각각 원가를 구해야 개별적인 채산(원가에 비용, 이윤 따위를 더해 파는 값을 정하는 것)도 정확히 알 수 있다. 이런 경우의 원가계산은 개별원가계산이다. 채소 농사는 1년 동안 여러 번의 수확이 가능하지만 쌀의 경우에는 한 해 한 번 수확한다. 크게 보면 하나의 작업이지만, 기간이 길고 동질의 농산물로 수확이 많은 점이 다를 뿐이다. 여기에서는 어느 방법을 따르든지 단위당 농산물원가는 같다.

재공품의 완성품 환산

타이나 필리핀 같은 아열대 지방을 보면, 한편에서는 볍씨 뿌리고 바로 이웃에서는 비료를 주는가 하면, 아래에서는 벼 베기가 한창인 모습이 마치 단원 김홍도의 〈세시풍속도〉를 연상케 한다. 우리와 달리 쌀이 매월 쏟아져나오고 농사를 끊임없이 반복할 수 있다. 마치 하나의 쌀공장이다. 이때는 공장의 대량 생산체제와 같으므로 종합원가계산이 맞다.

이 경우 1년 기준으로 원가계산을 한다면 1년 내내 가마니에 담아낸 벼의 총수확량은 완성품 수량일 것이다. 연말 시점에서 아직도 논에서 자라고 있는 벼는 공정 중에 있는 제품이나 다름없으므로 이른바 재공미이자 재공품이다. 연간 소요된 총투입원가는 이 완성품과 재공품에 공통된 것이므로, 수확한 벼에 대한 생산원가만 달랑 떼어내기란 간단하지 않다. 익은 벼는 물론 덜 자란 벼를 위해서도 돈이 쓰였기 때문이다.

우리나라 농사 같으면 연말에 논에 남아 있는 벼라고는 전혀 없으니까 총투입원가가 곧 '완성품원가'다. 열대 지방의 농사에서는 총농사원가의 일부를 덜 자란 벼, 바로 재공품에 배분하는 절차가 필요하다.

공장 또한 계속 돌아가고 포장반에서는 완성품이 쉴 새 없이 쏟아져나오는데 연간 총투입원가, 예컨대 100억 원 중 과연 얼마가 완성품에 해당하고, 얼마가 재공품의 원가인가를 가늠하기가 쉽지 않다. 바로 기말 재공품 평가가 매우 어려운 것이다.

완성품과 재공품 중 어느 하나만 알면 나머지는 자연히 알 수 있다. 종합원가계산에서는 바로 이 과정이 핵심이다. 대개 재공품을 공정의 진행 비율에 맞춰 완성품 몇 개에 해당하는가를 환산한 수량에 총원가를 각 비례로 배분한다. 가령 완성품은 800개이고 400개를 위한 재공품의 완성도는 겨우 30퍼센트일 때 총수량은 920개(800+400×30%)로 보면 된다. 총원가를 920개로 나누는데, 그중 800개에 해당하는 원가가 완성품원가, 곧 '당기제품제조원가'인 것이다. 벼의 경우 개별원가계산이라면 논마다 처음부터 원가계산을 따로 한 후, 그간 벼를 거둔 논의 원가를 전부 합해 완성품원가로 하고, 아직 덜 자란 논의 벼는 무조건 재공품으로 계산하면 된다. 하지만 1년의 총원가를 한 번만 나누면 되는 종합원가계산에 비추어 논마다 원가계산을 따로 한 후 이를 다시 합쳐 완성품원가로 해야 하므로 번거롭기 짝이 없다. 논마다 참외나 고추 등 별개의 농산물이 생산된다면 부득불 처음부터 따로 구분하여 원가계산을 해야 하는데, 이때는 도리 없이 개별원가계산이다.

성질 급한 사람은 원가계산 방법이 왜 그리 까다로우냐고 뚱하겠지만 스마트폰과 같이 부품도 많고 복잡한 공정을 따르는 경우는 투입된 제조원가를 계산하려면 이 정도 수고는 각오해야 하지 않을까 싶다.

진주조개의 고민

동일한 공정으로 여러 제품이 둘 이상 생산될 때,
'결합제품' 또는 '연산품'이라 한다.

　지금이야 형제가 한두 명뿐이지만, 옛날에는 많은 형제들이 한배에서 태어나 같은 어머니의 젖을 먹고 한솥밥을 먹어가며 성장하여 가족 공동체를 이루었다. 형제자매가 열세 명이나 되어 도무지 자기가 몇 번째인지 혼동될 때가 많다고 푸념하는 친구도 있었다.

　많은 형제들이 모두 수재이고 한결같이 잘 풀린다면 무슨 걱정이 있겠는가. 형제 중 어떤 사람은 공부를 잘해 관의 요직에 진출하고, 한 사람은 공부하지 않고 허구한 날 부모 속이나 썩히고 얼렁뚱땅했는데 그 성격이 사업에는 잘 맞는지 대성해 큰돈을 벌어 효도하는가 하면, 군인으로 장군을 바라보는 사람도 있을 수 있고, 교직을 천직으로 여기는 사람도 있다. 사회에서 활동하는 분야는 달라도 모두가 같은 피를 이어받은 혈육이다.

동일한 공정에서 생산된 제품의 분류

공장에서 생산하는 제품 가운데도 한솥밥을 먹고 자라난, 곧 공동체적 성격을 지닌 것이 많다. 처음 동일한 규격, 동일한 품질의 동일한 원료를 사용해 동일한 공정을 거쳤음에도 형제가 성장한 후 각자 다른 직업을 갖듯이, 다양한 이름의 제품으로 여기저기에 팔려나간다.

이들에는 두 가지 유형이 있다. 첫 번째 유형은 제분공장에서 밀을 빻으면 가장 좋은 강력분, 다음에 중간치의 중력분, 그리고 질이 나쁜 박력분이 나오고, 끝으로 제품이라고 할 수도 없는 밀기울이 나오듯, 등급이 다른 제품이 차례로 생산되는 유형이다. 황금물이나 다름없는 시커먼 석유도 같은 예다. 원유를 정제하면 맨 처음 나오는 것이 가장 비싼 기름인 항공유이고, 다음에 휘발유, 등유, 경유 및 중유의 순으로 나오다가 마지막으로 찌꺼기인 피치가 나온다. 각 기름은 한결같이 연료로 쓰이나 중유만은 기계의 마찰을 부드럽게 하는 데 사용되고, 부산물인 피치는 아스팔트의 원료가 된다. 이들 기름은 철저한 등급제품 중 하나다.

두 번째 유형은 한집안에서 함께 자랐으나 쌍둥이처럼 누가 형이고 동생인지를 잘 모르겠다는 식의 유형이다. 우유를 가공하면 카세인이나 유청 등 비슷한 제품이 동시에 생산된다. 같은 공정을 거쳤으나 우열을 가릴 수 없고 어느 것이 중요한 제품인지 분간이 어렵다. 피라미를 잡으러 냇물에 갔는데 그물에 모래무지나 메기도 많이 잡혔다면, 둘 다 맛있으니 굳이 어느 것이 더 나을까를 가려서 매운탕을 따로 끓

일 필요가 없다. 한 냄비에 끓여서 더 맛있게 먹으면 그만이다.

이와 같이 한솥밥을 먹고 자라나 모두가 사회에서 한몫을 담당하는 경우, 즉 동일한 공정을 거쳐 여러 제품이 동시에 둘 이상 생산될 때, 이들을 결합제품 또는 연산품이라 하고 소요된 생산원가도 '결합원가' 또는 '연산품원가'라 부른다. 연산품은 모두 동일한 재료를 투입해 동일한 공정을 거친 후, 어느 시점에 가면 형제들이 장성하여 갈라지듯 각각의 별개 제품으로 갈라진다. 이를 헤어지는 시점이란 의미에서 '분리점'이라 부른다.

결합제품 또는 연산품원가계산

연산품은 처음 투입될 때부터 같은 원료를 사용했고, 같은 공장에서 같은 과정을 거치기 때문에 같은 혈통이지만, 팔려나가는 방향이 각각 다르다. 그러므로 제품마다 원가계산을 따로 해야 하는데, 각 제품에 부여할 가중치가 필요하다. 말하자면 분리점까지 발생한 재료 및 인건비 등 공통의 총제조원가, 곧 결합원가를 어떻게 개별제품에 배분할 것이냐 하는 문제가 발생한다. 대개는 상대적 시장가치를 기준으로 하나 물량 단위를 기준으로 할 수도 있다. 마치 예전 상속법대로 부모가 남긴 유산을 장남은 2분의 1, 차남은 그의 2분의 1, 그리고 출가한 딸은 차남의 4분의 1 하는 식으로 나눌 것이냐, 아니면 일률적으로 5남매이니 각각 5분의 1씩 공평하게 나눌 것인가가 문제다. 연산품원가계산에서는 어떤 기준이 결정되면 결합원가를 이 기준에 따라 개별제품에 배분하고 추가되는 원가를 각각 더해 최종 제품원가를 구한다.

그간 한집안에서 살다가 결혼으로 분가해 나갈 때까지의 성장에 소요된 원가는 모두 공동체원가라 할 수 있다. 회계에서는 공통원가 또는 결합원가라 부르며 일정한 기준을 마련하여 각 제품에 배분한다. 원가야 아무러면 어떠냐는 식으로 수익성이나 마진이 좋다면 원가배분에 그리 신경 쓸 필요가 없다. 의외로 판매가 신통치 않아 가격이라도 낮추어야 할 처지라면 공통원가의 배분은 까다로워진다. 좀 더 정확하게 배분될 수 없느냐는 시비가 인다.

어떤 기준을 사용해야 좋은지의 문제로 담당부서는 항상 옥신각신한다. 대개는 '순실현가치'를 기준으로 한다. 순실현가치란 순수하게 손에 거머쥔 돈이다. 판매가격으로부터 수수료나 운임 등 판매에 소요된 비용, 일체를 공제하고 난 금액이다. 이 방법은 돈 잘 버는 제품이 원가를 많이 부담하자는 의도를 갖고 있다. 막내라도 돈을 많이 벌면 집안일이 생겼을 때 많이 내고, 맏이긴 하나 가난하면 형편에 맞게 조금 내자는 것과 같은 취지다.

결합원가의 배분은 공장에만 해당되는 일이 아니다. 본사의 경우도 각 영업부에 할당되는 회사의 공통원가가 있다. 이 원가가 각 사업부에 배분되면 월차 손익에 많은 영향을 미치므로, 가끔 각 부서 간에 날카로운 실랑이를 일으킨다. 이 역시 회계인의 자의가 작용할 수 있어서 발생하는 문제다.

진주냐 조갯살이냐

정말 신도 질투할 만큼 빼어나게 잘난 형제가 있는가 하면, 유독 막내 하나만은 한글이나 겨우 깨치는 등으로 부모의 가슴을 미어지게 한다면 내 자식이 아니라 할 수도 없고 어떡할까…. 자식은 다 같은 자식이건만 외부에 이야기할 때는 쏙 빼고 잘난 형제만 들먹거린다면 못난 형제는 뭐라 불러야 하는가? 연산품을 생산하는 과정에도 훌륭한 제품이 있는가 하면 등급 이하의 제품도 나오게 마련이다.

그중 회사가 사업 목적으로 하는 제품은 주산물 또는 주제품이라 한다. 반면 밀기울이나 피치와 같이 생산과정에서 부수적으로 얻어지는 못난 산물을 부산물이라 한다. '주'나 '부'냐의 구분은 어디까지나 산물의 경제가치에 따를 뿐 절대적인 것은 아니다.

대개 조개를 양식한다면 조갯살을 얻으려는 목적이 일차적인데 반해, 진주조개의 경우에는 보석인 진주를 얻으려는 것이므로 진주가 주산물이다. 만일 진주조개의 살이 꽤 맛이 있어서 이게 더 잘 팔린다면 당당한 하나의 제품으로 승격된다. 보석인 진주나, 조갯살이나 다 같이 경제가치로 보아 우열을 가릴 수 없으면 연산품이다. 이는 해변에서 전복을 보고 껍질이 탐나 사려 하면 그게 더 비싸다고 역정을 내는 아주머니를 생각하면 이해될 일이다. 하지만 조갯살이 맛도 없고, 기껏해야 목장에서 사료로나 쓸 생각으로 헐값에 가져가는 실정이라면 격이 낮으니 부산물에 불과하다.

효율적인 원가관리, 표준원가계산

원가관리에서 달성하고자 하는
이상적인 원가가 곧 표준원가다.

　　노무현 정부가 들어선 이후 서울대 때리기, 강남 때리기, 삼성 때리기의 3대 때리기가 크게 부상했었다. 도대체 무엇이 삼불, 삼기피, 삼혐오를 자아내는가. 모르긴 해도 대학입시 때문에 파생된 기현상이 아닐까 싶다. 강남에 가면 학군이 좋으니 서울대에 많이 입학하고, 서울대를 졸업하면 자연 일류기업인 삼성에 취직이 많이 된다. 강남, 서울대, 삼성은 최인호 씨가 《상도》에서 말하는 정(鼎), 그야말로 삼발이요, 삼각이다. 이 정은 일류라는 것 외에 사회의 상류를 형성하는 진원지라는 점에서 교묘히 상승작용한다.

　　원흉은 대학입시다. 기껏 아이를 좋은 학교에 보내고자 강남으로 이사 갔더니 일류대학은커녕 서울 소재 대학도 힘들겠더라. 차라리 강북에 그대로 눌러 있었더라면 "수시로 웬만한 대학쯤 거뜬히 들어갈 수 있었는데…" 하고 후회할 지경이 되어보라. '대치동 학원가도 입시에 전혀 도움이 안 되더라'는 식으로 강남의 효험이 무에 가깝다면 어찌 될까? 강남의 부동산 값은 저절로 해결될 터다.

집안에 고3 학생이 있으면 온 식구가 비상체제다. 텔레비전은 물론, 손님이 와도 시끄러울까봐 얼른 보내든가 밖으로 나가 이야기를 나누어야 하며, 기침소리는 물론 말소리도 조심해야 한다. 일단 고3이 되면 학교에서는 매월 모의고사를 통해 학생들의 학력을 관리하는데, 이 또한 기막히다. 이른바 학력평가표라는 이름의 성적표가 매월 원하는 학과의 합격 가능성을 예측하고, 각 과목의 성적은 물론 어느 과목의 무엇을 어떻게 보강해야 된다는 지적까지 곁들여 상세하게 분석되어 있다. 열심히 공부한 결과, 다행히도 목표하는 수능모의고사 점수대에 이르렀다 해도 가만히 있으면 실력이 떨어질지 모르니까 계속 분발해야 한다. 부모는 부모대로 마지막 힘을 다하라고 새로이 영양식을 먹이는 등 체력관리에 안달한다.

기업의 효율적인 원가관리

기업도 학부모와 마찬가지로 과학적인 방법으로 원가를 능률적으로 관리한다. 수험생이 언어영역, 수리영역, 외국어영역, 그리고 문·이과에 따라 사회탐구 또는 과학탐구 영역의 네 영역에 100점이란 목표를 설정하고 매진하듯, 기준이 되는 원가를 정해놓고 이를 달성하기 위해 노력하는, 이른바 효율적인 원가관리가 필요하다.

실제 제품의 생산에 소비된 원가에 관련한 정보를 다 얻기에는 빨라야 다음달 5일쯤이 되어야 가능한 회사가 많다. 주문이 들어와 흥정하거나 사전에 이익계산을 하고 싶어도 원가자료가 나오지 않아 답답한 경우가 한두 번이 아니다. 빨리 모의고사 성적표가 나와야 부족한 과목을 파악하는데, 시험 친 지 한 달이 넘어서야 성적이 나오면 수험생들은 얼마나 답답할까.

이번 달만은 원가를 제대로 관리하려 하나 모의고사 성적표 같은 뒷받침 자료나 무엇을 어찌해야 한다는 원가정보가 없다면 어떻게 되겠는가. 애타게 시간만 흘러 이달도 10여 일 지난 후에야 묵은 자료를 들고 분석하면 '사후약방문'으로 한 달이 다 지난 셈이고 관리하기엔 너무나 늦다. 늦게 나온 보고서의 숫자를 열심히 들여다봐야 때 지난 과거 기록만 매만지는 꼴이다. 원가마저 매월 일정하지 않고 들쭉날쭉하다.

소비량이나 가격 및 생산량에 따라 원가는 변동하게 마련인데, 이들이 항상 일정하지 않기 때문이다. 어느 달은 비싸게 만들어지는가 하면 어떤 때는 싸게 만들어지는 등 경제가치는 들쭉날쭉 변덕을 부릴 수 있다. 기계장치가 많은 장치산업의 경우 파업 등으로 생산이 잘 안 될 때, 얼마 안 되는 소량의 제품이 엄청난 감가상각비를 모두 감당해야 한다. 평소 수만 개의 생산으로 한 개당 몇 푼 안 되던 원가의 부담이 마침내는 제품원가에 큰 격차를 가져오게 한다. 심지어 단위당 1,000원짜리가 10만 원이 되는 어처구니없는 상황도 생긴다.

표준원가는 기준원가이며 목표원가

이러한 폐단을 없애고자 마련된 방안이 표준원가계산이다. 제품마다 사전에 재료, 노무 및 제조간접원가의 표준을 설정하면, 원가계산도 빠르고 원가자료의 이용도 수월해서 좋다. 봄이건 여름이건 계절 타지 않고, 설사 파업이 발생해도 염려할 것 없이 연중 일정한 단위원가를 내놓을 수 있다.

수험생에게 수능 100점은 달성해야 할 목표, 어쩌면 이상일 수도 있는 기준 점수다. 원가관리에서도 달성하고자 하는 이상적인 원가가 곧 표준원가다. 표준원가는 사전에 모든 자료를 면밀히 분석해 설정한 기준원가이며 목표원가다. 목표인 만큼 행여 느슨하거나 놀면서도 달성될 수 있는 수준이라면 해이해지기 쉽다. 약간 힘들다 싶은, 때로는 종업원에게 압박도 가해 역량을 최대한 발휘하는 데 초점을 둔 수준이다. 표준원가는 원가가 발생되기 전에 계산한다 해서 사전원가이지만, 미리 한번 계산해보는 예정원가 또는 견적원가와는 다르다. 예정원가는 앞날을 예상해 원가를 단순히 집계한 것임에 반해, 표준원가는 그야말로 모든 사람이 매일 회의실에 모여 많은 분석과 검토 끝에 설정한 합리적이고 체계적인 원가다. 무엇보다 과학적으로 설정되었다는 점이 중요하다.

표준원가 설정과 차이 분석

표준원가도 제조원가이므로 재료원가, 노무원가 및 제조간접원가의 셋으로 분류한다. 원가의 발생에 미치는 요소는 크게 수량과 가격으로 나눌 수 있다. 수량이란 알뜰하게 사용했는지 능률의 측면을 가리키는 데 반해, 가격은 두부 한 모를 사더라도 합리적인 값에 샀느냐는 것에 초점을 맞춘다. 예컨대 양복 한 벌에 모직 원단이 4마(야드)가 든다고 하면 이는 바로 원재료의 수량표준이고, 한 마당 10만 원씩 계산한다면 가격표준이다. 재료의 표준원가는 원단 40만 원(4야드×10만 원), 안감과 실, 기타 재료 4만 원을 합해 44만 원이다. 투입된 노동의 측면에서는 양복을 짓는 데 재단사의 공임 3만 원×2시간=6만 원, 미싱공 임금 5만 원, 마무리공 임금 2만 원, 합계 13만 원이 드는데, 이게 노무원가 표준이다. 노무원가는 엄밀하게 3만 원이냐, 2만 원이냐 하는 시간당 또는 일당과 같은 임률표준과 한 시간이나 두 시간의 작업시간으로 이야기되는 수량표준으로 구성되어 있다.

제조에 투입된 직접원가 외에도 다리미에 소요된 원가, 감가상각비를 포함한 기타 여러 경비를 합친 제조간접원가 5만 원도 함께 계산되어야 한다. 5만 원이 합리적으로 추정되었다면 이는 제조간접원가 표준이다. 양복 한 벌을 제조하는 데 소요되는 표준원가는 62만 원이다. 보통 고급 양복 한 벌에 100만 원 이상 하니까 마진인 매출총이익은 38만 원이다. 여기에서 영업비를 계산하면 순이익이 나올 것이다. 원하는 대학에 입학하기 위해서 매월 학력평가표를 통해 목표 점수와 실

제 성적과의 차이를 분석하고
대책을 세우듯, 표준원가는
차이분석을 통해 낭비와
비능률을 줄이는 데 그 의
미가 있다.

실제 발생한 재료원가가
표준원가와 많은 차이를 보
인다면, 먼저 수량차이인지,
가격차이인지 따져본다. 노무원가는 임률차이와 능률차이로 나누어
따지나, 제조간접원가는 반드시 생산량이나 작업시간에 비례하여 발
생하지는 않으므로 약간 다르다. 당초 회사에서는 연초에 수립한 예산
액을 예정되는 노동시간이나 기계시간과 같은 작업시간으로 나누어
구한 '예정배부율'을 이용한다. 설정된 예산이 잘못되어 종업원만 못
살게 구는 예산차이가 있을 수 있고, 소모품의 낭비, 간접부문에서의
비능률적인 작업, 공구의 부족 또는 기계의 고장 등에 의한 비능률을

| 표준원가 설정과 차이 분석 |

원가차이	가격요인	수량(능률)요인
직접재료원가	가격차이	수량(능률)차이
직접노무원가	임률(가격)차이	시간(능률)차이
변동제조간접원가	예산(소비)차이	능률차이
고정제조간접원가	예산(소비)차이	생산조업도차이

따지려는 능률차이도 있다. 요컨대 항목도 많고 성격도 다양한 제조간 접원가는 크게 예산차이와 능률차이로 나누어 관리한다.

표준원가는 제품원가에 한하는 경우가 많으므로, 제품 한 단위당 단위원가를 계산하는 수가 많다. 표준을 공장 전체에 적용한다면 제조활동에 대한 계획으로 생산량예산 그리고 제조원가예산이 된다. 예산이나 표준이나 같은 혈통이지만 표준은 단위당 금액을, 예산은 총액을 강조하는 점이 다르다. 이를테면 '예산총액/생산량' 하면, 앞으로 1년간 달성하고자 설정된 표준원가다. 다만 예산은 제조원가에 한하지 않고 1년간 목표로 하는 경영계획의 전반을 계수로 나타내기 때문에 표준원가에 비해 범위가 훨씬 넓을 뿐이다. 기업은 매월 예산 실적을 파악해 차이관리를 행하므로 예산관리가 잘되면 원가관리도 잘된다.

Chapter 7

CEO라면 꼭 알아야 할
회계상식

성과평가는 성장의 원동력

기업의 규모가 커지면 경영자들의 능력을 정확하게 평가하는 등
성장할 수 있는 원동력을 구축해야 한다.

    요즘 우리나라 대학들은 학생 수의 감소로 너 나 할 것 없이 어려움에 처해 있다. 살아남기 위한 기발한 방안을 모색하느라 야단법석이다. 그 대안 중 하나가 **독립채산제**다. 종전에는 대학병원과 같은 외부조직만 독립회계를 적용했으나, 이제는 이름도 다양한 특수대학원을 필두로 각 단과대학에도 적용하는 추세다. 무엇보다 수익성을 강조하다보니, '성과지표'를 들먹이지 않을 수 없는 상황에 이르렀다.

독립채산제
(獨立採算制)

단일기업 또는 공장 내에서 사업단위를 정해 사업단위별로 독자적으로 사업을 추진하므로 수익(판매) 및 비용에 대한 책임도 함께 부담하는 분권화 조직을 일컫는다.

최초로 사업부제 도입한 듀폰

성과지표의 대표적인 개발 회사로 듀폰(DuPont)을 들 수 있다. 듀폰은 석탄으로 나일론을 발명하여 섬유산업에 일대 혁명을 일으킨 회사다. 듀폰은 1802년 미국에서 화약제조회사로 설립되었다. 화약은 터널공사, 광산개발 등에 평화적으로도 사용되었으나, 주된 수요는 군사용이었다. 제1차 세계대전이 발발하고 화약 수요가 급증하면서 회사는 화약 제조 설비의 확장을 거듭했다. 듀폰의 최고 경영진은 증가한 생산 설비가 종전 후에는 필연적으로 기계를 놀리게 될 것을 우려하여, 화약 단일 품목에서 탈피해 인조 가죽 및 셀룰로이드 등의 분야로 제품의 다각화를 시도했다.

다각화 전략을 추진한 듀폰은 1919년 봄에 이르러 페인트, 셀룰로이드, 인조 가죽 및 기타 제품의 생산체제를 확립했고, 염료와 레이온도 생산할 채비를 갖추었다. 안타깝게도 다각화 전략은 많은 문제점을 드러내면서 듀폰의 관리 조직을 혼돈에 빠뜨렸다. 이를 해결하기 위하여 듀폰은 기존의 직능별 조직 구조를 버리고, 1921년 9월 제품라인별로 편성된 5개 사업부의 책임자들이 자기 사업부의 운영에 관한 모든 권한과 책임을 부여받는 사업부제를 사상 처음 도입했다. 각 사업부는 자기 제품라인의 구매, 생산, 판매에서 회계에 이르는 모든 직능을 자율적으로 수행하게 되었다. 1921년 9월에 시행된 사업부제 조직 구조는 오늘날까지도 듀폰사 조직의 근간으로 남아 있고, 그 후 GM을 비롯한 다른 기업에도 전파되었다. 각 사업부의 업적은 듀폰이 개발한

ROI(Return on Investment) 기법에 따라 평가되었다.

ROI 기법

ROI는 한마디로 '투자수익률'인데, 투자자본에 대한 이익률을 말한다. 투자재원은 외부차입금과 주주로부터 조달된 주주자본으로, '투자＝자산'이다. 극히 예외가 있으나 대체로 영업을 위한 것이고 보면 자산은 곧 영업용자산이다. 그러므로 투자자본에 대한 이익률은 보통 '영업이익/영업용자산'으로 계산한다. 이 식의 의미는 간단하다. 분자인 영업이익이 많거나 분모인 투자금액(영업자산)이 적으면 ROI는 높게 나타난다. 이익은 단위당 마진이 높은 경우도 많아지지만, 회전이 빠르면 덩달아 수익률도 높아진다. 요컨대 ROI는 이익률과 회전률의 결합으로 결정된다.

$$\frac{영업이익}{영업용\ 자산} = \frac{영업이익}{매출액} \times \frac{매출액}{영업용\ 자산} = 매출이익률 \times 자산회전률$$

예를 들어 조선업은 1년 또는 3년에 배 한 척을 만들더라도 이익률이 높으니 견딘다. 당일 만들어 그날그날 처분하지 않으면 안 되는 식품의 경우, 단위당 마진은 그야말로 몇 퍼센트대에 이를 정도로 미미하나 투자한 돈은 매일매일 한 번씩 회전될 수 있어 결국에는 이익을 많이 남긴다.

영업이익은 단위당 마진이 높아지면 당연히 커지고 아울러 원가를 절감하면 이익의 폭도 넓어진다. 상식적으로 회전률은 매출액이 많아지면 높아지고 투하자본이나 소요되는 자금의 수준을 낮추면 역시 높아진다. 이를 이용해 성과를 높이는 다양한 방법이 동원될 수 있다. 마진을 높이는 노력, 매출액을 늘려 회전률을 높이는 노력이 아우를 때 투자수익률은 절로 높아진다. 투자수익률은 회사 전체뿐만 아니라 사업부별로 계산하여 각 부서장들의 업적을 평가하는 데 쓰일 수도 있다.

잔여이익, 경제적 부가가치

성과평가를 할 때 단순히 이익률만 비교하는 투자수익률은 만족스럽지 못하다. 이익률의 상대적 고저 비교는 잘 되지만, 과연 우리 회사가 산업의 평균수익률이라는 잣대에 비춰 기대하는 이익을 내고 있느냐는 질문에는 의문이 잇따를 수 있다. 이왕 돈 벌려고 투자한 이상 최소한 채권수익률 5퍼센트 이상은 되어야 한다. 그렇지 않다면 그까짓 2~3퍼센트 남기려 밤낮으로 신경 쓰고 소리소리 질러가며 애써 영업했느냐는 반문이 나오는 것은 당연하다. 가령 최소 8퍼센트의 이익률은 넘어야 기대했던 목표인 것이다.

아내는 약국을 잠시 경영했다. 보통 아침 9시에 가게문을 열고 밤 9시에 문을 닫으니, 하루 평균 12시간 이상 일해야 했다. 그런 만큼 나름대로 수입과 지출을 따져 계산해보니 손에 꼽히는 건 첫째, 그 시간만큼 월급쟁이 관리약사로 나가 일하면 월 300만 원 이상은 확실히 보장되며, 가게 시설 기타 투자 금액 2억 원을 은행에 넣으면 월 100만 원은 거둘 수 있다는 사실이다. 궁리 끝에 약국을 처분하고 나니 하루 8시간만 일하고도, 직접 운영할 때보다 신경 쓰는 일 없이 300~400만 원은 거뜬히 보장되었다. 기업도 마찬가지다. '잔여이익'이란 개념을 갖고 성과를 따지자는데 그 누가 시비하겠는가. 잔여이익은 방금 말한 300~400만 원 정도, 내 나름대로의 이익 또는 최저수익률을 감안해 계산한 후의 나머지 이익이다. 곧 '영업이익 – 영업자산×최저필수수익률'이다.

최근에는 경제적 부가가치를 고려한다. 여기에서는 영업이익도 '법인세 차감 후 순이익'을 토대로 하고, 차입금이건 자기자본이건 투하자본 전체에 대한 대가, 곧 자본비용을 계산한 연후의 이익을 살펴보자는 것이다. 잔여이익의 개념을 좀 더 확장해 다음 식으로 경제적 부가가치를 계산해 플러스이면 새로운 가치가 창조된 것으로 보기도 한다. '세후 순영업이익 – 가중평균자본비용×(총자산 – 유동부채)'로 계산한다. 총자본이란 관점에서 타인자본까지도 다 계산하나, 외상값이나 미지급 비용과 같이 일시적으로 조달된 것은 이자가 없으니 제외하고 이자가 지급되는 투자자본만으로 한정한다. 자기자본에 대하여는 이자가 발생한다는 가정 하에 투입액에 대한 이자분을 따져본다.

EVA(경제적 부가가치)=당기순이익+이자비용 – (단기차입금+유동성장기부채
+장기차입금+사채+자기자본)×자본비용

균형성과표 BSC

성과를 어찌 평가해야 정확할까? 미래 전망이라든가 잠재력은 무시하고 매번 과거 실적만 따질 것인가? 이제까지 미래를 위해 닦아놓은 실력은 안 알아주느냐는 식의 되바라진 소리도 들린다. 이 때문에 고안된 개념이 '균형성과표(BSC : Balanced Score Card)다. 투자수익률, 잔여이익, 경제적 부가가치는 한결같이 재무적 지표요, 회계시스템에서 얻어진 정보에 근거한 것이기 때문에 과거 지향적이다. 이에 균형성과표는 재무지표 이외에도 고객 측면, 내부프로세스 측면, 학습과 성장 측면의 성과를 모두 포함시키자는 것이다. 종업원들의 창의력을 높이고 동기부여를 하기 위해서는 다양한 성과지표를 제시해야 한다. 그 측정은 우수한 소프트웨어의 등장으로 염려하지 않아도 좋게 되었다.

기업의 규모가 커지다 보면 경영자들의 능력을 정확하게 평가하고 적절한 보상을 제공함으로써 더욱 성장할 수 있는 원동력을 구축하자는 것이 지상의 명제다. 어떤 성과지표를 이용해야 회사도 좋고, 종업원도 좋은 윈윈게임을 달성할 수 있는지에 대해 여러 가지 성과평가가 이루어진다. 대학에서도 교수들의 능력평가를 위해 외국 저널의 논문 실적이나 강의평가 및 사회봉사 성적을 감안하는 것과 유사하다. 공장만 돌리면 영업은 땅 짚고 헤엄치기인 시절을 그리는 몇몇 경영자나 일단 임용만 되면 무엇을 하든 정년까지 무사한 시절을 그리는 일부 교수에게 평가란 마냥 피곤하기만 한 제도다.

CEO라면 큰 이곳에 밝아야

기업이 아무리 단기적으로 큰 성공을 거두었다 하더라도
장기적으로 실패하면 결국은 모두 실패한 것으로 평가된다.

'영지버섯이 좋다는데요, 혹은 인삼이 좋답니다'라고 진언해봐야 쓸데없는 짓이라며 노인들은 일축한다. 기껏 효과가 있어봐야 고통의 시간만 연장할 뿐, 생명 자체를 구하거나 치료에 도움이 되는 게 아니므로 소용없는 짓이라는 것이다. 별 효과가 없다는 뜻이다. 하지만 아직 살 날이 많이 남은 우리들이나 우리보다 어쩌면 오래 존재할지도 모르는 기업에게는 당장 효과가 보이지 않는 것이라도 무시할 게 못된다.

미래의 장기 효익에 투자하라

미국의 유명 백화점 노드스트롬은 최상의 서비스로 유명하다. 노드스트롬에 관련한 에피소드는 무수히 많다. 한 예로 '어떤 고객이 급히

노드스트롬에서 쇼핑을 한
후 공항으로 향했다.
너무 급히 쇼핑
을 한 나머지 그
만 항공권을 제
품 매장에 놓고
떠나왔다. 비행기

출발 시간이 임박하여 당황할 때, 공항까지 택시를 타고 쫓아온 노드
스트롬 직원이 건네준 티켓 덕분에 무사히 비행기에 오를 수 있었다.'
는 일화가 있다. 다소 과대 포장된 이야기일 수도 있지만 수많은 일화
를 만들어내고 사람들의 입에서 입으로 오르내리도록 할 수 있는 노드
스트롬의 힘을 느꼈다는 게 중요하다.

　노드스트롬은 1901년 시애틀에서 구두 상점으로 시작하여 2003년
에는 60억 달러에 이르는 포춘 500대 기업의 하나로 성장했다. 그 바
탕은 남이 업신여기는 미래산업에 과감하게 투자한 때문이다. 관리회
계로 보면 종래 중앙에서 행하던 구매를 각 지역으로 분권화하여 고객
의 의견을 충실히 반영하는 한편, 재고를 최소화하여 재고비용을 절약
한 것도 한몫했다. 판매원들에게 판매수수료란 인센티브를 제공한 것
도 크게 덕을 봤다.

　모두가 큰 효과 없을 거라며 비웃었을 때 감히 도전하여 성공으로
이끈 사례는 노드스트롬 외에도 많다. 가까이는 정주영 회장과 현대그
룹의 신화가 너무나 유명하다. 오늘날 세계 제일의 조선공업을 육성시

킨 신화, 배 한 척 없는 울산의 황무지에서 거대한 유조선을 건조한 이야기, 숱한 공사를 억척스럽게 해낸 도전은 모두가 쓸데없는 짓이라며 기대하지 않았던 일을 목표로 일궈낸 것이었다.

역사적으로 가장 큰 이득을 본 인물은 누구일까? 여담이나, 먼 옛날 '여씨춘추'로 유명한 진나라의 여불위가 아닐까 싶다. 여불위야말로 남 보기에 소용없는 무모한 투자를 성공시킨 배짱 두둑한 사업가다. 당시 대상인이었던 그가 장사 목적으로 조나라의 수도 감단에 갔을 때, 마침 인질로 와 있던 진나라의 왕자 자초가 곤궁한 생활을 하고 있는 것에 주목해 "이건 횡재다. 손에 넣자"라고 말했다는 유명한 이야기가 전해진다. 당시 진나라는 소왕 시절로, 태자는 안국군이었고 그의 아들 스무 명 가운데 하나가 자초였다. 당시 자초는 가장 신분이 낮은 첩의 아들이었기 때문에 감히 왕위를 넘볼 수 없는 입장이었다.

'오르지 못할 나무는 쳐다보지 말랬다'고 소용없는 짓이라 여기는 실정에서 여불위는 과감히 투자를 결심했다. 우선 태자의 정부인인 화양부인이 실자가 없는 점에 착안, 거금을 들인 로비 끝에 자초를 적자로 만드는 데 성공한다. 이것도 부족해 자초가 타향에서 외로워함을 알고 자신의 애첩 조희와 동거케 하는 등 많은 인정을 베풀었다. 애첩은 이미 여불위의 씨를 품고 있던 터라 태어난 아들 정은 후에 시황제가 되었는데 알고 보면 여불위의 사생아인 셈이다. 이 애첩이 시황제의 모후이자 음행으로 유명한 선태후다.

자초는 안국군이 죽자 바로 즉위하여 장양왕이 되었으며, 여불위도 승상에 임명되어 낙양 10만 호가 주어지고 문신후로 봉해져 그야말로 횡재했다. 그 후 정이 중국 역대 최초의 통일국가 황제인 시황제가 된 후에는 상국에 오르는 등 지위는 옛말대로 인신의 극, 최고의 지위에 달했다. 여불위가 시정의 장사치처럼 코앞의 계산만 밝아 작은 효익에만 집착했다면 이런 일은 전혀 상상할 수 없었을 것이다.

원가·효익 관계

사우디아라비아의 주베일 산업항 공사에서 현대가 대담하게도 해상 유조선 터미널에 쓰일 철구조물을 울산 앞바다에서 멀리 사우디아라비아까지 바지선으로 끌고 간 일이 있다. 정주영 회장은 남이 엄두도 못낼 엄청난 일을 감히 시도했던 것이다. 무엇 때문일까? 장기적인 안목에서의 효익, 곧 큰 혜택이 기대되었기 때문이다. 이게 바로 경제적 효익이다. 그 희생이 원가일진대 미래의 원가·효익 관계를 매우 긍정적으로 보았던 것이다. 경영활동은 항상 원가·효익의 관계를 고려해 의사결정을 해야 한다. 기업의 이익관리는 거꾸로 수익·비용의 관리라 할 수 있는데, 바로 이것이 원가·효익관계다.

역사적으로 단기의 원가·효익관계에는 성공하나 장기의 원가·효익관계에서는 크게 실패한 경우가 많다. 아무리 단기적으로 큰 성공을 거두었다 하더라도 장기적으로 실패하면 결국은 모두 실패한 것으로 평가된다. 기업은 영속하므로 장기 이익이 극대화되어야 한다. 이익관리는 곧 장기 이익관리여야 한다. 주위에는 시장의 뜨네기 상인과 같이 한탕주의에 급급한 나머지, 곧 단기의 효익관리에만 눈이 어둡다

보니 그 대가를 톡톡히 치르는 기업도 많다.

이익관리는 비즈니스에 한정되지 않는다. 바로 회계정보의 산출에도 적용된다. 회계정보를 제공하는 기준이 애매할 때는 원가·효익관계를 고려하라고 주문한다. 정보가 유용할 것이라 생각된다고 무조건 다 제공할 것이 아니라 회계정보로부터 얻어지는 효익이 클 것이라고 판단될 때에 한해 정보를 생산하여야 한다는 의미다.

한편 소인은 세속의 작은 이익에 밝고 대인은 큰 이익에 밝다는 옛말을 상기할 필요가 있다. 일류 CEO라면 멀리 내다보는 감각도 아울러 지니고 있어야 한다는 뜻이겠다. 궁극적으로 효익보다 희생, 바로 원가가 더 크리라는 사실을 미리 알았다면 얼마나 많은 역사적 비극이 사라질 수 있을 것인가를 눈여겨볼 필요도 있다.

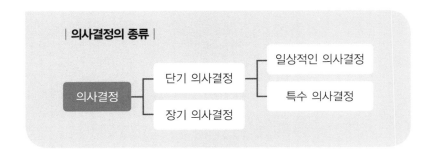

| 의사결정의 종류 |

의사결정 — 단기 의사결정 — 일상적인 의사결정 / 특수 의사결정
　　　　　 — 장기 의사결정

본전 찾기를 넘어선 적극 경영

지리산 천왕봉에서 이쪽은 전라도 저쪽은 경상도 하듯,
손익분기점은 이익과 손실을 동일하게 가르는 금액이나 수량이다.

나는 소설가나 시인처럼 전업작가는 아니나 몇 권의 책을 펴냈다. 일반적으로 책은 최소한 1,000권은 팔려야 본전을 회수하는 것으로 알려지고 있다. 대학 출판부는 팔리든 안 팔리든 초판에 대해 연구비 조로 200만 원을 지급한다. 그런 탓으로 한번 맛들인 사람은 대학 출판부를 열심히 이용한다. 정작 전공도서는 단 1,000권 팔기가 에스키모인에게 냉장고를 파는 것만큼이나 쉽지 않다. 영업을 주목적으로 하는 출판사라면 1,000권도 못 팔 책은 아예 출판을 포기한다. 그럼에도 시장성이 없는 도서를 출판하면서 200만 원이 보장된다는 건, 책값을 1만 5,000원으로 볼 때 인세는 10~15퍼센트대이니까 대충 1,300권 이상의 판매를 전제로 한 대가다. 교수로서는 저서를 내서 업적을 올려 좋고, 인세로 현금이 확보돼 좋으니 일석이조다.

어느 쪽에도 기울지 않는 손익분기점 BEP

출판사라면 과연 어떨까? 가령 책을 출간(초판 1,000권)하는 데 조판비 65퍼센트, 인세 10퍼센트, 인건비 20퍼센트, 그리고 기타 5퍼센트가 든다고 가정해보자.(가상의 수치로 실제 출판사의 정확한 수치와는 다름) 이 가운데 조판비는 1,000권이든 100권이든 일단 책을 출간하면 반드시 부담해야 할 '고정원가'다. 초판 1,000권은 그나마 다 팔렸을 때 남지도 밑지지도 않을 만큼의 판매량이다. 이익도 손실도 없는 팽팽한 수량이다.

가령 1권이 1만 5,000원이라 할 때 1,000권의 매출액 1,050만 원은 이익도 손해도 없는 선, 곧 '수익＝원가'인 금액이다. 이 금액을 '손익분기점'이라 한다. 1,000권이라는 수량은 손익분기점 생산량 또는 판매량이다. 이는 이익이나 손실의 어느 쪽에도 기울지 않는 '평형의 매출액'이다. 손익분기점은 지리산 천왕봉에서 이쪽은 경상도, 저쪽은 전라도 하듯 가르마 타는 것처럼 이익과 손실이 나뉘는 금액 또는 수량이다. 어느 장사나

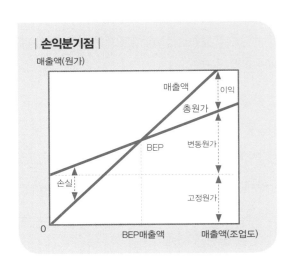

| 손익분기점 |

매출액(원가)

매출액
이익
총원가
BEP
변동원가
손실
고정원가

0   BEP매출액   매출액(조업도)

사업이라도 손익분기점만 넘어서면 걱정할 게 없다. 이 선을 조금이라도 넘으면 넘는 금액만큼 이익을 계산할 수 있기 때문이다.

손익이 갈린다 함은 매출액이 원가(비용)와 꼭 같은 금액의 수준만 판매된 것이다. 원가는 크게 **고정원가**와 **변동원가**로 나눌 수 있으므로, 물건을 팔아보아야 고정원가와 변동원가의 합계를 넘어서지 못하는 수준이다. 원가 회수에 급급한 판매다. 손익분기점은 영어로 'Break Even Point', 약자로는 BEP다. 젊은 축은 '비이피'라 하고 우리 세대는 '본전치기'이라 말한다. 책값

고정원가(fixed)
생산량의 변화에 관계없이 늘 일정한 원가.

변동원가(variable)
생산량의 변동에 따라 크기가 비례하는 원가.

이 1만 5,000원이면, 도매상에 70퍼센트가 채 안 되는 금액으로 넘기니까 회사 측으로서는 1만 원이 판매가다. 인건비 20퍼센트 중 5퍼센트는 첫 출간을 위한 원가라고 보면 1만 원짜리 책 한 권에 70퍼센트 (65%+5%)는 첫 출간을 위한 조판비로 금액 7,000원이다. 초판에 이어 다시 1,000권을 찍을 때에는 그야말로 인세 10퍼센트, 인쇄비 5퍼센트, 인건비 15퍼센트만 더 들면 그만이다. 초판과 달리 고작 30퍼센트만 소요된다. 3,000원만 들면 책을 찍어낼 수 있다는 말이다. 거꾸로 한 권당 1만 원씩이니까 권당 7,000원씩 남는다고 예상할 수 있다. 두 번째 1,000권을 찍었다면 700만 원의 이익이 보장된다.

출판원가 가운데 책 당 3,000원은 수량에 따라 비례적으로 증가하는 만큼 '비례원가'다. 비례원가는 판매수량이나 생산수량의 변동에 따라 움직이는 원가이므로 '변동원가'이기도 하다. 조판비와 초기에

필요한 인건비를 합친 70퍼센트는 수만 권의 책을 찍어도 그 값 그대로 변함없는 원가이므로 고정원가라 한다. 수량이나 금액은 영업 또는 생산의 규모인데 이것이 '조업도'다. 공장이 쉴 새 없이 돌아간다면 조업도가 날로 높아지는 것이다. 파업이나 불의의 사고로 공장을 돌리지 못할 때의 조업도는 '0'이다. 난감한 건 조업도가 '0'이거나 심지어 공장문을 닫아도 들어가는 원가가 있다. 경비원 월급, 최소한의 공장 유지비, 재산세, 화재보험료 등은 남의 사정을 아랑곳하지 않는다. 천지개벽을 해도 나갈 원가다. 휴지원가이자 붙박이 고정원가다. 대체로 이들을 포함한 제조간접원가는 고정원가다.

고정원가만 회수될 상황이면 다음 장사는 거저다. 요즘 눈만 뜨면 들여다보는 스마트폰을 70~80만 원 대에서 과감하게 3분의 1로 낮춘 25만 원대에 판다면 개발비와 같은 고정원가는 이미 건졌으니 그때그때 들어가는 변동원가만 들어오면 만사 오케이인 속셈이다. 그야말로 겁낼 게 없고 애탈 일 없다. 더군다나 경쟁사를 죽이려는 데야…. 몸살 나는 측은 이제 막 공장을 돌리려는 신생기업들이다. 대기업, 특히 선발주자들이 신참을 탈락시키는 수법이 바로 이거다. 가끔 내수에서는 제값을 받고 수출 가격만 변동원가를 기준으로 낮게 책정하는 얌체도 있으나, "왜 너희 나라에서는 30만 원 받는 제품을 유독 우리나라에선 확 가격을 낮춰 상거래를 교란시키느냐"면서 덤핑으로 피소당한다. 수출이라고 만만히 보고 가격으로 장난치기도 수월찮다.

공헌이익

　판매가격에서 변동원가를 뺀 금액이 '공헌이익'이다. 손익분기점을 넘어설 때 매출액으로부터 직접원가인 변동원가만 빼고 보면 그 이름이 마뜩찮다. 마진을 의미하는 매출총이익이라 하자니 매출원가 가운데 고정원가는 제외시켰기 때문에 적당하지 않다. 결국 순이익을 얻는 데 절대적으로 한 몫을 할 수준, 바로 고정원가를 건졌으니 이익 창출에 공헌할 금액이라는 의미에서 공헌이익이라 부른다. 앞 책에서 7,000원이야말로 단위당 공헌이익이다. 출판했다 하면 단 1,000권이 아니라 늘 2만 권 이상을 자신한다 할 때는 어떨까? '1권당 공헌이익 ×2만 권'이 총 공헌이익이다. 무려 1,400만 원이다. 공헌이익도 못 건진다면 참으로 딱하다. 문 닫아야 한다. 공헌이익이 적어 고정원가만 회수할 뿐 남는 게 없다면 이익은 '글쎄'다. 일반 가게라면 죽기 살기로 목청 높여 팔아봤자 독촉받는 집세나 겨우 메울 뿐, 명절이 되어도 남과 같이 웃으며 즐길 처지도 못 되고, 추운 날씨에 문밖으로 쫓겨나지 않는 것만도 다행으로 여겨야 하는 신세다.

　손익분기점에서 공헌이익이 고정원가와 꼭 같다는 의미는 벌어보아야 발등의 불만 끌 뿐, 이익 낼 길은 '지적이 천리길'이라는 이야기다. 종업원에 대한 특별 보너스는 엄두도 못낼 형편의 판매 수준인 것이다. 못마땅하다고 당장 때려치울 형편도 아니다. 조업을 중단해버리면 고정원가는 한 푼도 회수하지 못하고 손해만 본 채 끝나게 된다. 이익을 얻지 못한다 해 마냥 손해만 보고 끝낼 수는 없는 것 아닌가. 영업을 계속하는 것이 적어도 그만두는 것보다는 이익일 수 있다. 여기에서 변동원가는 찾는 만큼, 양에 차지는 않으나 약간 졸라매고 원가를 줄이는 노력을 좀더 기울이면 이익을 거둘 수 있다는 희망이 있다.

사람은 크게, 첫째는 남에게 이로운 사람, 둘째는 남에게 해만 끼치는 사람, 마지막으로는 남에게 이로움도 해도 안 끼치는 형으로 나뉜다고 한다. 이중 남에게 폐는커녕 신세 하나 안 지고 내 돈 내가 벌어 곱게 쓰면 그만 아니냐고 자부하는 사람이 세 번째 유형이다. 남에게 해도 이익도 안 끼치는 유형, 달리 부르자면 '손익분기점의 사람'이다. 사회에 해를 끼치지 않는 것만으로도 다행이지만 이왕이면 유익한 사람이 되는 게 더 바람직할 것이다. 하물며 영리를 목적으로 하는 기업에서 이것도 저것도 아닌 손익분기점에만 이르고 만다면 무슨 보람이 있겠는가. 손익분기점이란 어디까지나 더 많은 이익을 거두기 위한 방안을 마련하고자 참고로 계산하는 것일 뿐 그 자체가 목적은 아니다. 영업을 한다면 뭐니 뭐니 해도 이익을 남기는 일이 기업의 절대 과제임은 두말 할 나위 없다.

회사에서 이익관리를 할 때는 우선 공헌이익부터 구한다. 왜냐하면 회사의 형편이 과연 본전이나 건질 수 있는지 알아야 원가를 줄인다든가 판매가격을 낮추는 등의 효율적인 전략을 마련할 수 있기 때문이다. 공헌이익을 구하려면 회사의 모든 원가를 변동원가와 고정원가로 분류해야 하고, 판매비와 관리비 역시 변동분과 고정분으로 나눠야 한다. 또한 손익을 계산할 때도 매출액에서 우선 변동제조원가만을 빼 매출총이익을 구하고, 이어 변동판매비를 빼서 공헌이익을 구한 후, 마지막으로 고정원가를 차감하여 당기순이익을 계산한다. 고정원가도 관리가능한 것과 관리불능의 원가로 나누어 관리자의 업적에 연결시킴으로써 관리의 부실과 업적의 부진을 고정원가에 전가해 책임을 회피하는 일이 없도록 한다. 공헌이익의 계산을 통해 회사의 형편을 정확히 알게 되면 상황에 따라 신축성 있는 대책을 마련할 수 있는 이점이 있다. 예컨대 한참 호황기에 고정원가를 이미 회수했다면 판매가 부진할 때에는 직접원가, 곧 변동원가만 건질 수 있어도 판매를 밀어붙일 수가 있는 것이다.

일부에서는 이런 것 없이도 잘 지내왔는데 공연히 이익계산만 복잡하게 만드는 '쓸데없는 짓'이 아니냐고 불평하기도 한다. 종래의 손익계산 방법을 옆으로 제쳐놓고, 단순히 이익의 종류만 달리한다 해도 회사의 실속이 달라지는 것은 아니므로 당연한 걱정일 수 있다. 아무리 좋은 제도라 해도 운용이 제대로 이루어지지 않는다면 무용지물이 되기 때문에 이러한 걱정도 무리는 아니다.

회사마다 다르겠지만 이익관리가 잘 이루어지면 승진이나 보너스 등의 당근을, 부진할 때는 책임 추궁이란 채찍을 이용함으로써 회사의 이익 증진을 보다 효과적으로 도모할 수 있다. 복잡하게 보이는 이익계산도 알고 보면 이익관리를 잘해보려는 의욕에서 비롯되었으므로 불만만 늘어놓을 일만은 아니다. 이런 이익관리를 통해 발생하는 이익은 종업원에게도 그 혜택이 돌아갈 수 있으니 아무쪼록 잘해보자는 것이다.

소의 고삐를 죄듯 원가를 관리하라

코뚜레를 한 소처럼 관리자가 원가의 발생이나 감소에 대해
절대적 영향력을 행사할 수 있으면 '코뚜레 원가'다.

우리나라 역사에 남을 뛰어난 CEO를 꼽으라면 잘 아시다시피 소니에 한참 뒤졌던 삼성전자를 글로벌기업으로 키운 이건희 회장을 비롯, 애니콜 신화의 이기태 사장, 주당 400만 원대 황제주의 신화를 일으킨 서경배 회장, 세계 최고의 헬멧을 생산하는 아이디어맨 홍완기 회장 등 이루 헤아릴 수 없을 만큼 많다.

일본의 도몬 후유지가 쓴 《불씨》는 실화를 배경으로 한 개혁소설이다. 《불씨》는 1990년대 초 YS정권 시절 국내 관료들 사이에서 '개혁의 불씨 나누기'라는 독서운동이 벌어졌을 만큼 인기를 모았던 책이다. 소설의 배경은 18세기 에도막부 시절, 60여 개의 번으로 갈라진 작은 나라들이 난립해 있을 때였다. 그중 요네자와라는 번은 부실 덩어리였다. 재정은 파탄 직전이었고 개혁의지도 전무했다. 때마침 외부

에서 온 우에스기 요잔이란 젊은 번주가 나타나 개혁의 불씨를 살려 번의 위기를 극복해낸다는 이야기다.

리더가 솔선수범해야 개혁할 수 있다

당시 일본은 각각의 번(藩)이 에도막부의 지배와 간섭을 받으면서도 번주(다이묘)를 중심으로 자율적인 정부를 구성하여 관할 번민을 통치하는 일종의 봉건사회였다. 번은 마치 재벌그룹의 각 회사가 인사, 재정 등 상당한 자치권을 부여받는 경우와 비슷하다. 이에 번주는 CEO에 비할 수 있다. 소설의 주인공이자 230년 전 실존 인물인 우에스기 요잔은 케네디가 가장 존경했던 인물이기도 하다. 또한 〈아사히신문〉의 '일본 역사 천년 동안 일본을 빛낸 최고 경제인'이라는 설문 조사에서 걸출한 스타들을 제치고 마쓰시타 고노스케(마쓰시타 전기 창업자), 혼다 쇼이치로(혼다 창업자), 이부카 마사루(소니 창업자) 등과 함께 가장 위대한 5걸에 낀 사람이다. 소설은 일본에서만 130만 부, 한국에서도 20만 부가 팔렸으며, 개혁을 화두로 삼은 명작 중의 명작이다.

주인공 요잔은 3만 석의 작은 번 출신으로 15만 석이란 큰 번의 경제를 되살리고 통치했는데, 이는 포장마차 주인이 일류 레스토랑 사장을 맡는 것과 흡사했다. 그는 처음 몇 년 동안 온갖 야유와 배타적 태도로 인해 많은 시련을 겪었다. 특히 아전과 같은 가신들의 복지부동과 토반들의 냉소는 참으로 견디기 어려웠다. 주인공은 이를 덕치의 경영, 신뢰와 위로를 놓치지 않는 사랑의 리더십, 스킨십 경영 등으로 극복해 개혁이란 용광로를 달구었다. 요잔의 일대기는 정치 개혁자로부터 기업의 CEO, 작은 단체의 장, 그리고 1 대 1 만남에 이르기까지 영향을 미치지 않은 부분이 없다.

통제가능원가와 통제불능원가

CEO들이 새로운 조직에 진입할 때는 구성원들의 불신에 가득 찬 눈초리, 토박이의 배타심으로 말이 잘 먹히지 않는 게 가장 힘들다. 바야흐로 코뚜레가 필요하다. 송아지가 어릴 때는 아이가 당겨도 끌려올 정도로 만만하더니 어느새 어미만큼 자라면 힘에 벅차 마음대로 안 된다. 대안은 코뚜레를 뚫는 거다. 시골에서 자란 사람들은 어릴 적 소에게 풀을 뜯겼던 기억이 있을 것이다. 풀 뜯기기란 시골에서 목장도 없는 데다가 때마다 풀을 베어다 주기에는 일손이 벅차 놀고 있는 아이들에게 산이나 제방 등 풀이 무성한 곳에 소를 끌고 가 좋은 풀을 마음껏 뜯어 먹도록 돕는 작업이다. 흔히 농가에서는 어린 송아지를 사다 기른 후 어른소가 되어 시장에 내다 팔면 큰 수입원이 되는데, 아이들도 이 일을 통해 가정경제에 이바지하게 된다.

문제는 힘센 어른소가 날뛰는 바람에 고삐라도 놓치는 날이면, 남의 농작물을 마구 파헤치거나 멀리 달아나기 일쑤여서 아이는 "난 몰라" 하고 엉엉 울기가 다반사이고, 부모에게 다시는 풀뜯기기를 않겠다고 떼쓰기 마련이다. 어린아이가 이런 소를 관리할 수 없기 때문에 부모는 소에게 코뚜레를 끼워주게 된다. 코뚜레란 소의 양 콧구멍 사이 코 벽에 구멍을 뚫어 꿰는 나무고리다. 코뚜레는 마치 커서를 맘대로 움직이는 마우스와 같다고 보면 된다. 코뚜레가 있으면 아무리 사나운 소라도 거짓말처럼 얌전해진다. 어린 초등학생의 힘으로도 커서 움직이듯 다루기가 매우 용이해진다. 제아무리 큰 소라도 코뚜레를 하면 관리가능하다.

코뚜레를 한 소처럼 관리자가 원가의 발생이나 감소에 대해 절대적 영향력을 행사할 수 있으면 '코뚜레 원가'다. 이는 통제가능하다는 뜻에서 '통제가능원가' 또는 '관리가능원가'라 하고 알기 쉽게는 '마우스 원가'다. 반면 코뚜레를 안 한 소처럼 어쩔 수 없는 원가는 '난 몰라 원가'라고 해야 되는데, 통제가 어렵다는 뜻에서 '통제불능원가' 또는 '관리불능원가'라 한다. 큰 송아지가 어린아이에게는 벅차지만 힘센 어른이라면 능히 다룰 수 있는 것과 마찬가지로, 원가도 작업자에게는 관리 불능이지만 관리자에 따라서는 관리 가능할 수 있다. 번주 요잔에게는 그 험한 소와 빡빡하기만 한 조직도 마침내 관리가 가능해졌던 것이다. 원가가 관리 가능하냐의 구분은 절대적인 것이 아니라 조직의 계층에 따라 다를 수 있으며, 이것은 소의 경우와

같이 힘(권한)의 차이에 의한다.

원가관리에는
지도자의 솔선
수범이 대전
제다. 그 예는
역사 이래 최대 제

국을 건설한 칭기스칸부터 무수하다. 몽골이 대제국을 이룬 이면에는 사치를 금하고 전리품을 공평하게 나눈 칭기스칸의 솔선수범이 뒷받침되었다고 한다. 그중 앞서 소개했던 저우언라이 총리는 원가관리의 화신이다. 요잔과 마찬가지로 저우언라이의 원가절감은 실로 눈물겹다. 항상 같은 복장(회색 중산복 소매의 3분의 1은 기운 자국이 뚜렷했다)을 입고 등장한다. 오죽하면 의전 및 수행비서 외 수선비서를 따로 두었을까. 부인도 해방 전부터 휴대한 양말 깁는 판을 죽을 때까지 사용했다 하니 원가절감에 이보다 뛰어난 사람은 없을 듯하다.

절약의 신과 같은 위 지도자들의 원가는 모두 코뚜레 원가로 통제가 능한 원가다. 저우언라이는 2만 5,000킬로미터의 대장정에서 자기 식량도 병사에게 나눠줄 정도로 인민을 사랑하고 스스로 고통을 감내하는 자세를 보임으로써 중국 공산당에 의한 전국 통일의 모티브가 되었다. 상식으로는 도저히 통하지 않을 원가절감이지만 지도자의 모범은 원가의식을 고취하는 데 최고의 처방이었다. '강력한 원가통제'를 아무리 부르짖어도 CEO가 앞장서지 않으면 한낱 공염불에 지나지 않는다. 통제야말로 바로 자기 자신의 통제로부터 시작되어야 함을 위 지도자는 잘 보여준다.

놓친 물고기, 아까운 기회원가

'～더라면' 하고 후회하는 원가, 놓쳐버린 가오리가 멍석 만하다는
의미의 포기한 이익 중 큰 것이 기회원가다.

나는 2005년 8·31 부동산 대책이 나오기 전까지는 아내한테 어지
간히 닦달당했다. 다름 아닌 아파트 구입 때문이다. 1998년 아이들 교
육을 끝내자 강남에 살 명분도 약해져 직장 가까운 지역에 분양받은
게 중계동이었다. 그 당시 아내는 용인 수지를 강력하게 주장했다.

기회원가와 매몰원가

경제생활에 가정법은 통하지 않지만 만약 수지로 이사했다면 어땠
을까? 당시 2억 원에 50평짜리 아파트도 충분히 구할 수 있었는데, 지
금은 9억 원대가 넘는다. 현재 우리 아파트의 시가는 5억 원 정도니,
어림잡아도 무려 4억 원의 차이가 난다. 4억 원은 재산가치의 차이기

도 하지만 '~더라면' 하는 후회의 값이다. 후회의 가치, 후회스런 원가는 4억 원이다. 이를 '기회원가'라 한다. 수지로 갔더라면 4억 원 이상은 남았을 텐데 하는, 이미 물 건너간 이익이 기회원가다. 이익이라면서 도리어 원가라니 이해가 어려울 건 자명하다. 수지를 낙점했다면 그만큼 이익이 되었겠지만 중계동으로 결정함으로써 포기한 값이요, 희생시킨 값이므로 기회원가라 부르는 것이다.

기회원가는 선택할 수 있는 여러 안이 있을 때 포기한 안으로부터 얻을 수 있었던 최대의 이익을 말한다. 다른 안, 곧 수지로 갔더라면 더 큰 이익이 났으리라 투덜대면서 여러 대체안 중 잘못 골라 안타까운 나머지 땅을 치며 후회하는 최대의 금액은 바로 4억 원이란 이야기다. 만일 문정동에 갔을 때는 그보다 적은 2억이라면 이건 기회원가가 아니다. '~더라면'으로 인해 손해 본 금액 2억 원과 4억 원 중 큰 금액이 기회원가다. 기회원가라고 해서 기회주의자에 대한 계산으로 착각하지 말 일이다.

수많은 의사결정에는 반드시 기회원가가 발생한다. 수지는 그렇다치고 재산가치가 거의 상승하지 않는다는 노원구 내에서만 해도 또 다른 기회원가가 있었다. 우리 아파트에서 200미터만 더 가면 유명한 중계동 학원가가 있다. 서울에는 삼대 학원가가 있다는데, 강남의 대치동, 양천구 목동 그리고 강북에는 유일하게 노원구 중계동이 그것이다. 못난 나는 중계동 학원가의 핵으로부터도 빗겨갔던 것이다. 그 차액은 대충 2억 원대란다. 이 역시 기회원가다. 세상을 살아가면서, 별의별 일을 다 겪지만 기회원가는 가급적 적어야 슬기로운 삶이다. 회계를 가르치고 원가를 설명하면서도 정작 본인은 높은 기회원가를 부담한다. 실제로 제자들 가운데는 졸업한 지 불과 10년밖에 안 되지만 경제적으로 나보다 훨씬 잘 사는 사람이 많다. 청출어람이라고 자위하지만 아내 앞에서 늘 오금을 못 펴는 사연 중 하나다.

높은 기회원가를 부담했지만 이제 별 도리 없는데도, 아내는 돈 이야기만 나오면 예외 없이 수지 이야기를 한다. 이제 어쩌겠는가. 엎질러진 물이요, 사망해 화장마저 벌써 끝난 자식인데…. 기업에는 이미 어쩔 수 없는 원가가 무수히 많다. 누가 와서 뭐라 해도 이미 돈을 투자한 마당에 꼼짝달싹도 못하는 원가다. 이를 '**매몰원가**'라 한다. 매몰원가는 편의상 원가라고 이름은 붙였지만 논의의 대상이 못 되는 원가다. 의사결정에도 관련이 없다. 마치 지방 도로변에서 흔히 볼 수 있는, 부도로 짓다 만 흉물스런 모텔

매몰원가

회수가 불가능하며 의사결정에 영향을 미치지 못하는 원가. 예를 들면 공장시설에 투자하였으나 불행하게도 그 시설을 사용하지 못한다고 할 때, 이미 투자된 투자액은 미래의 의사결정과는 상관없는 매몰원가가 된다.

원가의 분류	
분류 기준	**원가 항목**
1. 자원의 소비 유형	재료원가 / 노무비 / 제조간접원가
2. 원가 형태	변동원가 / 고정원가
3. 추적가능성	직접원가 / 간접원가
4. 의사결정과의 관련성	관련원가 / 비관련원가 기회원가 / 매몰원가
5. 통제가능성	통제가능원가 / 통제불능원가

들의 녹슨 철골조 신세다.

'~더라면 증후군'

  개인과 마찬가지로 회사에서도 의사결정을 한 후 '~더라면 이익이 더 많았을 텐데…'라는 식의 상실된 기회에 대한 후회가 많다. 잘해보자는 의욕이 넘치고 책임문제에 너무 예민한 나머지 결과만 가지고 '~더라면 ~했을 텐데'라는 한숨 소리 내지 자조적인 넋두리가 꽤 들린다.

  두 청년 중 한 사람은 훤칠하게 잘생긴 그야말로 꽃미남인데 공부는 별로다. 다른 한 사람은 두뇌도 명석하고 공부도 잘하는 뇌섹남이지만 삼국지의 방통만큼이나 지지리도 못났다. 일단 부딪치면 여학생들은 너도나도 "에그머니나, 처녀 살려!"하고 돌아선다. 차라리 둘의 강점만 합쳤으면 금상첨화요, 선남이 따로 없었겠지만, 왜 하느님은 인간을 100퍼센트 채워놓지 않았는가 원망도 해본다. 설왕설래 고민하다가 한 여학생은 키 큰 미남으로 결정했다. 세월이 흘러 못난 청년은 귀한 인물이 되어 호킹박사처럼 쳐다보기도 까마득한 최고의 교수가 되었고, 미남은 조그만 개인 회사에서 과장만 몇 년째인데 그나마 쫓겨나지 않는 것만도 다행으로 여겨야 할 판이었다. 당시 '왜 그리 지인지감이 없었던고' 하고 땅을 치며 후회하고 통곡하는 것도 '~더라면 증후군'이다.

  경제적인 의사결정을 잘못해 후회하는 일도 완전한 '~더라면 증후군'이다. 그때 왜 땅을 사놓지 않았던가. '그랬더라면' 나도 10만 원짜리 수표를 천 원짜리 쓰듯 마구 쓴다는 사람들의 대열에 당당히 설 것 아닌가라는 후회다. '왜 당시 중공업 부문의 투자를 외면하고 당장의 이익만 급급해 경공업 분야에만 투자했던가?'라는 후회 역시 기업이 겪는 '~더라면 증후군'이다.

뛰어난 CEO는
회계정보 활용에 능하다

조지 워싱턴, 벤저민 프랭클린, 토머스 제퍼슨과 같은
미국 건국의 지도자들도 회계에 밝았다.

　　오너임에도 불구하고 회사 일은 제쳐놓고 전경련 회장이니 뭐니 각종 감투에 영일이 없는데도 회사는 잘 돌아간다. CEO에 따라서는 개인적인 볼 일을 다 보고, 벌건 대낮인데도 골프를 치건만 회사가 잘못되었다는 이야기가 없다. 클린턴이나 부시처럼 여유 있게 골프도 치는 대통령이 큰 일을 잘 수습한다. 뛰어난 리더십 때문에 조직은 아무 탈 없이 잘 돌아간다.

　　아무리 리더십이 뛰어나도 리모트 컨트롤은 있어야 한다. 기업의 원격 조정은 다른 조직과 달리 수치를 이용해야 한다. 바로 회계수치다. 조선 초기 세종대왕도 회계제도를 통해 국가 경영의 기틀을 세웠다. 마찬가지로 조지 워싱턴, 벤저민 프랭클린, 토머스 제퍼슨과 같은 미국 건국의 지도자들도 회계에 밝았다는 이야기가 전해진다.

단순히 "아무 일 없지?"라든가 "네, 모두들 열심히 일하고 있습니다"라는 방식으로는 원만하게 돌아가지 않는다. 건강을 체크하듯 영업순환은 잘되는지, 조직이 건강한지, 어디가 병들었는지를 수시로 점검해야 한다. 무엇으로 체크할까? 바로 회계다. 회계는 내시경과 같다. 회계자료만 있으면 꼼짝 못한다. 회계보고를 보면 다 드러난다. 회사를 비워도 사무실을 유리알 들여다보듯 파악할 수 있다.

회계를 등한시하다 망한 대우

비운의 경영인 김우중 회장이 망한 원인은 무엇일까? 그는 세계경영을 선언하고 해외 산업기지 1,000개 이상, 매출액 1,780억 달러, 총고용 35만 명(해외 25만 명) 이상을 달성하겠다는 야심찬 목표를 추진하려다 차가운 감옥에서 야속한 운명을 탓하며 화려한 과거를 곱씹게 되었다. 창업자요, 샐러리맨의 우상인 김우중 회장은 무엇 때문에 실패의 고배를 마셔야만 했을까?

여러 원인이 있을 수 있다. 좋게 말하면 엄청난 차입경영의 늪을 끝내 넘지 못해서라고 한다. 일부는 분식회계 때문이라고 말한다. 하지만 차입경영이나 분식회계가 대우만의 전유물이었던가. 한편에서는 조심스럽게 '대우=김우중'이라는 인식이 그룹을 망친 거라고 한다. 의사결정이 김우중 회장에게 집중화된 탓이란 이야기다. "내가 모든 걸 결정한다니까요"가 그 원흉이었다. 그는 골프는커녕 잠잘 시간도 모자랄 정도로 일에 열심인 워커홀릭이었다. 1년이면 절반은 비행기에서 지냈다.

만일 그 열정을 조금만 떼내 책임회계를 제대로 시행했다면 전문 경영자가 감히 회사를 멍들게 했겠는가. 책임회계는 원가, 이익 및 투자 중심점마다 그 책임 소재를 밝히는 회계다. 상무나 부장이라도 능히 할 수 있는 일에 회장이 직접 뛰어들면 조직의 아픈 소리가 들리지 않는다. 회장이 직접 듣지 못하면 아무런 문제가 없는 것으로 결론난다.

모든 걸 담당 임원에게 맡기고 회장은 암세포나 나쁜 징조만 처치하라 명하면 그만이다. 그런 병들은 회계보고서를 보면 모두 나타난다. 특히 관리회계를 이용하면 틀림없다. 불운의 김우중 회장은 관리회계를 경영에 이용했을까? 과연 얼마만큼 이용했을까? 부정적으로 이용한 건 아니었는지 그 판단이 쉽지 않다. 회계를 통해 예외적으로 관리하고, 시간 타령만 할 게 아니라 회장 본인이 여유를 찾고 느긋하게 쉬기도 하며 각사의 성과만 꾸준히 체크했던들 설마하니 그 큰 그룹이 비참하게 쓰러졌을까?

쓰러질 당시 안타깝게도 그룹 전체적으로 재무상태가 제대로 파악되지 않았다는 소문이다. 회계가 부실했던 탓이다. 오죽 답답하면 분식회계로 모면하려 했을까. 물론 김 회장 자신이 영업통이라 회계가 서툴렀을 수도 있고 회사 전체적으로 회계가 취약해서 회계문제가 자꾸 불거졌을 수도 있다.

투명한 회계로 경영의 귀재가 된 서두칠 사장

리더십도 탁월하고 회계정보를 적절하게 잘 이용해 파산 일보 직전에서 기업을 구해낸 CEO, 한 걸음 더 나아가 우량기업으로 키워낸 CEO라면 단연 서두칠 사장을 들어야 할 것 같다.

1997년 한국초자전기 HEG(Hankuk Electric Glass)의 사장으로 발령받은 서 사장은 전직 대우전자 사람들이 베푼 송별연이 끝나기가 무섭게 공장이 있는 구미로 내려가 특유의 능력을 발휘한다. 어둡고 더러운 생산현장, 무질서하고 비효율적인 운용체제, 한숨이 절로 나오는 종업원들의 나태한 근무태도, 우호적이지 않은 눈빛들…. 그러나 서두칠 사장은 곳곳에 희망이 깔려 있다고 보았다. 도처에 문제점이 보인다는 건 개선할 여지가 무궁무진하고 개선과정을 통해 변화하고 발전할 수 있다고 믿었기에 탁월한 경영능력을 발휘했던 것이다.

한국초자전기는 어떤 회사인가. 서두칠 사장이 부임할 즈음 세계적인 경영컨설팅 회사 '부즈 · 앨런앤드 해밀턴'사는 6개월간 경영진단을 한 끝에 "Our conclusion is that HEG cannot survive in its current position"이라고 '회생불가' 판정을 내렸다. 회사는 총부채 4,700억 원으로 그 비율이 천문학적 숫자인 1,114퍼센트나 되어 퇴출 영순위였다. 스티브 잡스가 오더라도 가망이 없는 기업이었다. 1974년 설립된 회사는 초기 과잉 공급으로 재고량이 급격하게 늘어 고전하다가 엎친 데 덮친 격으로 77일간 초유의 최장기 파업으로 영원히 회복불가능한 상황으로 변모했다. 당연히 재무상태는 최악이었다.

서두칠 사장은 근무한 3년 반 동안 매출액 2,377억 원대, 당기순손실 600억 원, 매출 7,104억 원. 당기순이익 1,717억 원대로 끌어올려 그야말로 장대높이뛰기로 불황의 늪을 훌쩍 뛰어넘었다. 이 과정에서 3,500억 원대의 차입금을 열기구에서 공기 빼듯 50억 원으로 푹 떨어뜨렸다. 한때 4,000원까지 폭락했던 주가를 4만 원대로 대폭 끌어올리기도 했다. 마치 애플의 매킨토시 출하 후 나타난 주가상승과 비슷하게 말이다. 뇌사 상태의 회사를 기적적으로 소생시켜 우량기업으로 탈바꿈시켰다. 대단한 건 장기간의 노사 간 소용돌이를 겪고도 단 한 사람도 정리해고를 하지 않은 상태에서 경이로운 업적을 달성했다는 사실이다. 그야말로 도깨비장난과도 같은 신화다.

서 사장의 무엇이 그토록 경이로운 성과를 거두게 했는가. 한마디로 회계정보를 이용한 열린 경영과 솔선수범을 들 수 있다. 가족은 서울에 남겨둔 채 달랑 가방 하나만 들고 구미로 달려가, 파출부를 둘 수도 있으나 16평 아파트를 얻어 자취한 것이라든지, 매일 아침 6시에 출근해 공장을 둘러보며 일과를 시작하고 '1년 365일 현장 고수'의 원칙을 지켜낸 솔선수범이 크게 한몫을 했다.

암환자를 소생시키는 것이 어찌 의사의 힘만으로 가능하겠는가. 사장의 멸사봉공 정신만 갖곤 어림없다. 그는 경영정보를 철저하게 공개했다. 간부들의 자세를 바꾸기 위해 회의를 수시로 소집하는 한편 전체 사원을 상대로 경영 현안 설명회를 가졌다. 설명회에서는 회계정보가 반드시 제공된다. 또한 1달러를 파는 대신 2달러를 절약하자고 외치면서 강력한 원가절감을 단행했다. 그는 구성원들이 회사의 경영 상태를 충분히 파악하는 데 주안점을 두었다. 경영정보에는 회사의 재무상태를 비롯해 영업성적 및 여러 경영현황이 포함된다.

그는 경영현황을 직원들, 때로는 부인들에게까지 수시로 설명했다. 특히 이전에는 경리과 직원만 알 수 있었던 재무정보를 투명하게 만천하에 공개했다. 심지어 당시 회사마다 금단의 열매로 쉬쉬했던 접대비와 판공비, 사장의 출장 이유와 성과금까지도 자세히 밝혀 전 직원이 사장과 함께 고민하고 사장과 함께 판단하는 분위기를 만들었다. 정보의 공개는 비단 구성원들의 이해와 협력을 구하는 데만 이용된 것이 아니라 경영실적에 따라 적절한 보상과 위기를 분담하는 데도 이용됨으로써 동기부여에 많이 활용되었다.

비교적 늦깎이임에도 혁신을 구호로 내걸고 백척간두에 서 있던 회사를 우뚝 일으켜 세운 서두칠 사장의 값진 경험은 진정 독보적이었다. 그는 당대 최고의 경영인으로 우뚝 섰다. 이른바 최고 학벌인 정통 엘리트코스를 밟은 경영인이 아니어서 더욱 빛난다. 그는 대학에 갈 형편이 안 돼 진주농대 부설 교원양성소를 거쳐 2년간 교사 생활을 하다가 진주농대(오늘의 경상대 농대)에 편입해 대학을 마친 후 농협에 입사했다. 농협에 근무하면서 연세대 경영대학원에서 회계학 석사를 받은 게 오늘의 위대한 CEO 서두칠을 세운 발판이 되지 않았나 싶다. 무릇

대학원에서의 회계학 공부가 그 밑거름이 되었음직하다. 더불어 "용장이 지장만 못하고, 지장은 덕장만 못하다"는 동양의 지도자 속성도 그를 크게 뒷받침했을 것이다.

Chapter 8

디지털시대의
회계

회계정보의 생명은 믿음

회계정보가 큰 변화나 미래 예측에 절대적인 역할을 할 수 있으려면
갖춰야 할 조건이 많다. 그중 가장 중요한 것이 신뢰성이다.

　동물은 지진이나 자연의 변화를 사전에 감지하는 능력이 있다. 파키스탄 동북부에 강진이 일어나기 전 까마귀를 비롯한 많은 새들이 갖가지 이상한 행동을 보였다고 한다. 여진을 포함하여 지진이 날 때마다 까마귀들은 비명에 가까운 울음소리를 냈다는 것이다. 그 때문에 현지인들은 지진을 대비하려 할 때면 으레 까마귀의 움직임을 주시한다고 한다. 이슬라마바드에서도 새들이 갑자기 날카로운 울음소리를 내면서 둥지를 떠난 직후 지진이 일어났다는 이야기가 있다.

　여섯 번째 감각, 육감으로 불리기도 하는 동물의 예지능력은 비록 과학적 근거의 부족으로 속설에 지나지 않는다는 비판도 있지만, 수많은 기록은 동물들이 재해에 앞서 이상한 행동을 나타냈음을 입증하고 있다. 남아시아를 강타한 쓰나미 때 15만 명의 사망자가 발생했으나,

야생동물들의 피해는 상대적으로 적어 동물의 예지능력에 대한 관심이 높아졌다. 지진이 발생하기 전 타밀나두에서는 영양 떼가 해안에서 언덕으로 올라가고, 중국에서는 겨울에 도마뱀이 도로로 나오고, 기원전 그리스에서는 뱀과 족제비 등이 도시를 탈출했다고 전해진다. 동물은 단순히 육감으로만 파악해야 할까. 오로지 예민한 촉각 탓이라기보다 동물들 나름의 신호나 정보에 따라 뛰든가 멀리 이동하는 것이 아닌가 싶다.

회계정보의 유용성은 신뢰성 확보로부터

회계는 돈 계산이라 했지만 돈 계산만으로 만사 오케이는 아니다. 물론 각종 조직의 재무감사나 어떤 모임의 회계담당은 현금이 지출되므로 당연히 회계를 한다. 하지만 기업의 회계는 당장 대금을 결제하거나 회수할 목적으로만 이루어지지는 않는다. 작성된 재무제표를 많

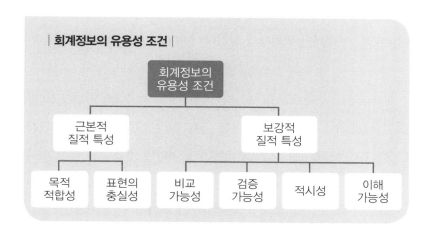

| 회계정보의 유용성 조건 |

은 이해관계자들에게 보여주기 위한 것이다. 이해관계자들은 재무제표에 담긴 정보를 이용하여 여러 의사결정을 한다. 이에 회계란 사람들에게 회계정보, 곧 의사결정에 도움이 될 재무적 정보를 제공하는 서비스 활동이다.

의사결정에 도움이 되기 위해 정보의 유용성이 높아야 함은 두말할나위 없다. 회계정보는 큰 변화나 미래 예측에 절대적인 역할을 할 수 있도록 쓸모가 있어야 한다. 그러려면 갖춰야 할 조건이 많다. 그중 가장 중요한 것이 신뢰성이다. 자주 등장하는 법률 표현 가운데 "심증은 가지만 별 도리가 없다"라는 말이 있다. 특히 고백은 신뢰성이 약하므로 물적증거가 뒷받침되지 않으면 처벌하기 어렵다.

회계정보 역시 '신뢰성'이 최우선이다. 회계에서 신뢰성을 따질 때는 재무제표가 증언과 같은 역할을 한다. 증언을 토대로 물증을 찾듯 재무제표에 담긴 숫자를 보고 그 수치가 사실인지 아닌지를 확인하는 것이다. 물증을 찾을 수 있을 때, 그러니까 그 숫자가 확인될 수 있을 때 이를 '검증 가능성'이 있다고 한다. 검증할 수 있다는 건 누가 두드려보아도 그 숫자가 확인됨을 말한다. 사람에 따라 이렇게 저렇게 마구 달라진다면 검증 가능성은 전혀 없는 것이고 신뢰성 역시 제로다.

제3의 어느 누가 정보를 생산하더라도 서로 비슷해야 한다. 그러자면 '객관성'이 있어야 한다. 까마귀는 지진이 온다고 아우성인데 참새는 단지 사람들의 메아리일 뿐이라고 말한다면 객관성은 멀리 날아간 셈이다. 객관성을 지니려면 검증 가능성이 있어야 한다. 둘은 동전의 양면과 같다. 하지만 검증 가능성을 높인다고 하여 수십 조 원을 다루는 기업들이 자잘하게 몇 원까지 밝히느라 시간을 소모할 필요는 없다. 대기업들의 재무제표 가운데 100만 단위가 나타나는 건 그 때문이다.

회계감사는 신뢰성 재고의 수단

일본의 후쿠시마 원전 폭발 사고 이후, 수산물에 대한 우려가 매우 높아졌다. 왜냐하면 우리의 식탁에 오르는 명태, 대구, 오징어 등 대부분의 생선이 일본 근해에서도 많이 잡히고 있으며 한때 일본으로부터 수입하는 물량도 상당했기 때문이다. 아무리 안전하다 외쳐야 믿어지지 않는다. 더구나 인터넷에서는 어느 원자력공학과 교수의 말이라며 "일본의 70퍼센트가 세슘에 오염되었다"라는 이야기가 떠도니 더욱 겁난다. 오죽하면 엊그제 사온 네덜란드산이라는 대구도 일본산을 속인 게 아닐까 하는 두려움에 아직도 먹지를 못하고 있을 정도다. 방사능 측정이 없는 한 찜찜하다.

참으로 생선 먹기가 두렵다. 이런 불안을 없애는 길은 무엇일까? 최고로는 어부들의 고기잡이부터 살피고 수산시장에 들어올 때 방사능 검사를 함은 물론 시장상인이 직접 방사능 측정을 해보고 "보시다시피 세슘은 극히 미량이네요"라고 보여주는 길뿐이다.

회계정보 역시 못미더운 수산물의 신뢰성을 높이는 것처럼 처음부터 철저하게 검사해야 한다. 감사인은 사전에 선임돼 어부가 청정해역에서 어획활동을 하는 여부부터 확인하듯 정보의 산출 과정부터 살핀다. 감사인인 공인회계사는 팀장들이 제대로 일했는지 경쟁사에 비해 구조조정을 잘했는지 등은 관심이 없다. 오직 재무제표의 신뢰성에 초점을 둔다. 그 때문에 '재무제표 감사'라고 불린다.

감사 결과 문제가 없으면 '이 재무제표는 믿고 이용해도 아무 탈이 없습니다'라고 인증하는데, 이게 '감사인의 의견표명'이다. 의견표명의 잣대는 회계감사기준과 기업회계기준이다. 제아무리 영업의 내용이나 경영이 부실해도 회계정보만큼은 기준에 맞춰 제대로 제공한다면 감사인의 일은 끝난다. 흔히 볼 수 있는 '적정의견'이 그렇다. 적정의견은 글자 그대로 "기업회계기준에 따라 기업의 재무상태나 영업성적을 적정하게 표시하고 있으니 믿고 이용하십시오"라고 회계정보의 품질이 합격했다는 표현에 불과하다.

초등학교 때 시험지를 채점한 후에 제출하면 선생님은 그 채점이 제대로 된 것인지 확인한다. 이 학생의 성적이 좋은지는 차후의 문제이고 일단 맞는데 틀리도록 채점하거나 틀린데 맞았다고 표시한 것이 없는지를 확인한다. 이 절차가 회계에서는 재무제표 감사다. 확인 결과 문제가 없으면 그대로 성적표를 만든다. 예컨대 성적이 나쁘다고 성적표를 안 줄 수는 없잖은가. 이 성적표가 재무제표의 의견표명이다. 그 후 성적표를 보고 판단을 하는 것은 학부모의 몫이다.

중요성의 원칙

회계처리와 재무제표를 작성할 때 과목과 금액은 중요성에 따라 결정해야 한다는 원칙이다. 숫자는 정확해야 하나 의사결정에 중요하지 않은 경우에는 통합 또는 생략할 수도 있다는 원칙이다. 예를 들어, 삼성전자의 경우 재무제표에 억 단위로 나타내는 것도 이런 맥락이다.

언뜻 천기누설이란 말이 떠오른다. 회계에는 비밀스러운 부분이 많다. 비밀의 한계를 회계에서는 '**중요성의 원칙**'으로 결정한다. 쉽게 말해 의사결정에 중요한 영향을 미치느냐 미치지 않느냐로 판단하는 것이다. 어떤 정보를 알리는 게 이해관계자들의 의사결정에 중대한 영향을 미칠 것으로 본다면 지체 없이 알려야 한다. 그렇다면 시시콜콜 모두 알리는가? 아니다. 그 정보가 외부에 알려지면 망할 걸 번연히 알면서 공개하라고 요청할 이해관계자는 없으니 걱정 끊으라는 것이다. 이것이 '중요성의 원칙'이다. 100만 단위가 좋은가, 1,000원 단위가 좋은가, 아니면 원 단위 그대로가 좋은가도 마찬가지로 중요성의 원칙에서 판단한다. 조 이상의 규모에서는 100만 원 이하, 아니 1,000만 원 이하쯤 대수롭지 않다. 단위 따위는 그다지 중요하지 않다. 몇 십억 규모의 소기업이라면 원 단위까지도 문제될 수 있으나 공룡기업에서는 굳이 끝자리에 연연할 필요가 없다. 이게 중요성이다.

재무분석을 통한 미래의 예측

정보란 갖출 것은 다 갖추되 신뢰성이나 중요성과 함께 예측성이 높아야 한다. 우선 회계정보를 입수하면 기업의 앞날을 충분히 가늠할 수 있어야 한다. 말하자면 사전적 정보로서의 여건을 갖춰야 한다는 말이다. '사람의 미래를 알려면 과거를 돌이켜보라'는 말이 있다. 마찬가지로 이용자들은 각종 재무비율을 이용해 기업의 미래를 예측하고 나름대로의 판단을 내리고자 한다. 미래가 더 중요하기 때문이다. 이는 재무제표의 각 구성요소를 이용해 필요로 하는 정보를 얻는 절차이므로 '재무분석'이기도 하다. 재무제표를 분석하는 것이니까 '재무제표분석'이다. 증권가나 금융가 또는 투자자문을 서비스하는 재무분석가나 증권분석가에게는 기본 중의 기본이다. 이들 전문가들은 재무분석 외에도 비재무적 정보를 이용하여 총체적인 경영분석까지 수행한다.

믿음의 파괴와 도덕적 해이

회계는 경영자의 도덕적 해이를 방지하는 데 큰 역할을 한다.
공인회계사야말로 회계담당자의 도덕적 해이를 바로잡는 파수꾼이다.

　잘 아는 한의사 한 분은 보약 한 제에 500만 원을 받는다. 가끔 술자리에서 만나면 신령한 약이라는 뜻을 지닌 '신선단'이라는 환약을 좋은 약이라며 술 마실 때 공짜로 주곤 하는데 한 봉에 30만 원씩 받는 것이라고 한다. 보통 10봉 들이를 한 갑으로 판매하니까 300만 원짜리가 되는 셈이다. 너무 비싸니 깎아달라고 하면 단호히 거절한다. 차라리 공짜로 줄지언정 에누리는 있을 수 없다는 이야기다. 약값이 곧 그의 가치였다.

　대체로 보약은 설사 중국 한의원 왕서방일지라도 한 제에 기껏 50만 원, 비싸봤자 100만 원쯤으로 알고 있는 이에게는 "야! 이거 칼만 안 들었지, 순 날강도 아냐" 하고 기겁할 노릇이고 도통 믿어지지 않을 노릇이다. 그렇지만 사실이 그런 걸 어쩌랴. 약값이 금값이냐고 닥달할 수 있지만 약효는 비싼 만큼 좋은 건지, 독한 양주를 아무리 마셔도 취하지 않았고 뒤끝도 좋았다. 모르는 사람들이 도둑으로 몰든 강도로 보든 단골깨나 많아 오히려 배짱이라는데 할 말을 잃었다. 유행가 가사처럼 "돈 없으면 빈대떡이나 부쳐 먹지"다. 왜 이런 현상이 생길까? 약재를 믿지 못하기 때문이다.

도덕적 해이는 정보 불균형에서 출발

한약재는 중국산이 많다 보니 중금속 오염이 염려된다는 소문이 가득해 먹어도 떨떠름하다. 그 좋다는 웅담은 아무리 진짜라고 우겨도 90퍼센트가 가짜인 터라 선뜻 믿지 못한다. 심지어 고양이 쓸개를 웅담으로 둔갑시키는 판국에 진짜 웅담이라면 그까짓 몇 백만 원쯤 '기꺼이'다. 한약에서 최고로 치는 사향만 해도 비싸기도 비싸지만 한국에서는 사향노루가 멸종되었기 때문에 좀처럼 구할 수가 없다. 애써 중국에서 구했다고 침방울 튕겨가며 우겨봐야 고작 사육 노루의 분비물쯤으로 치부하는 불신은 어쩔 수 없다. 한약 값이 천정부지여도 선뜻 돈을 주고 사먹는 것은 바로 '도덕적 해이'가 없으리라는 단단한 믿음 때문이었다. 비싼 가격은 약값이라기보다 도덕적 해이를 차단하는 가치다.

1997년 외환위기 당시 언론에 자주 등장한 도덕적 해이라는 말은 무슨 뜻인가? 영어로는 'moral hazard'인데, 번역하는 과정에서 '도덕적 위험', '도덕적 위태' 또는 '도의적 태만' 등으로 다양하게 불리지만 속내는 다 같은 용어다. 다양하다 해도 도의적 타락이나 도덕적 불감증과는 전혀 별개다. 둘은 당연히 지켜야 할 도리를 무시하거나 본분을 벗어나 엉뚱하게 행동할 때 쓰는 말이다. 물론 도덕적 해이도 좋은 말은 아니다. 다만 도덕적 해이는 어느 한쪽만 내용을 잘 알고 상대방은 모를 때, 전문용어로 '정보 불균형'일 경우에 일어난다. 정보를 공유해 어떤 상황에 대해 다 함께 잘 알면 아무런 문제가 없다.

한약재를 재배하는 과정부터 조제하기까지 빈틈없이 잘 알 수만 있다면 도덕적 해이는 전혀 일어나지 않는다. 한약의 경우, 처음부터 "약재는 중국제이니 알고나 드십시오"라고 진솔하게 말해주면 문제될 게 없다. 실제는 중국제이면서도 "이 약은 순 국산 무공해 재료로 조제했기 때문에 믿어도 좋습니다"라고 고가의 순수한 국산으로 둔갑시킬 때가 탈이다. 진짜냐 아니냐의 정보는 주인만 안다. 이것이 '정보 불균형 또는 **정보의 비대칭**' 현상이다. 이와 같이 한쪽만 확실한 정보를 갖고 있어 우리의 머리를 갸우뚱하게 만드는 사례는 너무나 많은데, 보석 감정사, 골동품 감정인과 같은 각종 전문가와 의사 및 중고판매상 등이 그 예다.

정보의 비대칭

거래 당사자들 간에 거래에 관련된 정보의 내용이나 분량이 서로 어긋날 경우를 말한다. 이는 역선택(바람직하지 않은 선택을 하는 경우)과 도덕적 해이(계약당사자가 계약 내용을 충실히 이행하지 않는 경우)를 초래할 수 있다.

도덕적 해이가 사회에 미치는 경제적 파장은 너무나 크다. 도덕적 해이라는 말은 보험업에서 처음 등장했다. 영화에서 자주 볼 수 있는 보험금을 노린 사고가 바로 도덕적 해이의 대표적인 예다. 가입자가 보험금을 타먹기 위해 고의로 사고를 유발하거나, 일부러 방화하거나,

사고 상태 및 시점을 허위로 조작해 일반 사고인데도 보험 사고인 양 위장하는 사기 행위, 보험금을 과다하게 청구해 횡령하는 행위나 성향 등이다. 이를 초기에는 '도덕적 위해'라고 불렀으나, 나중에 번역하는 과정에서 '도덕적 해이'로 바뀌었다.

우리나라에서는 이 말이 1970년 처음 등장한 이래 전혀 사용되지 않다가 1995년 새롭게 나타나더니, 1997년 이후 갑자기 언론에 빈번하게 나타났다. 급기야 2000년에는 신문사 평균 154건, 경제 일간지에는 291건이나 등장했다. 외환위기 당시에는 은행과 기업들의 도덕적 해이가 상당히 문제시되었다. 관치금융이 지배하던 시절이라 은행들은 명시적인 정부의 지급 보증을 받지 않았음에도, '정부가 나 몰라라 하리오' 하는 묵시적 보증을 믿었다. 게다가 설마 재벌이 망할까 보냐 하면서 무리한 대출을 일삼은 게 금융대란을 가져왔다. 그 결과 어마어마한 공적자금이 투입되어 국민 부담만 잔뜩 늘려놓았던 것이다. 대기업들은 '쳇! 우리가 망하면 은행은 안 망하나' 하는 배짱으로 위험한 투자계획을 마구 집행해 불난 데 부채질했다.

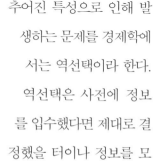

한편 계약 이전에 거래상품의 감추어진 특성으로 인해 발생하는 문제를 경제학에서는 역선택이라 한다. 역선택은 사전에 정보를 입수했다면 제대로 결정했을 터이나 정보를 모

른 상태에서 불이익의 방향으로 이루어지는 의사결정이다. 보험에서는 계약 이전에 고객의 사고위험도를 몰라 동일한 보험료를 책정했으나 사고 위험이 높은 사람이 몰려들면 역선택의 문제가 발생했다고 말한다. 고객이 계약 후 보험만 의지하고 사고에 대한 대비를 등한시하는 것이 도덕적 해이다. 보험금을 노려 고의적 행동을 할 때도 일종의 도덕적 해이로 볼 수 있다. 예컨대 금융상품을 판매한 후 주주들이나 채권자들이 알지 못하는 행동을 할 수 있는 바, 그로 인해 주가가 떨어지거나 채무를 갚지 못하는 사태가 일어나면 도덕적 해이라고 부를 수 있다.

회계는 바로 경영자의 도덕적 해이를 방지하는 데 큰 역할을 한다.

전문경영자를 고용한다는 것

회사의 경영을 위임받은 경영자와 주주와의 관계는
현대사회의 가장 대표적인 '위임 – 대리' 관계다.

옛날에는 소작제도가 널리 성행했던 까닭으로 마름이라는 제도가 있었다. 마름이란 고려 이후 '사장'이라는 말에서 생긴 것으로, 본래 왕실 주변의 전답인 궁원전이나 내장전의 관리를 맡는 장토관리자를 일컫는데, 당시에는 하급관리에 속했다. 후에 민전에도 적용되어 양반을 비롯한 지주들로부터 소작료의 수합 및 소작지의 감독권을 위임받아 지주의 대리인으로 행세했다. 이들은 지주와 소작인의 중간에서 많은 착취와 권한 행세 등의 횡포가 있어 말썽도 꽤 일었던 모양이다. 말하자면 도덕적 해이가 심했다. 김유정은 대표작인 〈봄봄〉에서 순진한 주인공이 마름의 딸 '점순'이와 혼인하기 위해 데릴사위로서 머슴 노릇을 하면서 겪게 되는 일을 토속적이고 정감어린 문체로 그려내고 있다.

마름은 해방 후 토지개혁으로 대지주가 사라지기까지 존재했던 '대리인 제도'였다. 대리인 제도는 요즈음 꽤 등장하는 갑을관계와 내용이 비슷하다. 지주와 마름 사이에는 오랫동안 소작지 관리에 대해 주종관계였다. 지주는 마름에게 소작의 관리권을 위임했기 때문에 주인이자 위임자였다. 한편 마름은 소작의 관리권을 대행하는 대리인이었다. 둘은 위임자와 대리인과의 관계, 곧 '대리관계'다. 대리관계는 비단 소작에 국한되지 않는다. 목적지까지 안전한 운행을 위임하고 있는 관광버스의 승객과 운전사와의 관계, 병원에서 질병의 치료를 위임하고 있는 환자와 의사와의 관계, 이발소의 손님과 이발사와의 관계를 비롯해 불확실성을 위임한 보험회사와 가입자와의 관계 모두가 '위임 - 대리관계'다. 대리관계가 성립하기 위해서는 믿음이 필요하다. 만약 마름이 지주의 수익을 가로챌 것이라 생각한다면 절대로 관리권을 맡길 수 없다.

그중 회사의 경영을 위임받은 경영자와 주주와의 관계는 현대사회의 가장 대표적인 위임-대리 관계다. 그래서 신뢰야말로 실무경영이나 경영학의 관점에서 매우 중요한 가치인 것이다. 도덕적 해이가 있는 한 위임자는 늘 불안하다. 중간에서 농간당하지나 않을까 등 걱정을 열거하기가 민망할 정도다. 대리인이 진실하지 않는 한 피해를 입거나 손해 볼 가능성은 늘 있는 것이다. 대리인에게 위임하는 한 도덕적 해이에 따른 희생이나 대가를 각오해야 한다.

대리비용의 개념

옛날 어떤 영감의 본처는 한약을 달이면 양이 늘었다 줄었다 해 영감의 심기를 상하게 하는 데, 첩은 항상 양이 일정하므로 약 달이는 기술과 정성이 대단한 것처럼 칭찬받기 일쑤였다. 하도 약을 잘 달이기에 어느 날 영감이 그 광경을 유심히 관찰한즉, 첩은 양이 많으면 물을 쏟아 버리고 양이 적으면 물을 더 부어 언제나 일정한 분량을 만드는 것이었다. 한편 본처는 많이 달여 적으면 적은 대로, 약간 덜 달여 많으면 많은 대로 오로지 약의 내용물에만 신경 쓸 뿐이었다. 오히려 첩의 약 달이는 방법에 문제가 있음을 전혀 모른 채 잘 달인다고 칭찬만 했던 영감은 그제야 첩에게 도사린 도덕적 해이를 간파하고 깜짝 놀랐다. 부부일생이라는 말도 있듯이, 영감을 진정 사랑하는 정부인의 약 달임에 어찌 도덕적 해이가 있겠는가. 하지만 첩도 주인마님이 항상 지켜보고 있음을 알아챘다면 도덕적 해이는 사라졌을 것이다.

도덕적 해이는 위임-대리 관계에서 정보가 불균형하거나 대리인의 행동을 직접 살피지 못하는 상황에서는 항상 나타나게 마련이다. 한양에 있는 지주는 마름이 실제로는 10가마를 받고도 5가마밖에 못 받았다고 주장하거나, 게으름을 피운 까닭에 수확이 적은데도 홍수로 다 떠내려갔다고 거짓말을 한들 어쩔 도리가 없다. 이게 못마땅하면 내가 직접 농사를 짓든가 한약도 손수 달여야 한다. 그렇지 않다면 대리인에게 맡긴 만큼의 대가를 치르는 도리밖에 없는 것이다. 이같이 대리인에게 맡기기 때문에 부담하는 희생, 경제적인 손해는 물론 불안, 불쾌 및 걱정 등을 포함한 일체의 대가를 '대리비용(agency cost)'이라 한다.

주주가 전문경영자를 고용하여 부를 생산할 때, 세상 일은 결코 거저 이루어질 수 없는 법이므로 그에 따르는 희생이 있다. 주주는 경영자가 열심히 일해줘야 자기 몫인 부가 증가하므로 일할 보상을 마련하는 등의 대가를 치른다. 우선 대리인에게 월급, 상여금 등의 경제적 보상을 지급해야 한다. 이 뿐인가. 사장을 두려면 고급 양탄자를 바닥에 깔고, 최고급 승용차에 운전사를 딸려줘야 하며, 똑똑한 비서도 곁에 붙여줘야 한다. 이들은 경영자의 주머니 속과는 직접적인 관계가 없으나 사장으로 하여금 열심히 일하게 만드는 보상이므로 이를 '비금전적 보상'이라 한다.

이 정도라면 그래도 참고 넘길 수 있다. 마음에 안 드는 일이 있어서 한마디했더니 딴살림 차리려는 꿍꿍이속인지 적당히 넘기는가 하면, 슬금슬금 실속을 차리는 행패도 있다. 이만 한 건 약과이고 횡령이나 부정으로 회사를 들어먹는 친구도 있다. 그렇다고 일일이 따라다니면서 확인할 처지도 못 된다. 이로 인한 손실 역시 대리비용이다.

설령 대리인이 성실히 근무하고 있다 해도 대리비용은 늘 발생하게 마련이다. 행여나 고급기술을 빼돌리지나 않을까 염려돼 또는 다른 회사로 옮겨가지 않도록 비위를 맞추고 눈치를 보는 일도 큰 희생이다. 그러기에 스톡옵션제도를 두어 당신은 단순한 월급쟁이가 아니니 힘껏 잘해달라고 한다면 이 역시 대리비용을 부담하는 것이다.

공인회계사는 전문경영자를 감독하는 제2대리인

어떻게 하면 도덕적 해이를 최소화하고 생산성을 향상시키도록 이끌 것인가. 돈을 많이 주면 잘할 것은 틀림없으나 무조건 많이만 준다고 능사는 아니다. 실적도 나쁜 터에 거액의 연봉만 꼬박꼬박 나가므로 '배보다 배꼽이 더 크니' 주인 측에서는 이래저래 불만이다. 많은 궁리 끝에 경영자와 적절한 '보상계약'을 체결하여 대리인의 의욕을 높임으로써 자기 수입을 늘리는 방안을 마련하고자 한다. 이를테면 도급제처럼 일한 만큼 경영자가 보수를 받도록 하면 행여나 부가 많이 생산된 것처럼 거짓 보고하여 주주에게 피해 입힐까 걱정이다. 설령 정직하게 보고한다 하더라도 호황으로 사업이 잘되면 "고정급으로 할걸…"이라고 주주가 불만일 수 있다.

반대로 항상 일정한 월급을 보장해주고 생산한 부를 전부 주주가 챙긴다면, 경영자는 열심히 뛰든 슬금슬금 일하든 수입은 보장되고 몸 달 게 없으니 자칫 게으름을 피울 가능성이 있다. 흔히 쿠바 같은 사회주의 국가에서 볼 수 있는 현상이다. 보상계약이 아무리 훌륭해도 열사람이 도둑 하나를 못 잡는다고 경영자가 나쁜 마음을 먹고 적당히 실속 차리고 회사를 멍들게 하기로 작정하면 당해낼 재간이 없다. 결국 고민 끝에 나온 방안이 감시하는 길이다. 흔한 예로 공산사회의 안전원이니 정치보위부니 하는 사람들은 바로 대리인의 행동을 감시하기 위한 제도다.

인간이 만든 제도가 제아무리 좋다 해도 빛과 그림자가 있게 마련이다. '쥐 잡으려다 독 깬다'는 말과 같이 심한 감시로 "기분 나빠 일 못하겠네. 다른 데로 가겠네"라고 시위한다면 감시는 되레 역기능 현상을 일으켜 일을 그르치기에 적당한 선의 감시를 꾀할 수밖에 없다. 적어도 1년에 한 번은 회사의 재무상태를 밝히고 그간의 업적을 손익계산서에 나타낸 후, 이를 제삼자인 공인회계사에게 검증하는 안이 바로 그것이다. 회계감사는 주주의 입장에서 대리비용을 가급적 줄이기 위해 공인회계사가 경영자를 감시하는 활동이다. CPA에게 지급하는 감사수수료는 더 큰 대리비용을 모면하기 위해 어쩔 수 없이 치르는 대가이자 제2의 대리비용이다. 그렇다면 공인회계사는 믿을 수 있을까? 감독을 안 해도 부실감사로 인한 대리비용이 발생하지나 않을까 걱정이다. 안전장치로 공인회계사 직업윤리규정이 있고 그에 따른 감리제도가 있어 '감사의 감독'을 대신한다. 일단 부실감사가 적발되면 법인이 해산되거나 등록 정지의 엄청난 불이익은 물론 형사고발도 각오해야 하므로 자동제어장치가 될 수 있다.

이것도 저것도 마음에 안 들면 내가 직접 나서는 길 외에는 다른 대안이 없다. 소유경영자는 대리인인 전문경영자에게 전적으로 위임하기에는 마음이 안 놓이므로 직접 발 벗고 나서는 경영인이자 오너인 그룹이다. 많은 재벌그룹이 이에 속하는데, 미덥지 못한 불안심리도 있지만 부를 더욱 불리려는 주인의 욕심 탓도 있을 것이다.

모든 원가의 집결지, 손익계산서

모든 원가는 궁극적으로
손익계산서라는 집결지로 모인다.

꿈에 그리던 대망의 금강산을 참여정부 때 가봤다. 물론 뱃길은 벌써 열려 있었지만 육로는 개통된 지 얼마 안 되어 참으로 감격적이었다. 그 옛날 무시무시했던 철조망의 남방한계선, 곧이어 북방한계선을 넘어 두근두근대는 가슴으로 마침내 북측 출입사무소에 도달했다. 트레이드마크인 적갈색 군복을 입은 북한 군인들이 통과를 확인할 때는 가슴이 뭉클했다.

이윽고 온정리 금강산 호텔에 숙박하고 등산을 하게 되었다. 금강산 만물상코스를 오르는 날이었다. 명불허전이라고 절경의 이름값을 하느라 산세는 험했다. 마치 63빌딩을 올려다보는 것처럼 경사가 급하기 짝이 없었고 수십 개의 사다리를 곡예하듯 올라야 정상인 천선대에 오를 수 있었다. 깎아지른 듯한 벼랑길이 오히려 산행의 진미를 보여주는 관광의 절정이었다. 곳곳의 기암괴석 또한 산악미의 진수를 맛보게 했다. 계속 이어지는 험한 계단 길에 많은 사람들이 중도 포기했다. 우리 일행도 10명 가운데 7명이나 포기하고 점심이 예정된 식당으로 되돌아갔다.

천신만고 끝에 천선대를 정복했는데 망양대마저 가련다고 층암절벽을 다시 오르려 하니 자신이 없었다. 총 3킬로미터의 거리에 왕복 4시간 코스이건만 거의 6시간이 걸릴 정도로 산길 소로가 나의 인내를 시험했다. 죽기 살기로 버텨 마침내 완주했으나 날쎈돌이들보다 한 시간여나 지체되었다. 예정지에 도착하니, 일행 모두는 식당에 모여 앉아 여유 있게 나를 기다리고 있었다. 하지만 그 힘든 코스를 정복한 승리의 쾌재를 전하려니까 산행을 접고 바로 내려간 분들이 되레 더 희희낙락이었다.

그렇다. 일찍 하산해 집결지에서 시간을 보낸 분들이나, 날쎄게 몸을 날려 달음질치듯 정상까지 냉큼 다녀온 사람, 그리고 나처럼 쉬엄쉬엄 한두 시간 늦게 돌아온 사람이 모두 식당에서 만났다. 제시간에 왔느냐, 한두 시간 뒤처져 왔느냐, 아니면 곧바로 돌아왔느냐의 차이만 있을 뿐 결국은 한곳에 모였다.

모든 원가의 종착역은 손익계산서

우리 일행이 식당에서 다시 만나듯 모든 원가는 궁극적으로 손익계산서라는 집결지로 모인다. 손익계산서는 마치 원가의 집결지와 같다.

보통 곧바로 손익계산서에 올라가 비용으로 탈바꿈하는 원가는 해당하는 기간의 것으로 확정짓는다 하여 '기간원가'라 한다. 또한 수익에 짝 지워 있으니까 그 기간의 비용이라는 의미에서 '기간비용'이라 하는데 판매비와 관리비를 비롯한 영업 외 비용이 이에 속한다. 결국 '기간원가＝기간비용'이다.

반면 어느 때라도 손익계산서에 올라오기는 하지만 창고에 머물다 판매라는 절차를 밟아 올라오는 것이 있다. 대부분 곧바로 집결지에 가지만 우리처럼 정상인 천선대, 망양대를 거친 후 모이는 것과 같다. 판매가 안 되면 창고에 묻혀 문제 재고가 되어 '하산길에 주저앉아 기운이 회복되길 기다리는 친구'처럼 언젠가의 판매를 한없이 기다린다. 제품원가는 바로 이런 종류의 원가다.

대학에 갓 입학했을 때 경복고를 나온 친구와 경기고를 나온 친구 둘이 고등학교도 다른데 언제부터 사귀었다고 '야자' 하며 꽤나 가깝게 지내는 게 눈에 거슬렸다. 알고 보니 둘은 전주 북중학교 동기 동창생으로 이전부터 잘 아는 사이였다. 서울에 올라올 땐 꿈도 뜻도 달라 고등학교도 달랐지만 공교롭게도 둘 다 재수한 끝에 같은 대학 같은 학과에서 만난 것이었다.

사람이건 원가건 극단적인 예외를 빼고는 언젠가 만나게 마련이다. 심지어 한 친구는 지방 고등학교를 나왔으나 서울서 고등학교를 나온 친구와 같은 학과에서 만났다. 대학이 아니어도 공부 좀 하다 보면 법조계에서 만나든가 대학교수로 만나든가 사회생활에서 만나게 마련이다.

제품원가는 우선 제품이 창고에 있다가 판매되어 고객에게 인도되어서야 매출원가라는 가장 큰 비용으로서 오히려 먼저 올라간 친구보다 더 당당하게 손익계산서에 자리잡는다. "봐! 먼저 다녀왔다고 폼 잡았지만, 결국 올라가다 포기하고 돌아오거나 그만 주저앉을 것이라고 여겼던 나는 이렇게 멀쩡하게 다녀왔잖으냐"라고 자부심을 갖는 것과 같다. 제품의 95퍼센트 이상은 판매되어 매출원가로 매출액에 짝 지워 사회로 진출하겠지만, 시장의 변덕에 따라 판매가 부진한 제품은 "내일 삼일포 관광이나 잘 해야지" 하고 다짐하듯 마냥 창고에 머문다. 이윽고 난데없는 비바람으로 중도 포기한 채 일찍 하산한 동료도 어슬렁어슬렁 호텔에 나타나듯, 곧 손익계산서에 등장한다.

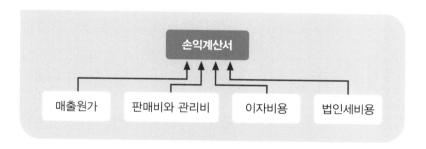

직접원가만으로 제품원가를 계산하는 직접원가계산

　제품원가는 창고와 밀접한 관련이 있다. 창고에 잠깐, 1년 미만만 머문다면 당기에 손익계산서에 올라가므로 기간비용이 된다. 모름지기 마땅한 배우자가 없어 해를 넘기면서 "내년엔 좋은 남자를 만나 웨

딩마치를 올릴 수 있겠지" 하고 때를 기다리고 있는 처녀마냥, 창고에서 대기하고 있는 제품이 바로 재고자산이다. 재고자산은 '창고에 머무르는 자산'이란 의미로 원가도 이에 따라 '재고가능원가'라 부르기도 한다.

그런가 하면 운동 부족으로 걸음을 잘 걷지 못하는 사람처럼 정상을 밟아보지 못한 기간원가는 '재고불능원가'다. 우리로 치면 '등산불능인'이다. 대개 제품원가를 구성하는 직접재료원가, 직접노무원가 및 제조간접원가의 3요소는 제품이 완성된 후 창고에 들어감에 따라 재고가능원가가 되지만, 제품원가의 계산에 직접원가만 포함시키는 직접원가계산이라면 다르다. 여기에서는 말썽 많은 제조간접원가를 일찍 떼어버리려 한다. 홀대해서가 아니라 험한 정상을 같이 오르자고 섣불리 권유했다가 나중에 축 처져 쓰러지면 둘러업고 올라야 할지 산행을 포기하고 내려가야 할지 골치 아프다. 공연히 속 썩이느니 아예 일찌감치 내려가 쉬게 하는 편이 낫다. 제품과의 관련성이 있느니, 없느니 하며 옥신각신 항상 말썽만 일으키고 단위원가도 생산량에 상관없이 제멋대로 움직이게 하는 고정원가야말로 일찍 집결지로 보내버리는 게 상책이다. 직접원가계산에서는 제품의 생산에 직접적인 관계가 없이 항상 일정하게 발생하고 고정원가에 속하는 제조간접원가와 같은 무리는 처음부터 손익계산서에 보내 일찍이 기간비용으로 처리한다.

지난달에 비해 매출을 10만 원 초과 달성했음에도 순이익은 오히려 2만 원이 감소하는 현상에 대해 부서장은 화가 나겠지만 어쩔 수가 없다. 다 말썽꾸러기 고정원가 탓이다. 올해 들어 시설 투자로 새로운 감가상각비가 3만 원 추가된다면, 이로 인해 판매가 갑자기 증가하는 것이 아닌 이상 어지간히 팔아보아야 작년에 비해 순이익이 감소할 것임은 분명하다. 이 3만 원은 많이 파나 적게 파나 원가에 큰 부담을 지울 것이다.

그 모순을 없애고자 직접원가계산이 생겨났는데, 매출액과 원가가 직접적인 관계를 갖도록 계산하자는 것이다. 조업도에 따라 움직이는 변동원가만 볼 때 원가의 구성 비율인 원가율이 70퍼센트(판매액의 70퍼센트)인 제품을 보자. 10만 원을 팔면 원가 7만 원을 차감하고 이익은 3만 원이 된다. 또 15만 원어치 팔면 10만 5,000원을 빼게 되어 이익은 4만 5,000원이 된다. 이익은 판매에 비례한다. 하지만 감가상각비 3만 원이 추가되면 비록 매출이 5만 원 증가하여 15만 원이 되더라도 이익은 비례하지 않는다. 그 크기가 울퉁불퉁해 해석을 어렵게 한다.

이런 원가계산에서는 열심히 일하고도 뺨을 얻어맞는 격이 된다. 판매비의 하나인 광고비도 감가상각비와 같은 결과를 가져온다. 이에 반해 직접원가계산에서는 매출액으로부터 직접제조원가와 직접판매비 등을 뺀 공헌이익을 가지고 업적을 비교하게 되므로, 처리도 간단할 뿐 아니라 종업원의 사기도 저하되지 않아서 좋다. 일한 만큼 성과가 나타나니 모양도 좋다. 멀리 떼놓은 제조간접원가는 나중에 공헌이익에서 당기순이익을 계산할 때 등장시킨다. 판매라는 절차를 거쳐 손익계산서에 올라오는 정통파 직접원가와는 달리 제조간접원가는 아무데도 경유하지 않고 손익계산서에 곧바로 올라가 대기하고 있다가 종국에는 서로 만나게 된다. 직접원가계산은 관련된 전문가들의 의견이 정리되지 않아 아직은 외부 보고용으로 인정받지 못하는 점이 아쉽다. 관리용으로는 말할 나위 없이 많은 호응을 얻고 있으므로 이를 관리회계정보로 이용하는 회사가 많다. 다만 고정원가와 변동원가의 분류가 문제이긴 하지만, 공헌이익을 회사의 실정에 맞도록 계산함으로써 관리자의 업적평가에 많은 도움을 준다.

어둠의 경제를 밝히는 윤리경영

분식회계는 조작된 회계이기도 하지만
용납 못할 비윤리적 회계다.

　　2014년에 투자의 귀재 워렌 버핏이 매출액 기준 세계 4위인 영국의 유통물류업체 TESCO에 투자한 주식이 순이익을 4억 달러나 부풀리는 분식회계로 주가가 폭락하자 무려 우리 돈 7,300억 원이나 손실을 입었다는 뉴스가 있었다. 우리나라에서는 꿈의 벤처기업, 당시 뭇 젊은이들의 우상이었던 휴대전화 단말기 및 제어기기 제조업체, 터보테크 장흥순 회장이 분식회계로 2005년 구속된 유명한 사건이 있었다. 그는 1998년 세계경제포럼이 선정한 아시아 차세대 지도자 100인 가운데 한 사람으로도 꼽혔기에 더 안타까웠다. 자서전에서 억울함을 호소했던 대우 김우중 회장을 옥죄었던 것도 분식회계(41조 규모)였다.

분식회계의 실체

도대체 분식회계가 무엇이길래 수많은 CEO들을 유혹하는가? 분식회계란 기업이 고의로 자산이나 이익을 부풀리고 부채를 적게 계상함으로써 재무상태나 경영성과, 자본의 변동을 조작하는 행위를 말한다. 회계를 허위 조작하는 부정직한 회계다. 자본시장에서 자금을 조달하려 할 때, 자기 회사의 주가관리를 위해 회사 제품을 팔지 않았는데도 매출을 기록하거나 자산가치를 과대평가한다. 제품이나 서비스를 차입하는 데 드는 비용이나 차입한 대금인 부채는 오히려 적게 올리는 방법으로 재무제표를 거짓 작성한다.

분식이란 밀가루로 얼굴을 분장하면 본 모양이 감춰져 전혀 딴 사람으로 둔갑하는 것과 같다. 회계의 분식도 같은 맥락인데, 분식도 분식 나름이다. 속내를 보면 사람마다 DNA가 다르듯 참으로 다양하다. 흔한 게 허위로 판매를 기록하는 행위, '가공매출액 계상'이다. 이 경우 당기순이익은 높아진다. 이익이 많아지려면 반대로 매출원가가 적어야 한다. 그러자면 재고자산의 가치를 높이거나 재고량을 늘려야 한다. 둘은 시소 같아서 판매 가능한 총원가 가운데 매출원가가 높으면 재고자산이 낮고, 거꾸로 매출원가가 적으면 재고자산이 많게 마련이다. 부채는 많을수록 자본 시장에서 낮은 평가를 받으므로 기업은 가능한 한 부채를 낮게 유지하고자 안간힘을 다한다. 손님을 맞이할 때 가급적 집 안의 구질구질한 물건들을 감추려는 심리와 비슷하다.

2005년 최악의 리더십으로 거론되기도 했던 통신기기 개발업체인 로커스 김형순 사장은 **기업어음**(CP: Commercial Paper) 390억 원을 단기금융상품으로 분류해 자산가치를 부풀리다가 분식회계란 천길 나락으로 곤두박질쳤다. 기업어음은 회사의 신용도에 따라 그

기업어음(CP: Commercial Paper)

기업이 상거래가 아닌 단기 자금을 조달하기 위하여 발행하는 단기금융어음으로, 주로 신용 상태가 양호한 기업이 발행한다.

가치가 달라진다. 신용이 낮다 보니 역시 신용도가 낮은 기업어음을 손에 쥘 수밖에 없지만 이를 금융상품으로 분류해 얼핏 현금성 자산이 많은, 유동성이 풍부한 알짜배기 회사처럼 보이도록 둔갑시켰다는 이야기다.

금융상품은 이자가 붙는 예금과 그렇지 않은 어음이 있다. 이 가운데 예금이나 적금이야 현금 그 자체라 해도 별 탈이 없다. 어음만큼은 기업의 신용에 따라 그 가치가 천차만별이다. 어떤 건 거의 휴지에 가까운데, 우량기업의 것은 언제라도 제값을 다 받을 수 있으니 '액면가액=자산가치'다.

이런 이야기는 회계에 밝지 않은 이상 알아채기가 쉽지 않다. 그야말로 단수 높은 전문가의 수법이다. 매출액을 부풀리기나 부채 감추기는 하수의 수법이다. 액면가액과 자산가치가 일치할 정도의 기업어음이라면 당당히 단기금융상품으로 보고해 높은 유동성을 자랑할 수 있다. 신용이 불량한 기업의 것은 자금 사정에 따라 보유가치가 수시로 변동되므로, 매출채권이나 유가증권으로 분류한다. 매출채권은 손에 현금을 거머쥐어야 비로소 내 자산이므로 대손충당금을 설정하여 자산가치를 감소시켜야 한다. 유가증권 역시 말이 증권이지 증권 시장에

서 얼마에 처분될지 짙은 안개 속을 헤매기 십상이다.

분식회계는 조작된 회계이기도 하지만 용납 못할 비윤리적 회계다. 심한 말로 진단서에 위암인데 콧물 감기라 기재하는 것과 다를 바 없다. 하지만 다급한 기업의 입장에서는 심장이 멈추기 직전 중환자실에서 링거를 꽂고 있는 환자처럼 가타부타 그 수단을 가릴 계제가 못 된다. 비윤리적 행위임을 알면서도 고의로 저지른다. 오늘날 이익이나 자산 규모를 크게 하는 성장 일변도의 경영은 자칫 윤리적으로 지탄받기 쉽다. 기업윤리가 건전해야 함은 지당한 명제다. 윤리경영 대상이 경영자들에게 최고의 명예로 여겨지는 것도 바로 그 때문이다.

공인회계사의 외부감사는 분식회계의 방지 목적

비윤리적 회계의 제도적 해결은 역시 공인회계사의 감사를 강화하는 길 뿐이다. 공인회계사는 여기저기 등장하는데, 회계를 지키는 경찰이기 때문이다. 모름지기 최고의 처방은 공인회계사가 두 눈 부릅뜨고 헛된 짓거리를 못하도록 단단히 쐐기를 치는 일이다. 예전에는 기업과 감사인의 '짜고 치는 고스톱'이 태반이었다. 감사인만 눈감으면 은근슬쩍 관행처럼 잘 넘어갔으나 이젠 어렵다. 부실감사가 드러나면 해당 공인회계사에겐 엄청난 벌과금이 부과되거니와 생명 자체가 위협받기 때문이다. 실제로 대우그룹과 관련해선 산동이라는 국내 대형 회계법인이, 엔론의 경우엔 아더 앤더슨이라는 미국 최대 회계법인이 문을 닫았다. 물론 회계법인에 대한 감리제도를 타이트하게 운영하는 방법이 있다. 이외 분식회계가 적발되면 기업의 자금조달이 불가능하게 옥죔으로써 결국 회사가 문을 닫고야 마는 사회적 인프라를 구축하는 길도 있다. 시장의 원리에 맡김으로써 자율적인 감시체제를 강화하는 방안이다. 재무제표를 정직하게 작성하는 기업에게는 각종 세무 혜택을 부여하고, 분식회계를 자행하는 기업에게는 세무조사로 혼찌검을 내는 당근과 채찍 전략을 병행하는 방법이 그것이다. 한편 부산에서는 부산대 제2캠퍼스 부지 구입 305억 원을 비롯해 무려 1,300억원이나 되는 거액의 재산을 사회에 기부한 기업인도 있어 명암이 극도로 엇갈렸다. 주인공은 부산 갑부이기도 한, 향토 기업인 태양사 송금조 회장으로 서울에서는 이름조차 듣기 힘든 무명의 중소기업인이다. 이런 분이야말로 분식회계와는 담을 높이 쌓은 사람일것이다. 아마 분식회계란 용어조차 모를 분이 아닐까 싶다. 남들은 멀쩡한 부채를 감추는 분식회계를 일삼는 판국에 도리어 멀쩡한 자산을 대가 없이 기부해주니 기증받은 단체나 기업의 입장에서는 '자산수증이익(資産受贈利益)'이 절로 생기는 일대 쾌거다. 자산수증이익은 자산이 공짜로 생겼으니 이익은 이익이되 유별난 이익이라 손익계산서에서는 영업외손익으로 보아 VIP실에 잘 모신다.

회계의 발전은 어둠의 경제를 밝음의 사회로
- -

분식회계가 횡행하면 '어둠의 회계'다. 재벌그룹에서 심심찮게 터져나오는 비자금 조성문제만 해도 그렇다. 비자금을 조성하려면 반드시 회계를 부풀리든가 허위로 보고해야 하므로 분식회계는 필연적이다. 한편 위의 예에서 보여주듯 분식회계가 반드시 비자금을 전제로 이루어지는 건 아니다. 이럴 때 둘의 관계는 묘하다. 실과 바늘처럼 꼭 붙어 다닐 수도 있지만 따로 놀기도 한다. 공통된 건 역시 어둠의 회계라는 점이다. 어두컴컴한 회계인 만큼 불투명 회계이기도 하다. 둘 다 회계의 투명성을 먹칠하는 행위다.

　2013년 우리나라 국가 경쟁력은 세계 22위인데 반해 저축은행 사건으로 회계 투명성은 58위로 추락한 부끄러운 나라다. 회계 강국이 바로 경제 강국인 시대이다. 바람직하지 않은 각종 의뭉스런 회계, 그늘진 회계야말로 근절되어야 한다. 경제가 투명하게 되기 위해서는 회계가 투명해야 한다. 이때 경영 역시 그에 따라 투명경영이 이루어져야 한다. 투명경영이 먼저인가 투명회계가 먼저인가는 닭이 먼저냐, 달걀이 먼저인가 따지는 것만큼 어리석다. 다른 예지만 회계의 존재마저 위협받는 경우가 지하경제다. 지하경제는 땅속에서만 사는 두더지처럼 회계에 노출되지 않는 경제활동이다. 강남의 최고 아파트 타워팰리스에 사는 사람이 소득세를 겨우 100만 원밖에 안 냈다는 신문기사에 놀란 적이 있다. 코미디도 이보다 더한 웃음거리는 없다. 아파트값만 해도 몇 십억 원, 관리비나 재산세도 몇 천만 원은 실히 낼 처지에 소득이 가장 밑바닥 월급만도 못하다는 이야기다. 현금 거래를 하면 슬그머니 매출을 빠뜨려도 여간해선 드러나지 않는다. 변호사나 의사와 같은 전문직의 경우 영수증을 발급하지 않고, 카드 결제도 없고, 신고를 안 하면 세무서가 알 길이 없다. 물밑에서 움직이는 수면 아래의 경제다. 최근 성완종 사건이 보여주는 부정부패의 사슬 역시 지하경제의 극명한 예이다.

이 밖에 무수한 리베이트, 부동산 전매, 남의 통장을 빌려 아파트 투기를 하는 행위, 현직 교수의 비밀교수 등 및 말썽 많은 각종 뒷거래 등 하나하나 들추자면 한도 없다. 지하경제를 없애는 길만이 경제적 민주화 및 건전한 경제 발전을 도모하는 방법인데 이는 회계가 정상화되어야만 가능하다. 정의나 공정도 중요하지만 한마디로 모든 경제활동이 수면 위로 떠올라야 한다.

외국에서는 거래의 98퍼센트 이상이 백일하에 노출된다고 한다. 심지어 노점상도 금전등록기를 비치하고 영수증을 발행하는 실정이다. 현금거래가 없고 거의 수표나 카드 결제이므로 아무리 약아도 들통난다. 나도 미국에서 아파트 월세 200달러를 현금으로 지불하려다 거절당해 망신당한 경험이 있다. 이에 반해 5만 원 권 돈다발을 음료박스로 거래하는 우리는 당연히 검은 경제가 대표주자다. 오죽하면 5만 원 권 회수율이 10퍼센트대도 안 된다고 할

까. 그런 탓인지 세무조사라면 멀쩡한 기업이나 개인도 모두 떤다. 그러니 "정의사회를 구현하자"고 크게 외치며 플래카드나 포스터를 제아무리 잘 붙여놓는다 한들 회계가 감추어져

있다면 물밑의 경제활동은 감지할 길이 없다.

　분식회계는 왜곡되나마 회계가 이루어지는 만큼 지하경제는 아니다. 이 점이 묘하다. 지하경제는 아예 회계가 생략된다. 빛이 아닌 그림자라는 점에선 비슷하나 시장이 다르다. 분식회계는 자본 시장에서의 이야기요, 사회 감시로 그 뿌리를 근절해야 할 일이다.

　지하경제는 세무서가 어련히 지켜보고 있고 들키는 날이면 탈세로 자칫 구치소행이다. 서슬 퍼런 세무서가 당당히 살아 있는데 왜 어둠의 경제는 장마철 곰팡이처럼 자꾸만 피어나는가? 그 해답은 간단하다. 세무서 직원은 몇 명 안 되고 지하경제의 수법은 날로 교묘해지는 터라 더욱 기승을 부린다. 그래도 기필코 잡아내겠다는 의지로 근절시켜야 한다. 회계의 발전만이 컴컴한 암흑경제를 떳떳한 지상의 햇볕경제, 즉 밝은 경제로 이끌 수 있다.

쉽게 배워서
바로 써먹는
이야기 회계
06

회계를 업그레이드하라

회계는 더욱 질높은 정보를 제공할 수 있도록
분발해야 회계토피아가 도래할 수 있지 않을까.

침묵과 점잖음을 최고의 미덕으로 치는 건 아날로그시대의 이야기
다. 이런 사람은 직장생활을 오래 하기 힘들 것이다. 다변도 문제겠지
만 자기의사를 충분하게 전달할 줄 알아야 직장에서 버틸 수 있다. 유
머감각도 곁들이면 더욱 돋보인다. 커뮤니케이션을 잘하면 커짱이요,
못하면 커맹으로 별 희망이 없다.

회짱들이 대접받는 사회, 회계토피아

회계 역시 모르면 회맹이요, 잘 알면 회짱이라 할 수 있다. 지금 세
상이 컴퓨토피아라면 회짱들이 대접받는 사회, 바로 회계토피아도 찬
란하게 꽃피우길 기대해본다. 돈 가는 곳마다 회계가 반드시 따른다고

보면 회계는 물이나 공기와 같이 인간생활에 필수불가결한 활동이다. 국민의 대부분이 증권투자에 관련되어 있어 증권자본주의로 불리는 현대 자본주의 사회에서는 회계정보야말로 인류생활을 풍요롭게 하고 행복을 누리게 하는 강장제다. 현대는 회계가 인간의 복지를 증진시키고 문화의 향상을 가져오게 하는 시대라 일컬어도 지나치지 않다.

이른바 회계와 유토피아를 합한 '회계토피아'가 출현할 수 있는 사회가 되어야 한다. 아직도 지하경제가 판치는 사회에서는 회계의 역할이 더욱 절실하다. 꼬박꼬박 세금을 잘 내는 누군가가 있는가 하면, 어느 계층은 가만히 앉아서 엄청나게 큰돈을 벌고도 세금 한 푼 안 낸다. 심각한 분배의 불균형으로 비롯된 계층 간의 위화감, 못 가진 자는 물론 어느 정도 가진 자마저 느끼는 상대적 빈곤 의식에서 야기될 수 있는 시국의 불안 등 모든 부조리를 제거하고 경제정의의 실현을 통해 복지사회를 건설하는 일은 회계만이 할 수 있다.

회계는 모든 경제활동을 빠짐없이 밝히고 진실된 회계정보의 제공을 통해 비뚤어진 분배구조를 해결한다. 환경, 교통, 주택 등 골치 아픈 사회문제의 해결은 회계의 도움 없이는 불가능하다. 회계의 목적이 합리적인 의사결정, 곧 자원의 최적 배분을 위한 재무정보의 제공에 있다 하면 돈이 따르게 마련이므로, 어떠한 사회문제든 궁극적으로는 회계를 통해 해결될 수 있다. 회계를 통해 순조로운 경제발전도 기대할 수 있고 부의 정의로운 배분도 가능하다. 모름지기 이런 사회야말로 회계토피아일 것이다.

회계가 아무리 전능해도 회계토피아의 청사진을 완성하려면 자기

계발과 자기성찰이 이루어져야 한다. 우선 암호로 가득 차 군사정보만큼이나 이해하기가 어렵다는 회계정보를 보다 쉽게 제공할 필요가 있다. 가급적 쉬운 용어를 사용해서 국민 모두가 회계정보를 쉽게 이해하고 인터넷처럼 자유자재로 이용할 수 있어야 한다. 반드시 수수료를 물어가며 전문가의 손을 빌려야만 회계정보의 이용이 가능하다면, 회계는 소수의 가진 자만이 향유할 수 있는 편향된 정보이기가 쉽다.

회계는 아직 회개할 게 많다

회계정보가 아무리 진실되고 유용해도 재무제표에 담겨 있는 정보는 한결같이 과거 정보인 점이 문제다. 안타깝게도 깨알 같은 숫자마다 알고 보면 과거원가 또는 과거의 경제가치를 나타낸다. 과거가 있어야 현재 그리고 미래도 있을 수 있다지만 급변하는 시대에 옛날 정보는 아무래도 예측 내지 설명력이 약하다.

제아무리 합리적이고 체계적으로 마련된 회계정보라도 현재의 경제가치를 다루는 현행가치가 아닌, 과거의 낡은 경제가치가 얼마나 도움이 될까 하는 생각을 떨칠 수가 없다. 현재 시점의 정보도 없는데 애타게 바라는 미래의 부나 자원에 관한 의사결정과 직결되는 정보는 말할 것도 없다. 하루가 다르게 급변하는 여건 속에서는 아무래도 지난날의 정보보다는 현행정보, 보다 욕심을 낸다면 꼭 족집게로 집는 것과 다름없는 미래 정보가 아쉽다.

500여 년 전, 조선 중기 때 유명한 역학자 격암 남사고는《격암비보

유록》에서 한일병합, 8·15 해방, 남북분단, 6·25 전쟁에 이어 1984년부터는 한국이 50년간 크게 융창하리라는 사실까지 예견했다는 이야기가 있다. 심지어 남북통일도 2036년쯤에 이루어진다 하여 흥미를 자아냈고 요즈음 월정사의 고 탄허 스님의 어록이 비슷한 맥락이어서 꽤 유명해졌다. 회계 전문가라면 기업이 제공한 회계정보를 토대로 기업의 운명을 격암 남사고처럼 내다볼 수 있지 않을까. 모든 것이 확실하다면 과거 정보로도 능히 미래를 유추할 수 있다. 그러나 현대는 구태여 피터 드러커의 말을 빌리지 않더라도 너무나 불확실성이 가득 찬 시대다. 이 불확실성 때문에 미아리고개의 역학자촌이 더욱 융성하는지 모른다.

이러한 맥락에서 회계는 한참 회개해야 하고 현행정보, 나아가 미래정보를 제공할 수 있도록 대폭 탈바꿈할 필요가 있다. 또한 해가 바뀌고도 두 달이나 더 지나야 겨우 알 수 있는 지난 1년간의 기업에 관한 정보를 최소한 결산일이 지난 며칠 내에라도 금방 알 수 있도록 변화되어야 한다. 좀 더 현실적인 회계정보를 제공할 수 있는 체제로 전환되어야 하는 것이다.

회계가 크게 회개해야 할 일 가운데 다른 하나는 재무제표에 담지 못하는 정보가 있다는 사실이다. 전세계 호텔 체인점 4,200개를 경영하고 있는 빌 메리어트 회장은 첫째, 둘째, 셋째도 사람이라 할 정도로 상품, 생산성, 이익보다 사람을 매우 중시한다. 회계는 이러한 인적자원이라든가, 현대 기업에서 크게 중시되는 지적재산을 제대로 나타내지 못하는 결함이 있다. 물론 특허권, 상표권과 같은 것을 한데 묶은 산업재산권이 있고, 소프트웨어, 프랜차이즈 등의 무형자산이 있어 제법 나타내긴 한다. 하지만 그게 실질적으로 그 기업이 보유한 지적 자산의 진정한 가치를 반영하는가는 의문이다. 가령 상표권으로 통용되는 브랜드만 해도 일반 경제계에서 평가하는 가치와는 큰 차이가 있으니 문제다.

기업이 지닌 무형의 가치를 알려면 재무제표가 아니라 경제신문이나 인터넷을 검색하는 편이 훨씬 낫다. 특히 법무법인, 유수의 회계법인 그리고 이벤트 사업체와 같은 수많은 벤처기업의 자산은 전문 인력뿐인데 재무제표에는 전혀 나타나지 않는다. 이를테면 환자 맞춤형 줄기세포나 치매 예방약을 연구하는 바이오업체의 어마어마한 잠재력을 재무상태표에는 어떻게 표시할 것인가? 틀에 박힌 회계정보로는 나타낼 길이 없다. 막연하게 수십 조의 가치니, 국보급이라고만 말할 뿐이다.

앞으로 많은 연구가 필요하다. 가능한 한 기업의 과거, 현재 그리고 미래의 자산이나 잠재력을 화폐로 표시하여 정보 이용자에게 알려야 제대로 된 서비스다. 특히 재무제표의 수치를 이용해 증권가에서 주가 전망을 예시하듯, 미래의 경제적 전망을 일목요연하게 제시할 수 있으면 더욱 이상적일 것이다. 요컨대 회계는 자만에 빠지지 말고 더욱 질 높은 정보를 서비스할 수 있도록 분발해야 한다. 정녕 회계정보가 경제활동을 제대로 반영해야 회계토피아가 도래할 수 있지 않겠는가.

쉽게 배워서 바로 써먹는
이야기
회계